TRICOLORE Total 2

Nelson Thornes

Sylvia Honnor
Heather Mascie-Taylor
Michael Spencer

Tricolore 2 first published in 1981 by E. J. Arnold and Sons Limited
Encore Tricolore 2 first published in 1993 by Thomas Nelson and Sons Limited
Encore Tricolore 2 nouvelle édition first published in 2001 by Nelson Thornes Limited

Tricolore Total 2 first published in 2009 by:
Nelson Thornes Ltd
Delta Place
27 Bath Road
CHELTENHAM
GL53 7TH
United Kingdom

13 / 10 9 8 7

A catalogue record for this book is available from the British Library

978-1-4085-0468-0

Page make-up by AMR Design Limited (www.amrdesign.com)

Printed in China

La France, ou «l'Hexagone»

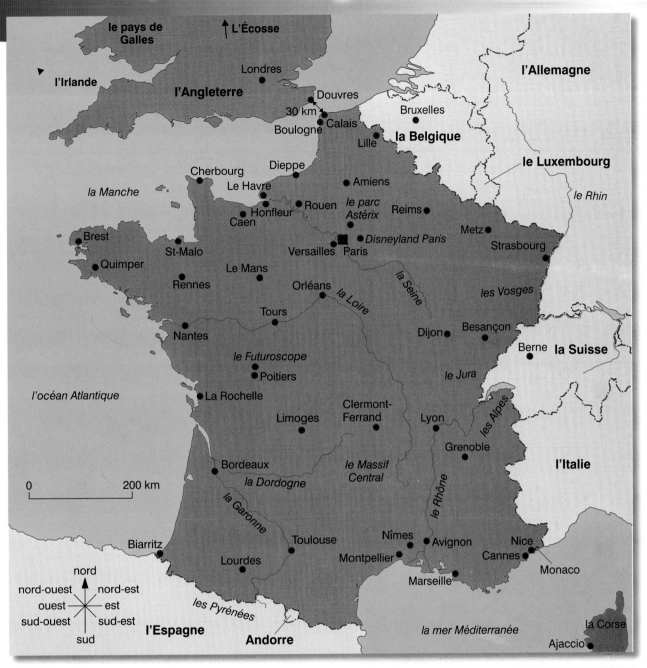

le pays de Galles
L'Écosse
l'Irlande
Londres
l'Angleterre
l'Allemagne
Douvres
30 km
Bruxelles
Boulogne Calais
la Belgique
Lille
le Luxembourg
Dieppe
Cherbourg
le Rhin
Le Havre
Amiens
la Manche
Rouen le parc Astérix
Honfleur Reims
Caen Metz
Brest Disneyland Paris Strasbourg
St-Malo Versailles Paris
Quimper Le Mans la Seine
Rennes les Vosges
Orléans la Loire
Tours Dijon Besançon
Nantes
le Futuroscope le Jura Berne la Suisse
Poitiers
l'océan Atlantique La Rochelle
Clermont-Ferrand Lyon les Alpes
Limoges Grenoble
Bordeaux l'Italie
la Dordogne le Massif Central
0 200 km le Rhône
la Garonne
Biarritz Nîmes Nice
Toulouse Avignon Cannes
nord Lourdes Montpellier Monaco
nord-ouest nord-est Marseille
ouest est les Pyrénées
sud-ouest sud-est l'Espagne Andorre la mer Méditerranée la Corse
sud Ajaccio

Région	Capitale	Région	Capitale
Alsace	Strasbourg	Nord-Pas-de-Calais	Lille
Aquitaine	Bordeaux	Pays de la Loire	Nantes
Auvergne	Clermont-Ferrand	Picardie	Amiens
Basse-Normandie	Caen	Poitou-Charentes	Poitiers
Bourgogne	Dijon	Provence-Alpes-Côte-d'Azur	Marseille
Bretagne	Rennes	Rhône-Alpes	Lyon
Centre	Orléans		
Champagne-Ardenne	Châlons-sur-Marne		
Corse	Ajaccio		
Franche-Comté	Besançon		
Haute-Normandie	Rouen		
Île-de-France	Paris		
Languedoc-Roussillon	Montpellier		
Limousin	Limoges		
Lorraine	Metz		
Midi-Pyrénées	Toulouse		

Population: 59,6 millions

Communes (villes et villages): 36,500

Capitale: Paris

Chaînes de montagnes: Les Alpes, les Pyrénées, les Vosges, le Massif Central, le Jura, les Ardennes

Heure: GMT+1 (hiver), GMT+2 (été)

Code téléphonique: + 33

Fête nationale: 14 juillet (la fête de la Bastille)

Hymne nationale: La Marseillaise

Table des matières

Les symboles

Dossier-langue
Grammar notes to help you understand the pattern and rules of French.

Stratégies
Tips on how to use the skills you have learnt.

Pour t'aider
Words and phrases to help you do an activity.

SOMMAIRE
A summary of all the main language introduced in the unit.

There is a linked ICT activity.   Work in pairs or groups.   Listen to the recording for this activity.

unité 1
En ville

On fait des courses

- talk about shops and what they sell
- learn how to shop for food and other items
- use some -er verbs

Cyrille

🖱1 On va aux magasins

💿 Écoute et complète les phrases avec les mots de la case (à la page 7).

Exemple: 1h *des glaces*

Voici **la boulangerie-pâtisserie**. Mme Genêt travaille à la boulangerie-pâtisserie. Elle vend toutes sortes de pain, des gâteaux, des tartes, des chocolats et aussi **(1)** ___ .

Voici **la boucherie**. Ici, il y a un grand choix de viande, par exemple du steak ou du poulet, mais on ne vend pas de porc. Pour ça, on va à la charcuterie.

Voici **la charcuterie**. À la charcuterie, on peut acheter du jambon, du saucisson et **(4)** ___ . Il y a aussi des plats préparés, par exemple des quiches et des portions de salades.

> Je vais acheter **(3)** ___ pour ce soir. Je prends 500g de steak, s'il vous plaît.

A

> Est-ce que vous avez des croissants?

B

> Bien sûr. J'ai des croissants et **(2)** ___ .

> Voilà, monsieur – comme ça?

C

2 Cyrille va en ville

💿 Écoute les conversations. On va dans quels magasins? Mets les magasins dans le bon ordre.

Exemple: A *la boulangerie-pâtisserie, ...*

Stratégies

1 Some French words look like English ones but their meaning is different. They are called 'false friends': *faux amis*. What do these words mean in English?
   des chips   une librairie   le pain   une prune

2 Sometimes two shops combine and have a hyphen between the names, e.g. *la boulangerie-pâtisserie*.
   Find the French for a combined book shop and stationer's. What would a butcher's and delicatessen be called?

🖱3 Ici, j'achète …

Complète les phrases avec le bon nom du magasin et **du**, **de la**, etc.

Exemple: 1 <u>À l'épicerie</u>, j'achète <u>du</u> beurre et <u>de</u> l'eau minérale.

1 ___, j'achète __ beurre (*m*) et __ eau minérale.

2 ___, on achète __ baguettes.

3 ___, on vend __ jambon (*m*) et __ salade (*f*) de tomates.

4 ___, j'achète __ viande (*f*) et __ poulet (*m*).

5 ___, on peut acheter __ timbres.

6 ___, on achète __ magazines.

7 ___, j'aime acheter __ tartes et __ gâteaux.

8 ___, vous achetez __ aspirine.

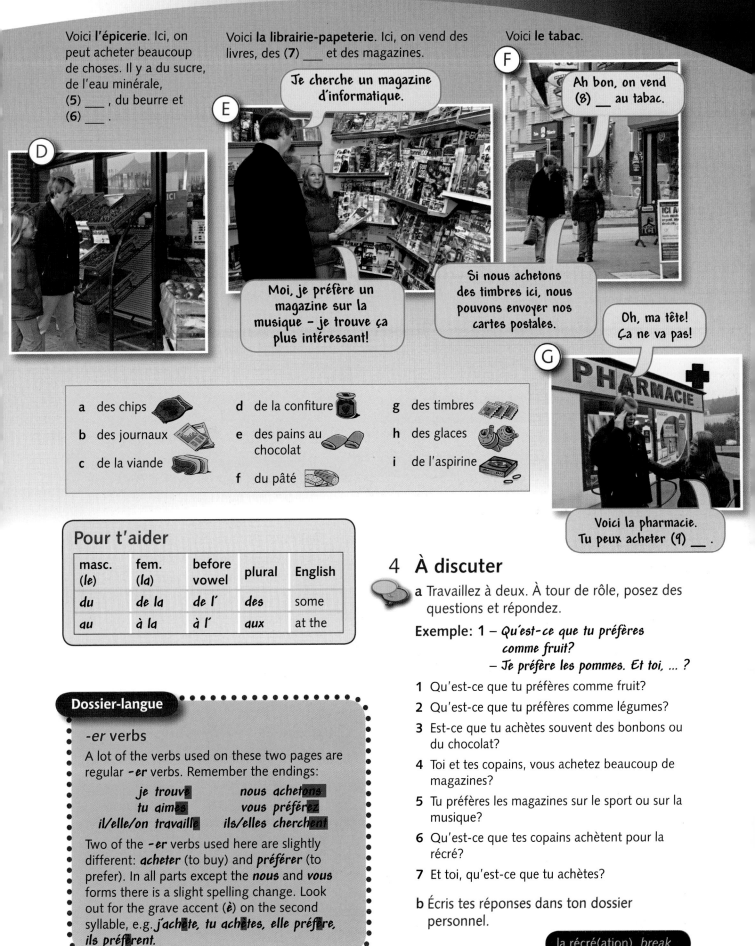

Voici **l'épicerie**. Ici, on peut acheter beaucoup de choses. Il y a du sucre, de l'eau minérale, (5) ___ , du beurre et (6) ___ .

Voici **la librairie-papeterie**. Ici, on vend des livres, des (7) ___ et des magazines.

Voici **le tabac**.

Je cherche un magazine d'informatique.

Ah bon, on vend (8) ___ au tabac.

Moi, je préfère un magazine sur la musique – je trouve ça plus intéressant!

Si nous achetons des timbres ici, nous pouvons envoyer nos cartes postales.

Oh, ma tête! Ça ne va pas!

Voici la pharmacie. Tu peux acheter (9) ___ .

a des chips		**d** de la confiture	**g** des timbres	
b des journaux		**e** des pains au chocolat	**h** des glaces	
c de la viande		**f** du pâté	**i** de l'aspirine	

Pour t'aider

masc. (le)	fem. (la)	before vowel	plural	English
du	de la	de l'	des	some
au	à la	à l'	aux	at the

-er verbs

A lot of the verbs used on these two pages are regular **-er** verbs. Remember the endings:

je trouv**e**	nous achet**ons**
tu aim**es**	vous préfér**ez**
il/elle/on travaill**e**	ils/elles cherch**ent**

Two of the **-er** verbs used here are slightly different: **acheter** (to buy) and **préférer** (to prefer). In all parts except the **nous** and **vous** forms there is a slight spelling change. Look out for the grave accent (**è**) on the second syllable, e.g. *j'ach**è**te, tu ach**è**tes, elle préf**è**re, ils préf**è**rent.*

4 À discuter

a Travaillez à deux. À tour de rôle, posez des questions et répondez.

Exemple: 1 – *Qu'est-ce que tu préfères comme fruit?*
– *Je préfère les pommes. Et toi, ... ?*

1 Qu'est-ce que tu préfères comme fruit?

2 Qu'est-ce que tu préfères comme légumes?

3 Est-ce que tu achètes souvent des bonbons ou du chocolat?

4 Toi et tes copains, vous achetez beaucoup de magazines?

5 Tu préfères les magazines sur le sport ou sur la musique?

6 Qu'est-ce que tes copains achètent pour la récré?

7 Et toi, qu'est-ce que tu achètes?

b Écris tes réponses dans ton dossier personnel.

la récré(ation) *break*

- use the verb *vendre* (to sell) and other verbs ending in *-re*
- practise saying what is (or is not) sold in shops

1 Qu'est-ce qu'on vend?

Choisis les bons mots pour compléter les phrases.

Exemple: 1a

1 Au tabac, on vend ___ .

a des timbres   b du pain   c de la viande

2 Le samedi, je travaille à la librairie et je vends ___ .

a des bananes   b des livres   c du poisson

3 À la boucherie, nous vendons ___ .

a des DVD   b de la viande   c du café

4 À la pâtisserie, vous vendez ___ .

a du poisson   b des éclairs   c du pâté

5 M. et Mme Duval travaillent à la charcuterie. Ils vendent ___ .

a du saucisson   b des baskets   c des livres

6 À la boulangerie, Mme Genêt vend ___ .

a des chaussettes   b des petits pois
c des croissants

7 Quand tu travailles à l'épicerie, tu vends ___ .

a des œufs   b des cahiers   c des ordinateurs

2 Interview: le marchand de glaces

Complète la conversation avec la bonne forme du verbe **vendre**. Écoute et vérifie.

Exemple: 1 *vendez*

M. Delarue est marchand de glaces. Il vend des glaces, des boissons, des bonbons, etc. dans le parc. Pendant les vacances, son fils, Simon, travaille avec lui et ils vendent beaucoup de choses.

la barbe à
papa

– Est-ce que vous **(1)** ___ des glaces ici, toute l'année?
– Je **(2)** ___ des glaces surtout en été, mais le reste de l'année, nous **(3)** ___ beaucoup d'autres choses, comme par exemple des hot-dogs et des frites.
– Qu'est-ce que vous **(4)** ___ surtout aux enfants?
– Alors aux enfants, je **(5)** ___ surtout des glaces et des bonbons.
– Et aux adultes?
– Aux adultes, on **(6)** ___ des hot-dogs, des frites, des glaces aussi, quand il fait chaud.
– Et toi, Simon, tu **(7)** ___ des hot-dogs et des frites aussi?
– Moi, non. Je ne **(8)** ___ pas de plats chauds. Je **(9)** ___ surtout des boissons froides. Quelquefois, je **(10)** ___ aussi de la barbe à papa, mais je déteste ça, car à la fin, je suis couvert de sucre!

Dossier-langue

Vendre (to sell) is a regular verb. It follows the same pattern as some other verbs whose infinitive ends in *-re*. Can you find all six parts of *vendre* in task 1?

First, look at the plural endings:

  *nous vendons   vous vendez
  ils/elles vendent*

How do they compare with the plural endings for *-er* verbs? (Check on page 7 if necessary.)

Now look at the singular endings:

  je vends   tu vends   il/elle/on vend

Compare them again with the singular endings for *-er* verbs.

The plural endings are the same – just take off the *-re* and add *-ons*, *-ez* and *-ent* to the stem. But in the singular, the endings are different: just add *-s* to the stem for the first two parts and nothing at all to the third part.

3 Est-ce qu'on vend ça?

Travaillez à deux. Une personne jette deux dés, choisit un produit de la case et pose une question. L'autre personne répond. Puis changez de rôle.

Exemple:

 *du jambon,
du saucisson, du pâté*

 à la librairie

– *Est-ce qu'on vend du saucisson à la librairie?*
– *Non, on ne vend pas ça. On vend du saucisson à la charcuterie.*

produit		magasin
1 du pain/des croissants/ des pains au chocolat	1	à la boulangerie
2 des gâteaux/des chocolats/des glaces	2	à la pâtisserie
3 du jambon/du saucisson/du pâté	3	à la charcuterie
4 de la viande/du poulet/ du steak	4	à la boucherie
5 du sucre/de la confiture/ du beurre	5	à l'épicerie
6 des livres/des bandes dessinées	6	à la librairie

4 Une conversation

Choisis la bonne forme des verbes pour compléter la conversation.
Puis écoute et vérifie.

Exemple: 1 *répond*

Samedi après-midi, le téléphone sonne et Sandrine (**1** *répond/réponds*).
– Allô, oui!
– Salut, Sandrine, c'est Isabelle. Tu (**2** *descends/descendez*) en ville?
– Oui, oui, avec ma sœur. Nous prenons l'autobus à trois heures.
– Ah bon. Vous (**3** *descendez/descendent*) où en ville?
– Nous (**4** *descendons/descendent*) place du marché. Et toi, tu prends le bus aussi?
– Non, je vais en ville avec ma mère, alors j'(**5** *attendez/attends*) devant la boulangerie, ça va?
– Oui, ça va. Tu (**6** *attendons/attends*) devant la boulangerie vers trois heures.
– D'accord. À tout à l'heure.

> **Dossier-langue**
>
> ### more regular *-re* verbs
> Several other verbs ending in *-re* follow the same pattern as *vendre*. Here are three common ones:
>
> | | |
> |---|---|
> | *descendre* | to go down (or to get off a bus, etc.) |
> | *attendre* | to wait (for) |
> | *répondre* | to reply |
>
> With a partner, test each other on the endings,
> e.g. **A** *attendre – nous*
> **B** *nous attendons*

5 Une surprise pour Mangetout

Complète l'histoire avec la bonne forme du verbe.

Exemple: 1 *descend*

Mangetout habite dans la rue Général de Gaulle. Aujourd'hui, il a rendez-vous avec son amie, Calinette. Il (**1** *descendre*) dans la rue et il (**2** *attendre*) devant la maison de Calinette.

Il appelle Calinette, mais elle ne (**3** *répondre*) pas. C'est curieux, ça!

Il (**4** *attendre*) encore un peu. Soudain, deux ou trois chats (**5** *descendre*) la rue, très vite. Mangetout demande où ils vont, mais ils ne (**6** *répondre*) pas.

Mangetout (**7** *descendre*) la rue et arrive à la place du marché. Devant le magasin, près de la boulangerie, il y a beaucoup de chats. Évidemment, ils (**8** *attendre*) quelque chose.

Qu'est-ce que vous (**9** *attendre*)?

C'est la nouvelle poissonnerie ici. Nous (**10** *attendre*) l'arrivée du poisson. Ah, voilà!

1C | Combien?

- say how much of something you want to buy
- talk about money and prices

1 Aujourd'hui, j'achète …

Suis les lignes et écris la liste.

Exemple: 1D *une portion de salade de tomates*

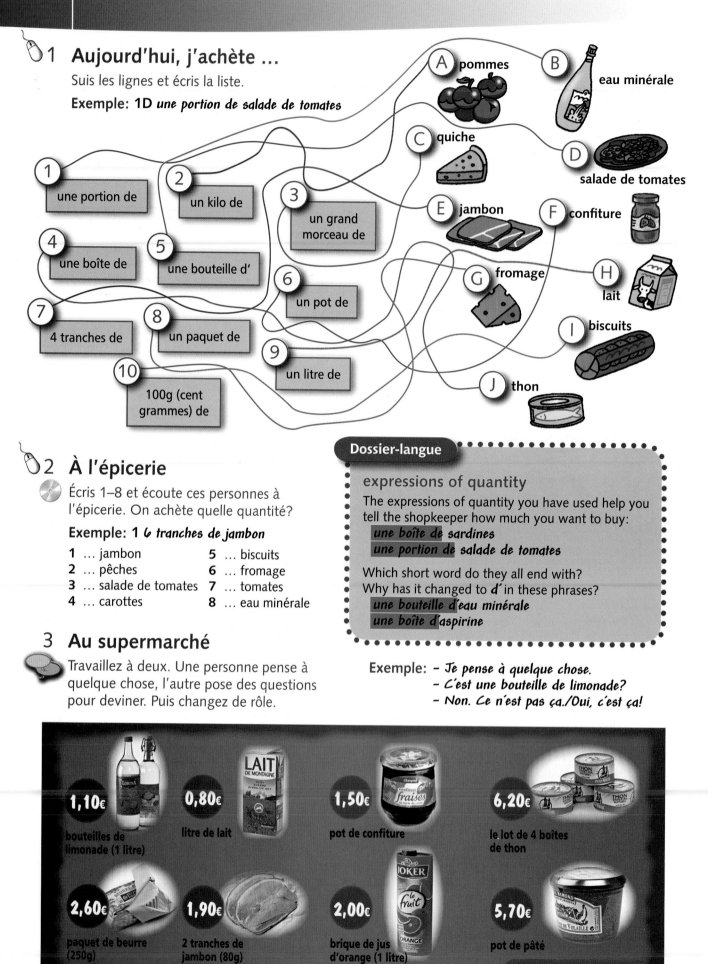

2 À l'épicerie

Écris 1–8 et écoute ces personnes à l'épicerie. On achète quelle quantité?

Exemple: 1 *6 tranches de jambon*

1 … jambon   5 … biscuits
2 … pêches   6 … fromage
3 … salade de tomates   7 … tomates
4 … carottes   8 … eau minérale

3 Au supermarché

Travaillez à deux. Une personne pense à quelque chose, l'autre pose des questions pour deviner. Puis changez de rôle.

Dossier-langue

expressions of quantity

The expressions of quantity you have used help you tell the shopkeeper how much you want to buy:

une boîte de sardines
une portion de salade de tomates

Which short word do they all end with?
Why has it changed to *d'* in these phrases?

une bouteille d'eau minérale
une boîte d'aspirine

Exemple: – *Je pense à quelque chose.*
– *C'est une bouteille de limonade?*
– *Non. Ce n'est pas ça./Oui, c'est ça!*

1,10€ bouteilles de limonade (1 litre)

0,80€ litre de lait

1,50€ pot de confiture

6,20€ le lot de 4 boîtes de thon

2,60€ paquet de beurre (250g)

1,90€ 2 tranches de jambon (80g)

2,00€ brique de jus d'orange (1 litre)

5,70€ pot de pâté

une brique *carton*

4 C'est combien?

Écris 1–5 et écoute. Trouve le bon prix.

1 Le poisson coûte ___ .
   a 1,80€   b 1,20€
2 Une bouteille de vin rouge et un litre de lait coûtent ___ en tout.
   a 0,50€   b 10,50€
3 Une boîte de chocolats et un paquet de biscuits coûtent ___ en tout.
   a 14,00€   b 0,40€   c 4,45€
4 Un grand paquet de chips et une bouteille de limonade coûtent ___ en tout.
5 Un pot de confiture et une petite boîte de thon coûtent ___ en tout.

5 Tu as de l'argent?

Trouve les paires.

Exemple: 1D

1 Je n'ai pas d'argent.
2 J'ai un billet de dix euros.
3 J'ai une pièce de deux euros.
4 Voici un billet de vingt euros, mais je n'ai pas de monnaie.
5 J'ai beaucoup d'argent.

Stratégies

Find out the current rate of exchange and practise converting the price of some items to euros. Say all the numbers in French!
- With prices in euros and cents the word **euro** goes in the middle:
  1,50€ = un euro cinquante
  … and you only say **centimes** or **cents** if it is less than one euro.
  0,60€ = soixante centimes
- Can you work out the meaning of **un porte-monnaie**?

6 Vous désirez?

a Écoute et lis la conversation. Trouve le français pour ces expressions.

1 What would you like?
2 Give me …
3 I'd like …
4 Anything else?
5 Is that all?
6 How much is it?

b Changez les détails et inventez d'autres conversations. Changez de rôle.

– Bonjour, madame.
– Bonjour, monsieur. Vous désirez?
– Avez-vous **des kiwis**?
– Oui, j'ai **des kiwis**.
– Alors, donnez-moi **un demi-kilo de kiwis**, s'il vous plaît, et **un pot d'olives**.
– Oui, et avec ça?
– Je voudrais **deux cents grammes de saucisson sec** et une bouteille de coca.
– Voilà. C'est tout?
– Oui, c'est tout. C'est combien?
– Alors, ça fait **sept euros cinquante**, s'il vous plaît.
– Voilà, madame.
– Merci, monsieur. Au revoir.
– Au revoir, madame.

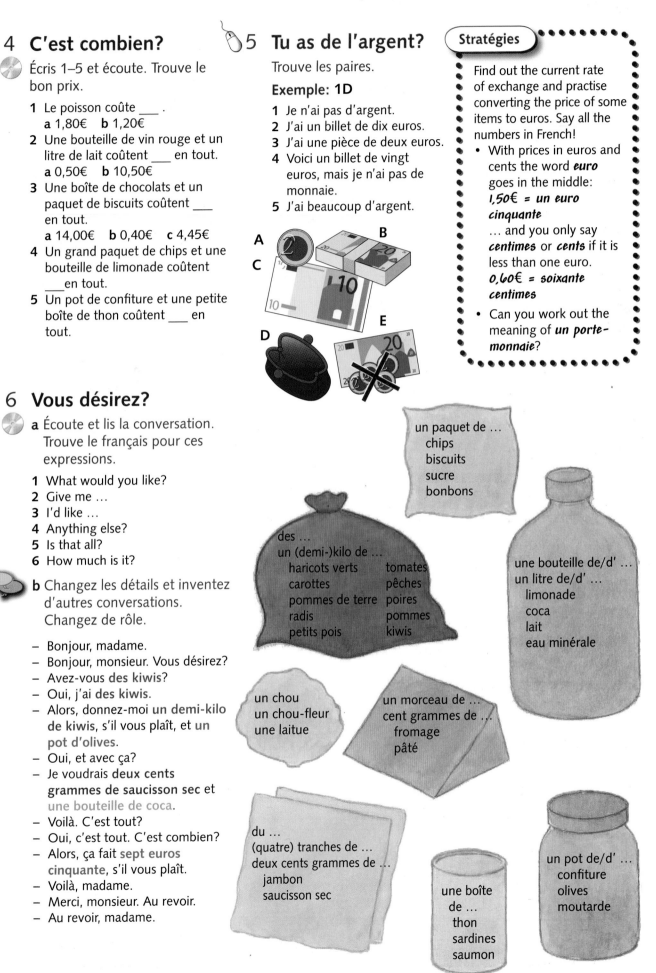

un paquet de …
chips
biscuits
sucre
bonbons

des …
un (demi-)kilo de …
   haricots verts   tomates
   carottes   pêches
   pommes de terre   poires
   radis   pommes
   petits pois   kiwis

une bouteille de/d' …
un litre de/d' …
   limonade
   coca
   lait
   eau minérale

un chou
un chou-fleur
une laitue

un morceau de …
cent grammes de …
   fromage
   pâté

du …
(quatre) tranches de …
deux cents grammes de …
   jambon
   saucisson sec

une boîte de …
   thon
   sardines
   saumon

un pot de/d' …
   confiture
   olives
   moutarde

- use the verb *choisir* (to choose) and other -*ir* verbs
- find out more about shopping in France

1 On choisit bien

Choisis la bonne bulle pour chaque image.

Exemple: 1C

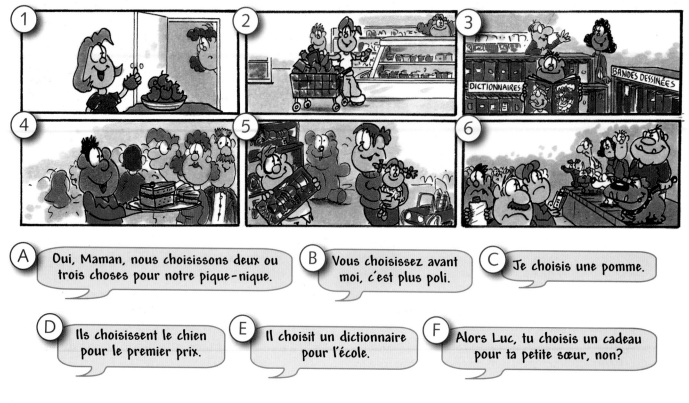

A Oui, Maman, nous choisissons deux ou trois choses pour notre pique-nique.

B Vous choisissez avant moi, c'est plus poli.

C Je choisis une pomme.

D Ils choisissent le chien pour le premier prix.

E Il choisit un dictionnaire pour l'école.

F Alors Luc, tu choisis un cadeau pour ta petite sœur, non?

2 Grand choix au marché

Lis le texte et écris une liste des verbes en -**ir**.

Exemple: *ils réussissent, ...*

Dossier-langue

regular -*ir* verbs

In task 1, all six parts of the verb *choisir* (to choose) are used. Can you find them all?

Compare this verb with regular -*er* verbs. Like them, the stem remains the same and the ending changes. But the endings for *choisir* are different, although you should recognise some similarities in the plural.

je choisis	nous choisissons
tu choisis	vous choisissez
il/elle/on choisit	ils/elles choisissent

Here are some other verbs with an infinitive ending in -*ir*. They have the same endings as *choisir*:

finir (to finish)	*réussir* (to succeed)
remplir (to fill)	*obéir* (to obey)

Dans les villes et villages de France, il y a beaucoup de marchés. Ils ont une longue tradition et ils réussissent toujours à attirer beaucoup de personnes.

Au marché, on vend de tout. Nous allons chaque mercredi matin sur la place du marché. Normalement, Maman choisit des fruits et légumes bio et elle remplit le panier de bonnes choses – mais c'est moi qui porte le panier! Nous achetons aussi du fromage, des olives ou du saucisson. Quelquefois, je choisis un nouveau t-shirt ou des chaussettes, mais nous finissons toujours par manger une gaufre fraîche chez le marchand de gaufres – mmm, j'adore ça!

attirer *to draw, attract*

3 Une fête

Complète l'histoire avec la bonne forme du verbe. Écoute et vérifie.

Exemple: 1 *finissent*

Christophe, Karine, Simon et Nathalie habitent dans un petit village au bord de la mer, mais assez loin de la ville. Il n'y a pas grand-chose à faire dans le village. Les quatre amis décident d'organiser une fête.

Simon: Bof, c'est bientôt les grandes vacances, les cours (**1** *finir*) vendredi, mais il n'y a rien à faire dans notre village. Si on organisait une fête?

Christophe: Bonne idée, mais qu'est-ce qu'on peut faire?

Karine: Si on habite en ville, c'est très facile! On (**2** *choisir*) un restaurant et tout le monde dîne ensemble.

Christophe: Oui, mais les bus (**3** *finir*) vers huit heures et après, c'est impossible de rentrer au village.

Nathalie: Alors, qu'est-ce qu'on peut faire? Simon, tu as de bonnes idées, tu (**4** *choisir*) quelque chose, toi!

Simon: Ça y est! J'ai une idée. On va organiser un grand pique-nique sur la plage, mais à minuit!

Christophe: Fantastique! Nathalie et Karine, vous (**5** *choisir*) la nourriture. Simon, tu (**6** *choisir*) les boissons et …

Nathalie: Et toi, Christophe, qu'est-ce que tu vas faire?

Christophe: Euh … ben, moi, je (**7** *choisir*) les invités.

Les amis (**8** *finir*) par organiser un pique-nique superbe et tout le monde est content!

> plaire *to please*

4 Des questions

Lis la conversation (activité 3) et réponds aux questions.

Exemple: 1 *Les cours finissent vendredi.*

1 Les cours finissent quand?
2 Les transports en commun finissent quand?
3 Qui finit par avoir une bonne idée?
4 Qui choisit les choses à manger pour le pique-nique?
5 Qui choisit les boissons?
6 Et Christophe, qu'est-ce qu'il choisit?

> **Stratégies**
>
> ***des expressions utiles***
> It's useful to know little words and phrases that can help you sound more French. Try using these sometimes to express yourself or just to give you time to think.
>
> | | | | |
> |---|---|---|---|
> | *Ben, …* | Well, … | *Aïe!* | Ouch!/Aaagh! |
> | *Bof, …* | Hmm, … *(I don't mind)* | *Ça alors!* | Well I never! |
> | | | *Attention!* | Watch out! |
> | *Alors!* | So, … | *Chut!* | Shhh! |
> | *Tu sais, …* | You know, … | *Quoi!* | What! *(shock; disbelief)* |
> | *Oh, là là!* | Wow! | | |
>
> **a** Écoute et répète.
>
> **b** Écoute encore une fois, écris 1–10 et trouve la bonne expression.
>
> **Exemple: 1** *Bof, …*

1E | Il n'y en a plus?

- revise how to say there isn't any of something
- learn how to say there isn't any more of something

1 Quel magasin!

Écris 1–8. Écoute cette conversation, puis lis ces phrases. C'est vrai ou faux?

Exemple: 1 *vrai*

1 M. Léon n'a pas de carottes.
2 Il n'a pas de bananes.
3 Il n'a pas de lait.
4 Il n'a pas d'Orangina.
5 Il n'a pas de biscuits.
6 Il n'a pas de chocolat.
7 Marie n'a pas d'argent.
8 M. Léon a un magasin extraordinaire.

Dossier-langue

ne (n') ... pas de (d')

Remember how to say you 'haven't a/any' ... or 'there isn't/aren't any' ...

Elle n'a pas de chariot.
(She hasn't a trolley.)

Je n'ai pas d'argent. (I haven't any money.)

Il n'y a pas de pain. (There isn't any bread.)

Il n'y a pas de biscuits.
(There aren't any biscuits.)

After *pas*, always use *de* (or *d'* before a vowel). This is just like after quantities (*un kilo de pommes*), but this time it's a negative quantity.

2 Le jeu des sept différences

Voici deux chariots au supermarché. Ils ne sont pas identiques.
Qu'est-ce qu'il n'y a pas dans le chariot de Mme Lenoir?

Exemple: *Dans le chariot de Mme Lenoir, il n'y a pas de thé.*

Le chariot de M. Dupont

Le chariot de Mme Lenoir

3 Au marché

Travaillez à deux. Une personne regarde cette page, l'autre regarde la page 131.

1 Chez le marchand de légumes

Tu es le/la marchand(e) de légumes. Il est 16h00. Il ne reste pas beaucoup de légumes, mais il y a encore des clients. Réponds au client/à la cliente.

Exemple: – Avez-vous ...?
– Désolé(e), je n'ai pas de ... Voilà un/une/des ...

2 Chez la marchande de fruits

Changez de rôle. Tu vas chez le/la marchand(e) de fruits, mais il est 16h00. Tu trouves seulement deux des choses qui sont sur ta liste. Demande ces choses, puis écris ce que tu as acheté.

Exemple: – Je voudrais ...
– Désolé(e), il n'y a pas de ... Voilà un/une/des ...

J'ai acheté ... Je n'ai pas acheté de ...

1 kg pommes
4 bananes
1 kg poires
des fraises
5 oranges
1 kg pêches

4 Dani fait des courses

Regarde les images et lis les textes. Puis choisis le bon texte (A–H) pour chaque image (2–9).

Exemple: 2D *Il n'y a plus de fraises.*

A Il n'y a plus de beurre.

B Il n'y a plus de lait.

C Il n'y a plus d'œufs.

D Il n'y a plus de fraises.

E Alors Dani achète des bananes.

F Alors Dani achète des chips.

G Alors Dani achète des yaourts.

H Alors Dani achète du chocolat.

5 Les cartes postales

Complète la conversation avec **de/d'/du/de la/de l'/des**. Écoute et vérifie.

Exemple: 1 des

L'épicier est assis sur une chaise et il dort. Un client entre dans l'épicerie.

– Bonjour, monsieur. Je voudrais (**1** ___) cartes postales, s'il vous plaît.
– Comment? (**2** ___) cartes postales? Je regrette, monsieur, mais je ne vends pas (**3** ___) cartes postales. C'est une épicerie ici.
– Alors, donnez-moi un kilo (**4** ___) pommes … et (**5** ___) cartes postales!
– *(pas très content)* Je regrette, monsieur, mais je n'ai plus (**6** ___) pommes. Et je n'ai pas (**7** ___) cartes postales non plus!
– Bon, ça ne fait rien. Donnez-moi (**8** ___) pain … et (**9** ___) cartes postales!
– *(furieux)* Je n'ai pas (**10** ___) pain! Je n'ai pas (**11** ___) cartes postales!
– Bon, bon, ça va! Vous n'avez pas (**12** ___) pain. Vous n'avez pas (**13** ___) eau minérale non plus, sans doute?
– Si, j'ai (**14** ___) eau minérale. Une bouteille (**15** ___) eau minérale. Voilà. C'est tout?
– Oui, c'est tout.
– Vous êtes sûr?
– Oui, je suis sûr.
– Vous ne voulez pas (**16** ___) cartes postales?

Dossier-langue

ne (n') … plus de (d')

To say there is 'no more' or 'none left' use **ne … plus de** (d' before a vowel).

This negative expression follows the same pattern as **ne … pas de**.

Je n'ai plus de chips.
Il n'y a plus d'eau.

It sometimes means 'no longer', e.g.

Elle ne travaille plus à la boucherie.
She's no longer working at the butcher's.

Remember, in the negative, use **de (d')** instead of **du, de la, de l'** and **des** (some).

– (**17** ___) cartes postales? Non. Pourquoi? Vous vendez aussi (**18** ___) cartes postales?
– *(il crie)* Non, je ne vends pas (**19** ___) cartes postales!
– *(à voix basse)* Il est fou, cet épicier! *(à voix haute)* Bon, au revoir, monsieur.
– Oui, c'est ça, c'est ça … au revoir!

Le client sort. L'épicier va s'asseoir sur sa chaise. Soudain, un autre client entre dans l'épicerie.

– Pardon, monsieur. Vous avez (**20** ___) cartes postales?

- use regular -er, -re and -ir verbs
- find out more about shopping in France

1 C'est ouvert?

Tu aimes faire les courses? Alors, fais attention aux horaires d'ouverture! La plupart des magasins ferment à midi, souvent pendant deux heures ou même deux heures et demie. Si tu arrives à une heure, tu attends longtemps! Et beaucoup de magasins ferment le lundi, toute la journée. Par contre, dans quelques magasins, comme la boulangerie et l'épicerie, le travail commence très tôt et on finit assez tard, souvent à huit heures du soir. Les supermarchés ne sont pas toujours ouverts le dimanche, mais même dans les petites villes, on trouve du pain frais ou un gâteau le dimanche matin à la boulangerie-pâtisserie. Dans beaucoup de villes, on descend au marché le samedi matin et on choisit des fruits et légumes, des produits régionaux, des vêtements, des souvenirs … enfin de tout.

Boulangerie-pâtisserie Lebrun
Horaires d'ouverture

lun		
mar	07h–13h	15h30–20h
mer	07h–13h	15h30–20h
jeu	07h–13h	15h30–20h
ven	07h–13h	15h30–20h
sam	07h–13h	15h30–20h
dim	07h–13h	

Lis le texte et les phrases. Vrai ou faux?

Exemple: 1 *vrai*

1 Quelquefois, la pause-déjeuner dure deux heures et demie.
2 Tous les magasins choisissent le lundi pour fermer.
3 À la boulangerie, on finit le travail assez tard le soir.
4 On ne vend pas de pain frais le dimanche matin.
5 On n'achète pas de légumes au marché.
6 À la boulangerie Lebrun, on ne travaille pas le lundi.

Dossier-langue

the three groups of regular verbs

You have now learnt the three kinds of regular verbs (and a few verbs which are regular, but with slight variations, e.g. *acheter, préférer*).

How many examples of them can you spot in the text above?

Verbs with an infinitive ending in:

		-er	-re	-ir
	e.g.	*trouver* to find	*descendre* to go down	*finir* to finish
je		trouve	descends	finis
tu		trouves	descends	finis
il/elle/on		trouve	descend	finit
nous		trouvons	descendons	finissons
vous		trouvez	descendez	finissez
ils/elles		trouvent	descendent	finissent

2 Sondage: le shopping

Ces élèves posent des questions sur le shopping. Lis les questions et devine la bonne réponse. Pour t'aider, regarde les mots de la case. Puis écoute et vérifie.

Exemple: a *deux*

1 Pardon, madame. Combien de pain achetez-vous par jour?

   Elle achète (a ___) baguettes par jour. Le dimanche, ses enfants vont à la boulangerie et ils choisissent des (b ___) ou des (c ___).

2 Excusez-moi, monsieur. Est-ce que vous préférez acheter les fruits et les légumes à l'épicerie ou est-ce que vous descendez au marché?

   Il préfère acheter les fruits et les légumes (d ___).

3 Qu'est-ce que tu choisis normalement pour manger pendant la récré?

   Il adore les (e ___) ou quelquefois, il mange des (f ___).

4 Madame, est-ce que vos enfants mangent beaucoup de bonbons?

   En général, ils préfèrent des (g ___) ou du (h ___).

5 Excusez-moi, monsieur. Est-ce que vous achetez des provisions sur Internet?

   Il préfère acheter les (i ___) au marché. Quelquefois, il achète des boîtes et des (j ___) sur Internet.

---

au marché   boissons   chips   chocolat   croissants   chips   deux   fruits   légumes   pains au chocolat

---

3 Le shopping: pour et contre

Complète le texte avec la bonne forme du verbe.

Exemple: 1 *je déteste*

Moi, je (**1** *détester*) faire les courses. Quand je (**2** *descendre*) au marché du village avec ma mère, je (**3** *trouver*) ça très ennuyeux. Nous (**4** *choisir*) deux ou trois kilos de fruits et légumes, et c'est moi qui (**5** *porter*) le panier. Ma mère et ses amies (**6** *passer*) beaucoup de temps à discuter les prix et moi, j'(**7** *attendre*). Ce n'est pas très amusant!

Moi, j' (**8** *adorer*) le shopping en ville. Mes amis et moi, nous (**9** *préférer*) les magasins où on (**10** *vendre*) les derniers jeux vidéo. Nous (**11** *acheter*) aussi des magazines et des CD et quelquefois, des glaces.

4 À discuter

a Travaillez à deux. À tour de rôle, posez les questions et répondez.

Exemple: 1 – *Est-ce que tu aimes faire les courses?*
– *Non, je n'aime pas beaucoup ça! Et toi, est-ce que tu ...*

1 Est-ce que tu aimes faire les courses?

2 Qui fait les courses chez toi, normalement?

3 Qu'est-ce que tu choisis normalement pour manger et boire pendant la récré?

4 Est-ce que tu préfères les petits magasins ou le supermarché?

5 Chez toi, est-ce qu'on préfère acheter les fruits et les légumes au marché ou aux magasins?

6 Quand tu vas en ville, qu'est-ce que tu aimes acheter?

7 Est-ce qu'il y a un marché près de chez toi? Si oui, qu'est-ce qu'on vend au marché?

8 Est-ce que ta famille achète des provisions sur Internet?

b Écris tes réponses dans ton dossier personnel.

Les photos

Discute de ces photos avec d'autres élèves, puis parle d'une des photos.

- Qu'est-ce qu'il y a d'intéressant?
- C'est comme chez toi? Quelles sont les différences?
- Tu aimes le pain? Tu manges du pain à quel repas?
- Qui n'aime pas le fromage? Tu préfères quelle sorte de fromage?

Le Wèb et toi

A Choisis une ville en France.

- Est-ce qu'il y a un **marché**? Quand? Où?
- Trouve des détails et des photos si possible.

B Trouve le nom de quelques **supermarchés** et **hypermarchés** français.

- Fais le profil d'un supermarché français (par exemple: photo, carte, horaires d'ouverture, spécialités, prix, site web, …).

C Fais des recherches sur **la fête du pain**.

- C'est quand?
- Qu'est-ce qu'on fait (par exemple, à La Rochelle ou dans ta ville jumelle)?
- Est-ce qu'il y a des photos?
- Est-ce que la baguette est le seul type de pain français?

D Trouve le nom de quelques **fromages** français.

- Il y a environ combien de fromages français?
- Quel est ton fromage préféré?

Dégustation!

Choisis des produits français pour une dégustation.
Écris quelques phrases pour décrire tes choix.

| la dégustation *tasting (session)* |

When you are in shops, practise saying the quantity or price of things to yourself in French.

idée

SOMMAIRE

Now I can ...

■ identify some French shops

la boucherie	butcher's
la boulangerie	baker's
la charcuterie	pork butcher's/delicatessen
l'épicerie (f)	grocer's
la librairie	bookshop
le marchand de glaces	ice cream seller
le marchand de légumes/de fruits	greengrocer
la papeterie	stationer's
la pâtisserie	cake shop
la pharmacie	chemist's
la poissonnerie	fish shop
le (bureau de) tabac	tobacconist's

■ shop for food

Je voudrais ...	I'd like ...
Avez-vous ...?	Have you ...?
Donnez-moi ...	Give me ...
C'est combien?	How much is it?

■ understand what the shopkeeper says

Vous désirez?	What would you like?
C'est tout?	Is that all?
Et avec ça?	Anything else?
Je regrette, mais je n'ai pas de ...	I'm sorry, but I haven't any ...
Je suis désolé(e), mais il n'y a plus de ...	I'm very sorry, but there isn't any more ...

■ discuss where to go shopping

Où est-ce qu'on peut acheter des timbres?	Where can you buy stamps?
On peut acheter des timbres au tabac.	You can buy stamps at the tobacconist's

■ say there isn't any or there is no more of something

Il n'y a pas de fruits.	There's no fruit.
Il n'y a plus de légumes.	There aren't any vegetables left.

■ identify food and things to buy

une aspirine	aspirin
une baguette	long French loaf
un biscuit	plain biscuit
des bonbons (m)	sweets
des chips (f)	crisps
un concombre	cucumber
des champignons (m)	mushrooms
une quiche	quiche
un pain au chocolat	pastry with chocolate inside
du saucisson	continental sausage
une glace	ice cream
un timbre	stamp
un journal (des journaux)	newspaper
un magazine	magazine

■ say how much of something you want to buy

une boîte de	a box of, a tin of
une bouteille de	a bottle of
une brique de	a carton of
100 grammes de	100g of
250 grammes de	250g of
un kilo de	1kg of
un demi-kilo de	half a kilo of
un litre de	1 litre of
un morceau de	a piece of
un paquet de	a packet of
une portion de	a portion of
une tranche de	a slice of

■ talk about money and prices

l'argent (m)	money
un billet	banknote
un centime	cent
un euro	euro
la monnaie	small change
une pièce	coin
un porte-monnaie	purse
une livre	pound (sterling)

■ use acheter (to buy) and préférer (to prefer) (see page 7)

■ use vendre (to sell) and some other verbs ending in -re (see page 8)

attendre	to wait (for)
descendre	to go down, to get off
répondre	to reply

■ use choisir (to choose) and some other verbs ending in -ir (see page 12)

finir	to finish
remplir	to fill
réussir	to succeed
obéir	to obey

Rappel 1
unité 1

1 Les magasins

Complète les mots avec les bonnes voyelles.

Exemple: 1 *la pâtisserie*

1 l_ p_t_ss_r__
2 l_ l_br__r__
3 l_ b__ch_r__
4 l_ t_b_c
5 l'_p_c_r__
6 l_ b__l_ng_r__
7 l_ ch_rc_t_r__
8 l_ m_rch_
9 l_ ph_rm_c__
10 l_ s_p_rm_rch_

2 Je voudrais ...

Écris le produit et la bonne quantité.

Exemple: 1 *une boîte de thon*

3 Conversation à l'épicerie

Mets la conversation dans le bon ordre.

Exemple: d, ...

a Du fromage et de la limonade ... Voilà. C'est tout?
b Alors, donnez-moi un demi-kilo de poires, s'il vous plaît.
c Merci, monsieur. Voilà votre monnaie. Au revoir.
d Bonjour, madame.
e Avez-vous des pommes?
f Alors, ça fait trois euros soixante, s'il vous plaît.
g Au revoir, madame.
h Oui, et avec ça?
i Bonjour, monsieur. Vous désirez?
j Voilà quatre euros, madame.
k Je voudrais cent grammes de fromage et une bouteille de limonade.
l Ah non, je regrette, je n'ai plus de pommes, mais il y a des poires.
m Oui, c'est tout. C'est combien?

4 Questions et réponses

a Complète les questions et les réponses avec les mots de la case.

Exemple: 1 *Qu'est-ce que tu préfères comme fruit?*

b Trouve les paires.

Exemple: 1b

1 Qu'est-ce que ___ préfères comme fruit?
2 ___-ce qu'il y a un fruit que tu n'aimes pas?
3 Et tu ___ les légumes?
4 Tu vas aux magasins en ___ . Où vas-tu d'abord?
5 Alors moi, je vais à l'___ . Qu'est-ce que j'achète pour notre pique-nique?
6 Et après, où est-ce ___ tu m'attends?

a Je vais à la ___ . Je vais acheter une baguette et des pains au chocolat.
b Je préfère ___ bananes et les fraises.
c Je ___ t'attendre devant le cinéma.
d J'aime beaucoup les petits pois, mais je n'aime ___ les choux-fleurs.
e Oui, je n'aime pas les abricots et ___ déteste les kiwis.
f Deux cent cinquante ___ de fromage, deux paquets de chips et du coca.

> aimes boulangerie épicerie Est grammes
> je les pas que tu vais ville

5 En ville

Choisis la bonne forme du verbe pour compléter les phrases.

Exemple: 1a

1 Est-ce que tu ___ faire les courses?

   a aimes **b** aimez **c** aiment

2 Pour les légumes, je ___ aller au marché.

   a préférer **b** préfères **c** préfère

3 Ma cousine ___ à la pharmacie.

   a travailles **b** travaille **c** travaillent

4 En général, on ___ des livres à la librairie.

   a trouvez **b** trouve **c** trouvons

5 Qu'est-ce que vous ___ comme gâteau?

   a préférez **b** préfères **c** préférer

6 Nous ___ d'acheter un grand gâteau au chocolat.

   a décidez **b** décident **c** décidons

7 Luc et Léa ___ de la musique au supermarché.

   a écoute **b** écoutent **c** écoutons

8 On ___ des timbres au tabac.

   a acheter **b** achète **c** achetons

6 Mes copains

Complète les phrases avec un verbe de la case.

Exemple: 1 *Je __descends__ souvent en ville avec mes copains.*

1 Je ___ souvent en ville avec mes copains.

2 Où est Raphaël? Il ne ___ pas à mes textos.

3 Léa et Chloé ___ devant la gare.

4 Nous ___ au marché.

5 On ___ des choses intéressantes au marché.

6 Madame, vous ___ des t-shirts bleus?

7 Voilà Raphaël! Il ___ devant la librairie avec son portable.

8 Moi, je ne ___ pas à ses textos!

| attend attendent descendons descends répond |
| réponds vend vendez |

7 Les glaces

Trouve les paires.

Exemple: 1d

1 Au restaurant, mon frère	a réussissent à manger six glaces chacun!
2 Si possible, je	b finissez votre glace?
3 Mes cousins	c remplissons un grand bol de glace au chocolat!
4 Si c'est une fête, nous	d choisit toujours une glace.
5 Quand est-ce que vous	e choisis comme glace?
6 Qu'est-ce que tu	f choisis une glace à la pistache.

8 Un e-mail

Complète le message avec la bonne forme des verbes.

Salut!

Je (**1** *passer*) quelques jours chez mon oncle Martin à Paris. Il (**2** *habiter*) dans un appartement près du centre. Chaque matin, nous (**3** *descendre*) au marché et nous (**4** *acheter*) des fruits et des légumes. Mes parents (**5** *remplir*) leur panier de légumes frais mais moi, je (**6** *préférer*) les fruits. Après le marché, nous (**7** *choisir*) des gâteaux à la pâtisserie – je (**8** *choisir*) toujours une tarte aux fraises. On (**9** *manger*) bien ici!

Et toi? Tu (**10** *finir*) tes devoirs ce week-end? J'espère que tu (**11** *répondre*) vite – j'(**12** *attendre*) de tes nouvelles!

À bientôt!

Dominique

- *talk about countries in Europe*

L'Europe

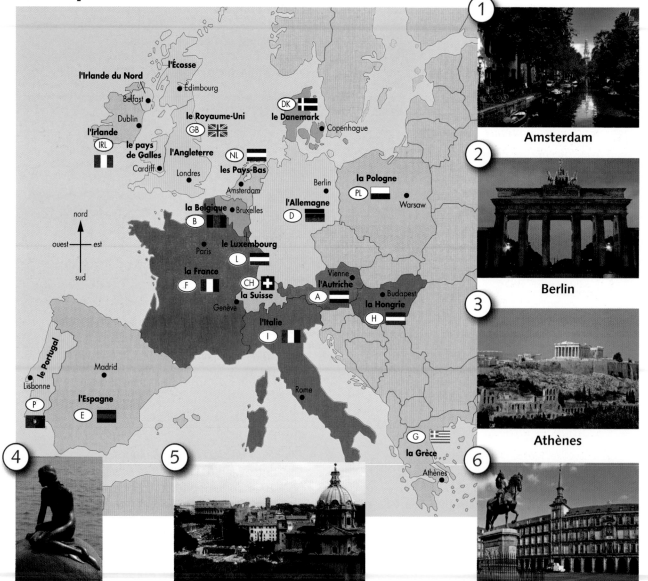

Amsterdam

Berlin

Athènes

Copenhague

Rome

Madrid

Pour plus d'informations, regarde la page 37.

1 C'est quel pays?

Regarde les photos et la carte. Note le pays (1–6).

Exemple: 1 *les Pays-Bas*

2 Des vacances en Europe

Écris 1–10 et écoute.

a Note le nom du pays.
b Donne un détail.

Exemple: 1 a *DK (le Danemark)*
b *les jardins de Tivoli*

3 De jeunes Européens

Salut tout le monde, je m'appelle **Mathieu**. J'ai treize ans et j'habite à Honfleur en Normandie, dans le nord de la France. Honfleur est au bord de la mer et il y a de belles plages et un port. Quand il fait beau et qu'il y a du vent, j'aime bien faire de la planche à voile. Autrement, je joue au tennis et au football. Je suis un fan de l'équipe de football, Paris Saint-Germain. J'aime aussi jouer sur l'ordinateur et surfer sur le Web.

Bonjour, je m'appelle **Élodie**. J'ai treize ans. J'habite dans un village près de Genève en Suisse. Nous sommes près des Alpes, alors j'aime bien faire du ski en hiver. J'ai un frère de seize ans et une sœur jumelle. J'adore les animaux. Nous avons un chien et un chat, mais mon animal préféré est le cheval. Je fais de l'équitation tous les week-ends.

Salut, je m'appelle **Roberto**, j'ai douze ans. J'habite en Italie, à Rome, et je parle italien. Je parle bien français, mais l'écrire est beaucoup plus difficile!!! Je joue du piano et de la trompette et j'aime toutes sortes de musique. Au collège, j'aime bien les sciences et la géographie, mais je n'aime pas beaucoup le sport.

Bonjour, nous sommes deux filles de Bruxelles en Belgique: **Laura** et **Nicole**. Nous habitons à Bruxelles mais nous ne sommes pas belges, nous sommes françaises. Notre père vient de la Martinique et notre mère est de Paris. Notre père travaille au Parlement européen et notre mère est prof d'anglais alors nous allons souvent en Angleterre pendant les vacances. Nous aimons la musique, la danse, le chant, le cinéma et surfer sur Internet.

Salut, je m'appelle **Stefan** et j'ai quatorze ans. J'habite à Berlin en Allemagne et je parle allemand. J'apprends le français depuis trois ans. J'adore le sport: je joue au football, au hockey et au basket. Mon sport préféré est le basket, j'en fais depuis cinq ans. J'aime aussi écouter de la musique sur mon iPod. J'apprends la guitare depuis deux ans.

a Corrige les erreurs.

Exemple: 1 *Mathieu habite au bord de la mer.*

1 Mathieu habite à la montagne.
2 Il n'aime pas le sport.
3 Élodie habite à Genève.
4 Elle fait du ski et de la natation.
5 Roberto joue de la guitare.
6 Laura et Nicole sont espagnoles.
7 Stefan habite en Écosse.
8 Il apprend le français depuis cinq ans.

b Travaillez à deux. Une personne choisit un des jeunes et écrit son nom. L'autre pose des questions pour l'identifier. On répond par **oui**, **non**, ou **je ne sais pas**. Puis changez de rôle.

Exemple: – *C'est un garçon?*
    – *Non.*
    – *(Alors, c'est une fille.) Elle habite en Belgique?*
    – *Oui.*

> **Stratégies**
>
> **des jumeaux** – male twins or boy and girl twins
> **des jumelles** – female twins
> Can you work out the meaning of the following?
> • **une ville jumelle**
> • **Honfleur est jumelée avec la ville de Sandwich en Angleterre.**
> This one is more difficult:
> • **Avec des jumelles, on peut voir un bateau à l'horizon.**

4 C'est qui?

Écris 1–6. Écoute les conversations et décide de qui on parle.

Exemple: 1 *Laura*

- *learn the names of other countries and continents*
- *use prepositions with towns (à), countries and continents (au, en, aux)*
- *revise aller (to go) and use partir (to leave)*

1 Projets de vacances

a Écris 1–6. Écoute les conversations et trouve les paires.

Exemple: 1f *La famille Legrand va en Suisse.*

1 La famille Legrand va	a à Londres.
2 Le collège Jules Verne va	b au Canada.
3 M. et Mme Rousseau vont	c à Athènes.
4 Nicolas et Sophie vont	d au Sénégal.
5 La famille Leblanc va	e aux États-Unis.
6 Hélène va	f en Suisse.

b Trouve la bonne image.

Exemple: 1f = *image E*

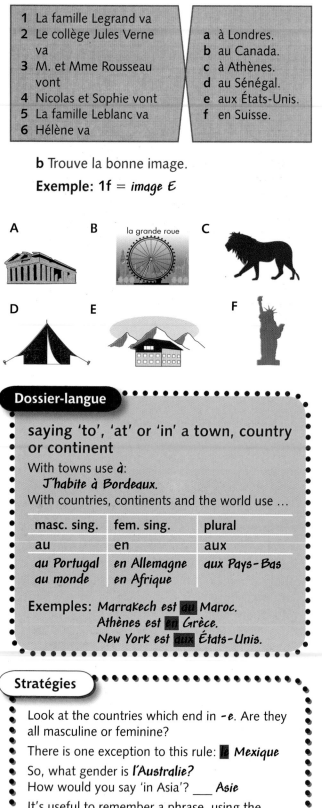

A   B   la grande roue   C

D   E   F

Dossier-langue

saying 'to', 'at' or 'in' a town, country or continent

With towns use *à*:
  J'habite à Bordeaux.
With countries, continents and the world use …

masc. sing.	fem. sing.	plural
au	en	aux
au Portugal *au monde*	*en Allemagne* *en Afrique*	*aux Pays-Bas*

Exemples: *Marrakech est* **au** *Maroc.*
Athènes est **en** *Grèce.*
New York est **aux** *États-Unis.*

Stratégies

Look at the countries which end in **-e**. Are they all masculine or feminine?
There is one exception to this rule: ■ *Mexique*
So, what gender is *l'Australie*?
How would you say 'in Asia'? ___ *Asie*
It's useful to remember a phrase, using the preposition and the noun, e.g. *au Mexique*.

2 Où vont-ils en vacances?

Trouve la bonne destination pour chaque personne.

Exemple: 1 *M. et Mme Citron* **vont** *à Montréal au Canada.*

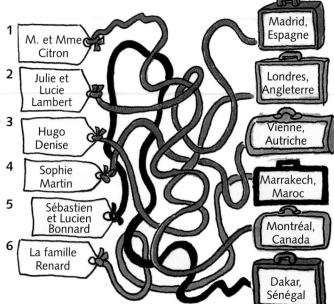

1 M. et Mme Citron
2 Julie et Lucie Lambert
3 Hugo Denise
4 Sophie Martin
5 Sébastien et Lucien Bonnard
6 La famille Renard

Madrid, Espagne
Londres, Angleterre
Vienne, Autriche
Marrakech, Maroc
Montréal, Canada
Dakar, Sénégal

3 Quelle destination?

Complète les phrases comme indiqué. Si possible, ajoute un autre détail (quand, etc.).

Exemple: 1 *Notre collège va à Rome, en Italie, (en juillet).*

1 Notre collège – Rome – Italie

2 Notre famille – Athènes – Grèce

3 Mes amis – Paris – France

4 Nous – Berlin – Allemagne

5 Toi, tu – Cardiff – pays de Galles

6 Mon prof – Londres – Angleterre

7 Moi, je … *(tu décides!)*

Pour t'aider

aller (to go)
je vais	nous allons
tu vas	vous allez
il/elle/on va	ils/elles vont

Quand … ?
en été/hiver/
automne
en janvier/
février, etc.
pendant les
vacances
scolaires

4 Vous partez quand?

 Écoute et note la date du départ.

Exemple: 1 *le 3 juin*

1 M. et Mme Citron partent …
2 Julie et Lucie partent …
3 Hugo part …
4 Sophie: «Je pars …»
5 Sébastien et Lucien: «Nous partons …»
6 La famille Renard part …

Dossier-langue

partir (to leave, depart)

The verb *partir* ends in **-ir**, but it is irregular in the present tense:

je pars	*nous partons*
tu pars	*vous partez*
il/elle/on part	*ils/elles partent*

The verbs *sortir* (to go out) and *dormir* (to sleep) follow a similar pattern. Look out for them in later units.

5 Tu pars?

Complète le texte avec la bonne forme du verbe **partir**.

- Pierre, quand est-ce que tu (**1**___) pour la gare?
- Je (**2** ___) dans deux minutes.
- Il (**3** ___) dans deux minutes!

- Vous (**4** ___) quand pour le match de tennis?
- Nous (**5** ___) à deux heures.
- Ils (**6** ___) à deux heures!

6 Un sondage: l'heure du départ

En groupe, posez des questions puis donnez les réponses.

Exemple:
Dans notre groupe, ___ élèves partent ___ .
X part le premier, à ___ .
Y part le dernier, à ___ .

1 Tu pars à quelle heure pour aller au collège?
2 Combien d'élèves partent avant sept heures et demie?
3 Combien d'élèves partent vers huit heures?
4 Combien d'élèves partent après huit heures?
5 Dans ton groupe/ta classe, qui part le premier? (À quelle heure?)
6 Et qui part le dernier? (Quand?)

7 Bruxelles

Bruxelles, la capitale de la Belgique, est une ville internationale. C'est une ville bilingue où l'on parle français et flamand. Le flamand est un dialecte néerlandais. Beaucoup d'habitants de la ville sont des étrangers qui travaillent pour des institutions internationales, comme l'Union européenne (l'UE). La ville est jumelée avec d'autres capitales d'Europe, comme Madrid et Berlin.

On mange bien en Belgique. Les moules frites sont très populaires. On a cultivé les premiers choux de Bruxelles près de la ville. Les chocolats belges sont célèbres et délicieux.

L'Atomium est un monument impressionnant. Il représente les neuf atomes d'une molécule cristalline de fer. On peut entrer dans les sphères et, du haut du monument, on a un beau panorama sur la ville.

Tu connais peut-être des Belges célèbres? Il y a Hergé, créateur de Tintin, Adolphe Saxe, qui a inventé le saxophone, Eddy Merckx, cycliste, Jacques Brel, chanteur et compositeur, René Magritte, peintre.

Pour aller à Bruxelles en train, c'est facile. Les trains relient la ville à d'autres grandes villes européennes. De Londres, l'Eurostar arrive à la gare du Midi en un peu plus de deux heures.

a Trouve le français.

Exemple:
1 *des étrangers*

1 foreigners
2 the town is twinned
3 mussels and chips
4 Brussels sprouts
5 singer and composer
6 a little more than two hours

b Trouve six adjectifs (ou plus).

2C | En route

- *talk about means of transport*
- *use the verb* venir *(to come)*

1 Les transports

On peut voyager par tous ces moyens de transport:

A en bus B en avion C en bateau D en tramway

E en métro F en taxi G en train H en voiture

I en car J à vélo K à mobylette L à moto M à pied

2 Ils voyagent comment?

Écris 1–10 et écoute. Comment voyagent ces personnes? Écris la lettre qui correspond à la bonne photo.

Exemple: 1B

3 Les voyages

Complète chaque phrase avec le nom d'un moyen de transport différent.

Exemple: 1 *Je vais à Londres en avion.*

1 Je vais à Londres ___ .
2 Nous allons à Strasbourg ___ .
3 Je vais au cinéma ___ .
4 Nous allons en ville ___ .
5 Je vais au collège ___ .
6 On va en Irlande ___ .
7 Les filles vont au match ___ .
8 Ma mère va au travail ___ .

4 Bon voyage!

Michael et Claire décident de voyager de leur ville, Ipswich, en Angleterre, à La Rochelle en France. Ils décident de prendre des moyens de transport différents.

Complète la description de leur voyage.

Exemple: 1 *en voiture*

Ils vont à la gare (1) 🚗 . Puis ils voyagent (2) 🚋 .

À Londres, ils voyagent (3) 🚌 puis (4) 🚕 . Ils

traversent la Manche (5) 🚢 . Puis ils vont à la gare

(6) 👣 et ils voyagent (7) 🚋 jusqu'à Paris. Ils vont à

leur hôtel à Paris (8) 🚇 . Puis ils partent pour La Rochelle

(9) 🚌 et ils visitent la ville (10) 🚲 .

5 Une soirée internationale

 Écoute les conversations. Vrai ou faux?

Exemple: 1 *vrai*

1 Christine vient du Canada.
2 Sébastien vient de Montréal.
3 Karim vient du Maroc.
4 Cécile et son frère viennent en métro.

5 Alex et Daniel viennent assez souvent en France.
6 Ils viennent de Glasgow.
7 Jabu et Pirane viennent d'Afrique.
8 Elles ne viennent pas souvent en France.

Dossier-langue

venir (to come)

The verb *venir* (to come) is irregular:

je viens	*nous venons*
tu viens	*vous venez*
il/elle/on vient	*ils/elles viennent*

The verbs *revenir* (to return) and *devenir* (to become) follow the same pattern as *venir*.

Stratégies

Look at this pattern and see if you can work out how the prefix **re-** might give a clue to meaning.

venir – to come
revenir – to come back, return
voir – to see
revoir – to see again (think about the French for 'Goodbye/See you')

Work out what the following mean:

recopier   refaire   relire (*lire* – to read)

Can you think of some similar examples in English?

6 Bougez autrement

Mode de transport	Effet de serre (Émission de CO_2 en kg par km)
🚗	x 130
🏍	x 40
🚌	x 30
🚈	x 15
🚇	x 10
🚋	x 7
🚲	x 0
🚶	x 0

Complète les conseils.

Exemple: 1 *le tramway*

Prenez les transports en commun: le **(1)** t____, le **(2)** b____, le **(3)** t____, et le **(4)** m____ . C'est bon pour l'environnement.

La marche à **(5)** p____ est bonne pour la santé et pour l'environnement.

Prenez un **(6)** v____ pour les petits trajets en ville. Dans certaines villes de France (Paris, Marseille, Lyon, Rennes, La Rochelle) il y a un système de location de vélos pour tous.

Voyager en **(7)** v____, c'est mauvais pour l'environnement, mais quelquefois c'est nécessaire. Le covoiturage (avec 2+ passagers) est plus économe.

> bouger *to move*
> l'effet de serre *greenhouse effect*
> un trajet *journey*
> la location *hiring*
> la marche *walking*

7 À discuter

a Travaillez à deux. À tour de rôle, posez les questions et répondez.

1 Comment vas-tu en ville?
2 Comment viens-tu au collège?
3 Est-ce que beaucoup d'élèves viennent en bus?
4 Comment rentres-tu à la maison après le collège?
5 Tu aimes voyager en train?
6 Quel moyen de transport préfères-tu?

7 Est-ce qu'il y a un moyen de transport que tu détestes?
8 Est-ce que tu as un vélo?

b Écris tes réponses dans ton dossier personnel.

Exemple: 1 *Je vais en ville en bus.*

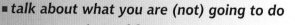

- **talk about what you are (not) going to do**
- **use expressions of future time**
- **revise leisure vocabulary**

1 Pendant les vacances

a Écris 1–8. Écoute les conversations et écris les lettres dans l'ordre.

Exemple: 1G

A B C D
E F G H

b Trouve la phrase qui va avec chaque image.

Exemple: A7 *Ils vont aller à la pêche.*

1 Je vais prendre des photos.
2 Tu vas faire du vélo?
3 Il va jouer au golf.
4 Elle va visiter sa correspondante.
5 Nous allons jouer au football.
6 Vous allez visiter des châteaux?
7 Ils vont aller à la pêche.
8 Elles vont monter à la tour Eiffel.

2 Maintenant ou plus tard?

Écris 1–10. Écoute les phrases. Si on fait l'activité maintenant, écris **M**. Si on va faire l'activité plus tard, écris **T**.

Exemple: 1M

3 Le jeu des voyages

a Travaillez à deux. Vous allez faire un voyage à l'étranger, mais quand, où, avec qui? Ça va être amusant ou non?

Jetez un dé pour décider. Une personne pose des questions (A–F), l'autre jette le dé puis donne la réponse (1–6). À la fin de la conversation, changez de rôle.

b Décris un voyage imaginaire. Écris six phrases complètes.

Exemple:
A *Je vais partir* [dé] *en juillet.*
B *Je vais à ...*

Dossier-langue

To say what you are going to do, use part of the verb *aller* + an infinitive:

je vais	travailler sur l'ordinateur
tu vas	prendre des photos
il/elle/on va	écouter de la musique
nous allons	regarder le film
vous allez	visiter la ville
ils/elles vont	faire du vélo

To say what you're not going to do, put *ne* and *pas* round the part of *aller*:

*Je **ne** vais **pas** ranger ma chambre.*
I'm **not** going to tidy my room.

A Quand vas-tu partir en vacances?
1 vendredi soir
2 cet été
3 la semaine prochaine
4 samedi prochain
5 en juillet
6 en août

B Où vas-tu aller?
1 Amsterdam, Pays-Bas
2 Mars, Espace (m)
3 Lisbonne, Portugal
4 chez Dracula, Transylvanie (f)
5 Athènes, Grèce
6 Berlin, Allemagne

C Avec qui?
1 ma famille
2 un groupe d'astronautes
3 le collège
4 un groupe de vampires
5 mes amis
6 un groupe de profs

D Comment allez-vous voyager?
1 [train]
2 en navette
3 [avion]
4 [métro]
5 [bus]
6 [vélo]

E Qu'est-ce que vous allez faire?
1 visiter des monuments
2 explorer la planète
3 prendre des photos
4 visiter le château
5 faire du camping
6 visiter des collèges

F Ça va être comment?
1 génial
2 fantastique
3 amusant
4 effrayant
5 magnifique
6 ennuyeux

4 La fête de Daniel

Écoute les conversations et lis le texte.

Demain, c'est samedi.
Sophie aime sortir le samedi soir.
Elle téléphone à ses amis.

2 Allô?
Salut, Charlotte. Il y a un bon film au cinéma Rex demain. Tu viens?
Ah non, Sophie, je regrette, mais …

3 Allô!
Bonjour, Jean-Claude. Qu'est-ce que tu vas faire demain? On va écouter de la musique chez moi. Tu viens?
Mais demain soir à huit heures, je vais …
Ah non, toi aussi, tu vas aller chez Daniel demain? Ça alors …

1 Allô?
Bonjour, Nicole. Qu'est-ce que tu vas faire demain soir?
Demain soir? Je vais aller chez Daniel.

Mais qu'est-ce que tu vas faire alors? Je vais aller chez Daniel. C'est son anniversaire, il va organiser une fête.

4 Mais écoute, Sophie, je …

Allô!

5 Allô!
Bonjour, Daniel! Ici Sophie. Demain soir, on va aller au bowling avec des amis. Tu viens avec nous?

6 Mon invitation? … Ah non! Ça ne fait rien. Mais tu vas venir, n'est-ce pas? C'est à huit heures.

Qu'est-ce que je vais faire? … Oui, c'est ça. Je vais téléphoner à Daniel. Mais je ne vais pas parler de sa fête.

Mais Sophie, attends! Demain soir, je vais donner une fête chez moi. Tu ne viens pas?
Comment? Quelle fête?
Pour mon anniversaire. Tu n'as pas ton invitation?

Bon, d'accord, je vais venir chez toi. Au revoir, Daniel … et à demain!

5 C'est faux!

Corrige l'erreur qu'il y a dans chacune des phrases.

Exemple: 1 *Sophie aime sortir le samedi soir.*

1 Sophie aime rester à la maison le samedi soir.
2 Elle écrit un e-mail à Nicole.
3 Samedi soir, Charlotte va aller chez sa grand-mère.
4 Daniel va organiser un pique-nique.
5 Jean-Claude va aller au bowling.
6 Beaucoup de personnes ne vont pas à la fête de Daniel.
7 Finalement, Sophie téléphone à Charles.
8 Sophie ne va pas aller à la fête samedi soir.

6 C'est quand?

Aujourd'hui, c'est lundi. Écris ces expressions dans l'ordre chronologique avec l'anglais à côté.

Exemple: *ce soir (this evening),* …

ce soir | la semaine prochaine
jeudi prochain
samedi soir | vendredi après-midi
dimanche prochain
demain | mercredi matin

7 Des projets

Complète les phrases.

Exemple: *Demain, je vais jouer au football.*

1 Demain, je …
2 Demain matin, je ne vais pas …
3 Demain soir, on va …
4 Lundi prochain, mes amis …

Voici des idées:

5 Mercredi après-midi, nous …
6 Vendredi soir, je …
7 Samedi prochain, je ne vais pas …
8 Dimanche après-midi, on va … mais on ne va pas …

- *talk about what you can (or can't) do (pouvoir + infinitive)*
- *ask permission to do something*

1 Venez en France!

Trouve la bonne phrase pour chaque image.

a Vous pouvez visiter les célèbres châteaux de la Loire.

b Les touristes peuvent louer des vélos.

c On peut faire de la voile et de la planche à voile.

d Dans les Alpes, on peut faire du ski.

e Les familles peuvent faire du camping, c'est pratique et économe.

f Vous pouvez faire du canoë-kayak sur les rivières.

2 Qu'est-ce qu'on peut faire?

Travaillez à deux.

a En ville ou dans la région: une personne dit quelque chose qu'on peut faire. L'autre ajoute quelque chose qu'on ne peut pas faire.

Exemple: – *On peut aller à la piscine.*
– Mais on ne peut pas faire du ski.

b Sancerre et Amboise sont deux villes dans le Val de Loire. Une personne regarde cette page. L'autre regarde la page 133.

Tu commences. Pose quatre questions sur Sancerre.

Exemple: *Est-ce qu'on peut faire de la voile à Sancerre?*

Puis changez de rôle. La deuxième personne pose des questions sur Amboise.

Pour t'aider

on peut	faire	du ski/du camping
		de la voile
		de l'équitation
	visiter	un château/un musée
	aller	à la piscine/à la patinoire
		au cinéma/au parc
	jouer	au tennis/au golf/au football

Dossier-langue

pouvoir (to be able, can)

je peux	I can	**nous pouvons**	we can
tu peux	you can	**vous pouvez**	you can
il peut	he can	**ils peuvent**	they can
elle peut	she can	**elles peuvent**	they (f) can
on peut	one (they, we) can		

Pouvoir is normally used with another verb in the infinitive:

Est-ce que je peux	faire	du camping ici?
Vous pouvez	aller	au café ce soir.

To say you can't do something, add **ne ... pas** around the part of **pouvoir**.

Je	ne	peux	pas	jouer au tennis mercredi.
Marc	ne	peut	pas	aller au cinéma ce soir.

3 Des dessins

Choisis la bonne bulle pour chaque dessin.

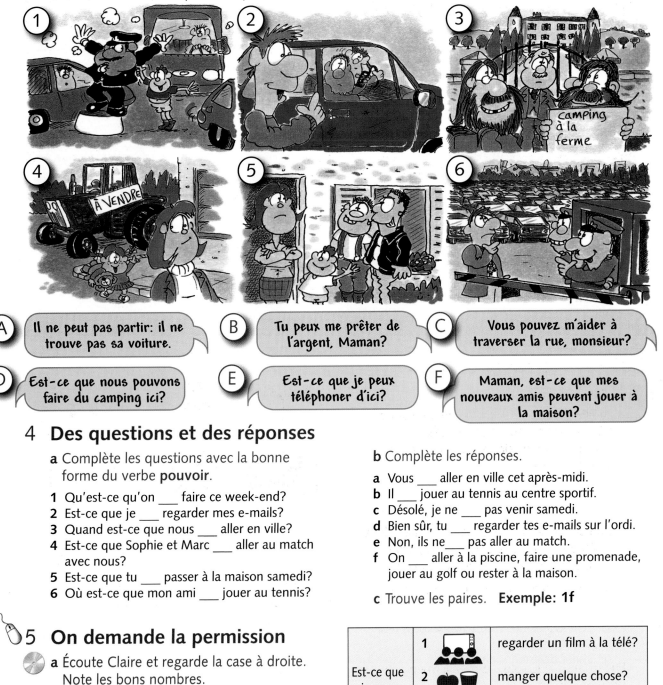

A Il ne peut pas partir: il ne trouve pas sa voiture.

B Tu peux me prêter de l'argent, Maman?

C Vous pouvez m'aider à traverser la rue, monsieur?

D Est-ce que nous pouvons faire du camping ici?

E Est-ce que je peux téléphoner d'ici?

F Maman, est-ce que mes nouveaux amis peuvent jouer à la maison?

4 Des questions et des réponses

a Complète les questions avec la bonne forme du verbe **pouvoir**.

1 Qu'est-ce qu'on ___ faire ce week-end?
2 Est-ce que je ___ regarder mes e-mails?
3 Quand est-ce que nous ___ aller en ville?
4 Est-ce que Sophie et Marc ___ aller au match avec nous?
5 Est-ce que tu ___ passer à la maison samedi?
6 Où est-ce que mon ami ___ jouer au tennis?

b Complète les réponses.

a Vous ___ aller en ville cet après-midi.
b Il ___ jouer au tennis au centre sportif.
c Désolé, je ne ___ pas venir samedi.
d Bien sûr, tu ___ regarder tes e-mails sur l'ordi.
e Non, ils ne___ pas aller au match.
f On ___ aller à la piscine, faire une promenade, jouer au golf ou rester à la maison.

c Trouve les paires. **Exemple: 1f**

5 On demande la permission

a Écoute Claire et regarde la case à droite. Note les bons nombres.

Exemple: 7, …

b Pour demander la permission, qu'est-ce qu'on dit?

Exemple: 1 *Est-ce que je peux sortir ce soir, s'il vous plaît?*

Est-ce que je peux	1		regarder un film à la télé?
	2		manger quelque chose?
	3		boire quelque chose?
Est-ce que nous pouvons	4		sortir ce soir?
	5		aller au match de football?
	6		jouer sur l'ordinateur?
	7		téléphoner à mes parents?
	8		écouter mon iPod?

2F | Des cartes postales

- **describe places**
- **read and write holiday postcards**
- **find out about the Tour de France**

1 Le jeu des cartes postales

a Lis les cartes postales et trouve la bonne image.

Exemple: 1D

1

Je passe quelques jours à Marrakech dans le sud du Maroc. Hier, nous avons visité la médina – c'est comme un marché. Il y a toutes sortes de choses: des ceintures, des vêtements, des tapis, etc. Il fait très chaud ici, alors cet après-midi nous allons à la piscine. Demain, nous allons faire une excursion à la montagne.

À bientôt,

Louis

2

Bonjour de Lausanne en Suisse, où nous faisons du camping. Il pleut sans cesse et la rue est comme une rivière. On ne peut pas faire grand-chose. Maman dit que, s'il continue à pleuvoir, nous allons rentrer demain. Quelles vacances!

Charlotte

3

Nous sommes à Châteauroux. C'est une petite ville dans le Val de Loire. Hier, on a visité le château de Chambord. Aujourd'hui, nous restons en ville parce que le Tour de France va passer par ici, cet après-midi. Ça va être génial. On aime bien faire du vélo et le Tour de France est une course cycliste très célèbre. Tout le monde parle de ça. J'espère qu'il va faire beau.

Hugo et Thomas

4

Salut de Québec au Canada! C'est le carnaval d'hiver ici. Il fait très froid (moins 10). Hier, on a regardé un match de hockey sur glace. Aujourd'hui, il y a un défilé avec un grand bonhomme de neige. On fait des sculptures en glace dans la rue. J'aime bien ce cheval en glace – il est superbe. Ce soir, nous allons voir un grand feu d'artifice.

Amitiés,

Sophie

b Réponds aux questions.

Exemple: *Qui va regarder le Tour de France?*
Hugo et Thomas vont regarder le Tour de France.

1 Qui …
   a va regarder le Tour de France?
   b fait du camping?
   c a regardé un match de hockey?
2 Quel temps fait-il …
   a en Suisse? **b** au Canada? **c** au Maroc?
3 Qu'est-ce qu'on peut …
   a acheter à la médina de Marrakech?
   b voir au Québec?
   c visiter dans le Val de Loire?

2 Des cartes postales

Écris une carte postale. Choisis une ville ou un village que tu aimes, ou une ville en France.

Exemple:

Nous passons quelques jours ici, à Honfleur en France. C'est une petite ville dans le nord du pays. On peut visiter le port et la ville. Aujourd'hui, il fait beau et nous allons à la plage. Demain, nous allons louer des vélos et faire une promenade à la campagne.

Pour t'aider

Je passe	le week-end	à (*ville*)	au (*pays*).
	quelques jours		en (*pays*).
	une semaine		aux (*pays*).
	dix jours		

C'est	une grande ville	dans	le nord	du pays.
	une ville moyenne		le sud	
	une petite ville		l'est	
	un village		l'ouest	
		au centre		

On peut	visiter les monuments.
	faire beaucoup de choses.
	faire des excursions.
	etc.

Cet après-midi,	je vais	faire une excursion.
Ce soir,	on va	aller à un concert.
Demain,	nous allons	faire de la voile.
Vendredi prochain,		visiter le château.
etc.		*etc.*

3 Le Tour de France

Je m'appelle Lucien Legrand et j'habite à Châteauroux, dans le Val de Loire. Je suis très content parce qu'aujourd'hui le Tour de France va passer par ma ville. En France, le cyclisme est très populaire. On voit souvent des courses cyclistes dans les petites villes et les villages et au vélodrome.

finit toujours à Paris. On peut regarder le Tour à la télé, bien sûr, mais les gens sont très contents si le Tour passe par leur ville ou leur village. Comme ça, ils peuvent voir les coureurs et, en plus, ça va être un vrai jour de fête.

Le Tour est divisé en étapes. Chaque étape dure une journée

en Angleterre. Il y a toujours des étapes à la montagne, dans les Alpes ou dans les Pyrénées – ça, c'est dur.

Le leader (le coureur qui est en première position) porte un maillot spécial: le maillot jaune. Le coureur qui a le plus de points porte le maillot vert.

Le Tour de France est la course cycliste la plus célèbre au monde. C'est une course difficile et très longue. Chaque année le Tour commence dans une ville différente, mais il

et il y a environ vingt et une étapes. Donc le Tour dure environ trois semaines.

Quelquefois, il y a des étapes en Belgique, au Luxembourg, en Italie, en Espagne ou même

Au mois de juillet, on parle beaucoup du Tour. Il y a des reportages à la télé, à la radio, sur Internet et dans les journaux. Des coureurs de beaucoup de nations différentes participent au Tour, alors c'est vraiment une course cycliste internationale.

Écoute et lis l'article.

a Réponds aux questions en anglais.

Exemple: 1 *Because the Tour de France will pass by his town.*

1 Why is Lucien happy?
2 What kind of event is the Tour de France?
3 Does it always follow the same route?
4 Roughly how long does it last?
5 What is the colour of the shirt worn by the cyclist with most points?

b Qu'est-ce que c'est?

Exemple: 1 *C'est un coureur.*

1 Un cycliste qui participe au Tour.
2 Ça dure une journée environ.
3 C'est le mois du Tour de France.
4 Le Tour finit toujours dans cette ville.
5 Ce sont les montagnes entre la France et l'Espagne.
6 C'est la couleur du maillot porté par le leader.

Stratégies

des mots en famille

When you come across a new word, think whether it is similar to others that you know. This can help with working out the meaning.

Guess, then check, what these words mean:

un vélo	chaud	il pleut
un vélodrome	chauffer	pleuvoir
un vélomoteur	un réchaud	la pluie
	la chaleur	un parapluie

■ find out more about French life

une balade à vélo *a bike ride*

La ville est plus belle à vélo

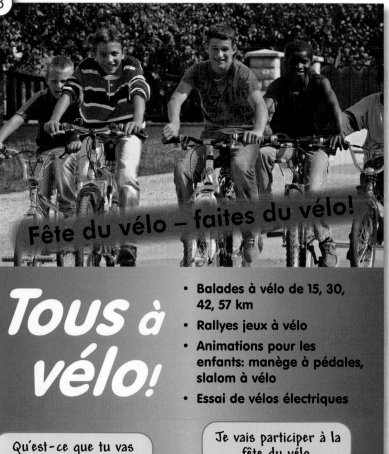

Fête du vélo – faites du vélo!

Tous à vélo!

- Balades à vélo de 15, 30, 42, 57 km
- Rallyes jeux à vélo
- Animations pour les enfants: manège à pédales, slalom à vélo
- Essai de vélos électriques

Qu'est-ce que tu vas faire ce week-end?

Qu'est-ce que c'est?

Je vais participer à la fête du vélo.

Pendant un week-end du mois de juin, on organise des manifestations dans beaucoup de villes de France. C'est pour encourager tout le monde à faire du vélo.

Les photos

Choisis une des photos et écris des notes.

- Qu'est-ce qu'on voit sur la photo?
- Et toi, tu fais du vélo? (Oui/Non, mais (nom) fait …)
- Quand fais-tu du vélo? (Quand (nom) fait-il/elle du vélo?)

Le Web et toi

Choisis photo **A**, **B** ou **C**.

A Trouve trois villes où le Tour de France est passé en juillet dernier.

B Trouve trois villes en France où l'on organise une «fête du vélo».

C Trouve trois villes en France où il y a un système de location de vélos.

- «La petite reine», c'est le surnom (*nickname*) de qui ou de quoi?
- «La grande boucle», c'est un surnom de quoi?

Une balade à vélo

On organise une balade pour une fête du vélo. Écris des notes:

- Où va-t-on aller?
- On va faire environ combien de kilomètres?
- Ça va durer environ combien de temps?
- Qui peut participer à la balade? (tout le monde? les enfants entre onze et quatorze ans?)
- Qu'est-ce qu'on va manger à midi? (pique-nique?)
- Qu'est-ce qu'on va boire?
- Le temps (j'espère qu'il va faire beau!)

a À deux, posez des questions et répondez.
b Écris un e-mail à un(e) ami(e) pour décrire la fête.

Demain ...

Every evening for the next week, say or write down three things that you're going to do or that are going to happen the next day. Try to say something different each time.

Exemple: *Demain matin, je vais retrouver mes amis.*
Demain après-midi, il va faire beau (selon la météo/j'espère).
Demain soir, on va regarder un film.

SOMMAIRE

Now I can ...

■ talk about different countries in Europe ...

l'Allemagne (f)	Germany
l'Angleterre (f)	England
l'Autriche (f)	Austria
la Belgique	Belgium
le Danemark	Denmark
l'Écosse (f)	Scotland
l'Espagne (f)	Spain
la France	France
la Grèce	Greece
l'Irlande (f)	Ireland
l'Irlande du Nord (f)	Northern Ireland
l'Italie (f)	Italy
les Pays-Bas (m pl)	the Netherlands
le pays de Galles	Wales
le Portugal	Portugal
le Royaume-Uni	UK
la Suisse	Switzerland

■ ... and elsewhere

le Canada	Canada
les États-Unis (m pl)	USA
le Maroc	Morocco
le Sénégal	Senegal
l'Afrique (f)	Africa
l'Amérique (f) du Nord/ du Sud	North/South America
l'Asie (f)	Asia
l'Australie (f)	Australia
l'Europe (f)	Europe
le monde	world

■ talk about different means of transport

(en) avion (m)	(by) plane
(en) bateau (m)	(by) boat
(en) bus (m)	(by) bus
(en) car (m)	(by) coach
(en) métro (m)	(by) underground
(en) taxi (m)	(by) taxi
(en) train (m)	(by) train
(en) tramway (m)	(by) tram
(en) voiture (f)	(by) car
(à/en) moto (f)	(by) motorbike
(à) pied (m)	(on) foot
(à) vélo (m)	(by) bike
(à) mobylette (m)	(by) moped

■ use the correct preposition

au pays de Galles	in Wales
au monde	in the world
en Belgique	in Belgium
en Afrique	in Africa
aux États-Unis	in the USA

■ say what you are going (or not going) to do

Je vais passer une semaine en Écosse.	I'm going to spend a week in Scotland.
On ne va pas prendre la voiture.	We're not going to take the car.

■ say when you are going to do something

demain	tomorrow
ce soir	this evening
lundi (mardi, etc.) prochain	next Monday (Tuesday, etc.)
la semaine prochaine	next week

■ talk about what you can (or can't) do

Qu'est-ce qu'on peut faire ici/dans la ville/dans la région?	What can you do here/in the town/in the region?
On peut visiter le château.	You can visit the castle.
Est-ce qu'on peut faire du ski?	Can you go skiing?
Non, on ne peut pas faire ça.	No, you can't do that.

■ ask permission

Est-ce que je peux jouer sur l'ordinateur?	Can I play on the computer?

■ use the correct preposition with towns, countries and continents (see page 24)

■ use the verb *partir* (to leave) (see page 25)

■ use the verb *venir* (to come) (see page 27)

■ use the verb *aller* + infinitive (see page 28)

■ use the verb *pouvoir* + infinitive (see page 30)

Louis Laloupe suit Monique Maligne

1 Cet homme est un voleur. Il est dangereux. Il s'appelle Marc Malheur. Louis Laloupe le cherche.

2 Voici l'amie de Marc Malheur. Elle s'appelle Monique Maligne. Elle a rendez-vous avec Marc ce soir.

3 Voici Louis Laloupe. Il est détective. Il cherche Marc Malheur, mais il ne sait pas où il est. Alors, il va suivre Monique.

4 Ah, voici Monique. Monique sort du café. Elle traverse la rue.

5 Puis elle prend la première rue à droite. Louis Laloupe prend la première rue à droite aussi.

6 Monique monte dans le bus numéro 7. Louis Laloupe monte aussi dans le bus.

7 Monique descend du bus sur la place principale et va dans un grand parking. Louis Laloupe la suit.

8 *Suivez la voiture bleu marine, s'il vous plaît.*

Monique monte dans une voiture bleu marine. Elle sort du parking. Louis Laloupe n'a pas de voiture, alors il prend un taxi.

9 *Ne perdez pas de vue la voiture bleu marine.*

La voiture bleu marine prend la direction de la gare. Le taxi la suit. Mais il y a beaucoup de voitures.

10 *Voici sa voiture. Elle est à la gare. Je descends ici.*

La voiture bleu marine s'arrête devant la gare. Enfin, Louis Laloupe arrive à la gare.

11 Monique achète un billet et va sur le quai 2. Elle attend le train.

12 Louis Laloupe aussi achète un billet. Mais où est Monique? Ah, la voilà, sur le quai 2.

13 Le train arrive en gare. Monique monte dans le train. Louis Laloupe aussi monte dans le train.

14 *En voiture, en voiture, s'il vous plaît. Le train sur le quai numéro 2 va partir.*

15 Soudain, Monique descend du train. Le train part.

16 Louis Laloupe est dans le train … mais pas Monique.

suivre (suit, suivez) *to follow*

1 Louis Laloupe

a Lis l'histoire et réponds aux questions.

Exemple: 1 *Il s'appelle Marc Malheur.*

1 Louis Laloupe cherche un homme. Comment s'appelle-t-il?
2 Est-ce que Monique sort d'un magasin?
3 Monique prend l'autobus, et Louis Laloupe, que fait-il?
4 Où est-ce que Monique descend?
5 Est-ce qu'elle continue son voyage à pied?
6 Et Louis, est-ce qu'il prend son vélo?
7 Où vont-ils?
8 Quand le train arrive, qui monte dans le train?
9 Quand le train part, qui est toujours dans le train?
10 Qui est sur le quai?

b Les noms de famille des personnages de l'histoire sont significatifs. Cherche dans le dictionnaire pour trouver le sens de:

1 la loupe   2 le malheur   3 malin/maligne

2 Douze pays d'Europe

L'Allemagne **D**	
population:	82,6 millions
langue:	allemand
monnaie:	euro
code téléphonique:	00 49

La Grèce **GR**	
population:	11,1 millions
langue:	grec
monnaie:	euro
code téléphonique:	00 30

Le Royaume-Uni **GB**	
population:	60,4 millions
langue:	anglais
monnaie:	livre sterling
code téléphonique:	00 44

L'Autriche **A**	
population:	8,3 millions
langue:	allemand
monnaie:	euro
code téléphonique:	00 43

L'Irlande **IRL**	
population:	4 millions
langues:	anglais, irlandais
monnaie:	euro
code téléphonique:	00 353

Les Pays-Bas **NL**	
population:	15,1 millions
langue:	néerlandais
monnaie:	euro
code téléphonique:	00 31

La Belgique **B**	
population:	10,5 millions
langues:	français, flamand
monnaie:	euro
code téléphonique:	00 32

L'Italie **I**	
population:	59 millions
langue:	italien
monnaie:	euro
code téléphonique:	00 39

La Suisse **CH**	
population:	7,3 millions
langue:	français, allemand, italien, romanche
monnaie:	franc suisse
code téléphonique:	00 41

L'Espagne **E**	
population:	40,7 millions
langue:	espagnol
monnaie:	euro
code téléphonique:	00 34

Le Luxembourg **L**	
population:	0,4 millions
langue:	français, allemand, luxembourgeois
monnaie:	euro
code téléphonique:	00 352

La France **F**	
population:	59,6 millions
langue:	français
monnaie:	euro
code téléphonique:	00 33

Trouve les pays. Pour t'aider, regarde aussi la page 22.

- 5 pays qui ont une frontière commune avec la France
- 4 pays qui utilisent l'euro (il y en a plusieurs)
- 3 pays francophones (où l'on parle français)
- 2 pays où l'on parle allemand
- 1 pays où l'on parle espagnol

unité 3
De jour en jour

- *find out about school life in France*
- *talk about your school (facilities, uniform, clubs)*

1 La vie scolaire en France

Écoute et regarde les photos.

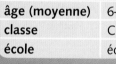

Voici Michel Dupont …

… et Charlotte Gilbert. Ils vont parler de la vie scolaire en France.

– En France, on commence l'école primaire à l'âge de six ans.
– Et à l'âge de onze ans, on va dans un collège. On commence le collège en classe de sixième.
– On quitte le collège à l'âge de quinze ans et on va au lycée.

– Nous sommes dans un collège à Paris. C'est une école mixte avec environ 500 élèves.
– On ne porte pas d'uniforme scolaire. D'habitude, je porte un pantalon, une chemise et un pull.
– Et moi, je mets un jean et un sweat-shirt.

L'enseignement en France			
âge (moyenne)	6–10 ans	11 12 13 14	15 16 17
classe	CP–CM2	6e 5e 4e 3e	2e 1e Terminale
école	école primaire (EP)	collège (C)	lycée (L)

– La journée scolaire commence à huit heures. Nous allons au collège tous les jours sauf le dimanche, bien sûr.
– Mais le mercredi et le samedi, il n'y a pas de cours l'après-midi.
– Normalement, un cours dure une heure.

– Pour les sciences, on va dans un laboratoire.

– Au collège, il y a un CDI, c'est-à-dire un centre de documentation et d'information. C'est comme une bibliothèque. Nous pouvons aller au CDI quand nous n'avons pas cours. Il y a des ordinateurs et on peut consulter Internet.
– Et il y a des livres, des journaux et des magazines.

– Entre midi et quatorze heures, c'est la pause-déjeuner. Je suis demi-pensionnaire, alors je mange à la cantine.

– Pendant la récréation, le matin et l'après-midi, nous sortons dans la cour.

– Pour l'EPS, c'est-à-dire l'éducation physique et sportive, nous allons dans le gymnase ou au terrain de sport.

– En été, nous allons à la piscine une fois par semaine.

– D'habitude, les cours finissent à cinq heures. Il n'y a pas d'internat au collège, alors tous les élèves rentrent à la maison.

2 Qu'est-ce que c'est?

Exemple: 1 *un collège*

1 C'est une école pour les élèves de 11 à 15 ans.
2 Ce sont des vêtements qui sont les mêmes pour tous les garçons ou les filles qui vont à la même école.
3 Quand on n'a pas cours, on peut venir ici pour travailler sur l'ordinateur ou regarder les livres.
4 Les demi-pensionnaires mangent ici à midi.
5 Pendant la récréation, les élèves viennent ici.
6 On fait du sport ici. C'est à l'extérieur.
7 Les élèves ont des cours de sciences ici.
8 On vient ici pour les cours d'EPS.

3 Des clubs et des activités

Écoute et complète les réponses.

Exemple: 1 *Il y a un club de gymnastique, ...*

1 Qu'est-ce qu'il y a comme clubs au collège? (Il y en a trois seulement.) Il y a un club …
2 Claude va à quel club? Il va au club …
3 C'est quand? C'est …
4 Et Louise, elle va à quel club? Elle va au club …
5 C'est quand? C'est …

4 Les clubs au collège

a Fais une liste des clubs dans ton collège.

b Est-ce que tu vas à un club?

Pour t'aider

un club	d'anglais/d'art/d'informatique
	de théâtre/de gymnastique/ de maths/de danse

Stratégies

Notice the link between the word for a school and the pupil who attends the school.

bâtiment	personne
une école	un écolier/une écolière
(1) ___	un collégien/une collégienne
(2) ___	un lycéen/une lycéenne

In the last two examples, which two letters does the masculine word end in? Which four letters does the feminine word end in?

Use this pattern to work out these missing words.

masc.	fem.
un informaticien	une (3) ___
un (4) ___	une mathématicienne

5 Un guide du collège

Tu écris un guide pour des visiteurs français. Commence avec les détails généraux (nom, mixte, âge, nombre d'élèves, uniforme, salles, clubs).

Pour t'aider

(Nom de l'école) est une école mixte/de filles/de garçons pour les élèves de … à … ans à (*ville*). Il y a environ … élèves.

Nous portons un uniforme scolaire: pour les filles, c'est …; pour les garçons, c'est …

Nous n'avons pas d'uniforme scolaire.

À l'école, il y a …

Comme clubs, il y a …

- *revise school subjects*
- *use the verbs* apprendre *and* comprendre
- *make comparisons*

1 On a quel cours?

Écris 1–6. Écoute et note le nom des matières.

Exemple: 1 *physique, maths …*

2 Un e-mail

Lis le message et réponds aux questions.

Exemple: 1 *l'anglais, …*

1 Qu'est-ce que Charlotte apprend comme langues vivantes?
2 Quelles sont ses matières préférées et pourquoi?
3 Quelles sont les matières qu'elle aime le moins?
4 Qu'est-ce qu'elle apprend comme instrument de musique?

Comme matières, nous apprenons l'anglais, l'allemand, le latin, l'histoire-géographie, l'instruction civique, le français, la physique, les SVT (les sciences de la vie et de la terre), les maths, la technologie, l'EPS, la musique et le dessin. Mes matières préférées sont l'anglais et l'allemand parce que je suis assez forte en langues. J'aime aussi la musique et j'apprends le violon. Les matières que j'aime le moins sont les maths et le latin, car les professeurs de ces matières donnent beaucoup trop de devoirs.

A+

Charlotte

3 Tu comprends?

Vrai ou faux?

1 José parle français.
2 Luc comprend l'espagnol.
3 Anne ne comprend pas l'espagnol.
4 Elle apprend l'anglais et l'italien au collège.
5 Luc n'apprend pas l'espagnol au collège.
6 Luc ne parle pas espagnol.

Dossier-langue

apprendre and comprendre

Find some examples of the verbs **comprendre** (to understand) and **apprendre** (to learn/to teach) to complete the verb tables.

comprendre	apprendre
je ___	j'apprends
tu comprends	tu ___
il/elle/on ___	il/elle/on apprend
nous comprenons	nous ___
vous ___	vous apprenez
ils/elles ___	ils/elles apprennent

They are similar to a verb you have already learnt, meaning 'to take'. Which verb is it?

4 L'éducation musicale

Qu'est-ce qu'on apprend?

Exemple: 1 *Moi, j'apprends le violon.*

1 Moi, j'…
2 Toi, tu …
3 Mon frère …
4 Au collège, nous …
5 Vous …
6 Mes sœurs …

le piano   la flûte à bec   la clarinette   la flûte
la guitare   le violon   la trompette

5 Une journée pas idéale

Écoute et complète les phrases.

Exemple: 1e (*géographie*)

1 Jean aime la ____ .
2 Marc trouve que l'____, c'est plus intéressant.
3 Selon Jean, la ____ est plus utile que le dessin.
4 Marc préfère le ____ parce que c'est plus amusant.
5 Pierre déteste les ____ .
6 Il trouve que l'____, c'est difficile.
7 Selon Pierre, l'éducation physique, c'est ____.
8 Bref, Pierre n'aime pas les ____ le lundi.

> **a** anglais **b** cours **c** dessin **d** fatigant
> **e** géographie **f** histoire **g** maths **h** technologie

Dossier-langue

What do these sentences mean in English?

Le football, c'est plus populaire que le rugby.
L'allemand, c'est plus difficile que l'anglais.

Which word is used to say 'more' and which is used for 'than'?

When **plus** is used with *c'est* or with an adverb you don't need to worry about making the adjective agree because it is always masculine.

However, if you compare a noun with another noun, you need to make the adjective agree with the first noun.

6 Quelle phrase?

Trouve la bonne phrase pour chaque image.

Exemple: 1d

a L'éléphant est plus lourd que le rat.
b La souris est plus active que le chat.
c La tortue marche plus lentement que le lapin.
d Les hamsters sont plus petits que les cochons d'Inde.
e Les girafes sont plus grandes que les chevaux.

7 Es-tu fort(e) en géo?

a Complète les questions.

Exemple: 1 *Quel pays est plus grand, ... ?*

1 Quel pays est plus ____ , la France ou le Royaume-Uni? (*grand/grande/grands*)
2 Quel fleuve est plus ____ , la Seine ou l'Amazone? (*long/longue/longues*)
3 Quelle montagne est plus ____ , le mont Blanc ou le Ben Nevis? (*haut/haute/hauts*)
4 Quelle ville est plus ____ , Paris ou Londres? ('*bigger*')
5 Quelle île est plus ____ , l'île de Ré ou l'île de Man? ('*smaller*')
6 Est-ce que la tour Eiffel est plus ____ que la tour CN au Canada? ('*higher*')

b Réponds aux questions. Pour t'aider, consulte le tableau *Le monde en statistiques* à la page 68.

Exemple: 1 *La France est plus grande.*

8 À discuter

a Posez des questions et répondez.

Exemple: – *Quelle est ta matière préférée?*
– *J'aime bien la biologie.*

- Quelle est ta matière préféré?
- Qu'est-ce que tu aimes comme matières?
- Quelles sont les matières que tu n'aimes pas?
- Tu préfères ... ou ... ? Pourquoi?
- Que penses-tu du français?
- Es-tu plus fort(e) en anglais ou en sciences?

Réponses possibles:

c'est c'est très c'est plus c'est trop ce n'est pas	intéressant important difficile facile utile
Je suis	plus fort(e) en … assez fort(e) en …
Je ne suis pas très fort(e) en …	

b Écris des questions et tes réponses.

3C | La routine

- *describe morning and evening routine*
- *use some reflexive verbs*

1 Le matin, chez Charlotte

Écoute et choisis la bonne réponse.

1 Le matin, quand est-ce que tu te lèves?
Je me lève …
a à 6h45
b entre 7h15 et 7h30
c après 8h00

2 Tu portes un uniforme scolaire?
a Oui, je porte un uniforme scolaire.
b Non, normalement, je porte une jupe et un sweat-shirt.
c Non, normalement, je porte un pantalon et un pull.

3 Qui se lève le premier chez vous?
C'est …
a mon père   b ma mère   c moi

4 Qu'est-ce que tu prends au petit déjeuner?
Je prends …
a un œuf et un verre de lait
b des tartines et un chocolat chaud
c des céréales et un jus de fruit

5 Quand est-ce que tu quittes la maison?
Je quitte la maison vers …
a 7h00   b 7h30   c 8h15

6 Comment vas-tu au collège?
Je vais au collège …
a en bus   b en voiture   c en métro

Stratégies

Can you work out what **se lève** and **se couche** mean in this context?

Le 21 juin, c'est le jour le plus long de l'année. À Londres, le soleil se lève à 04h42 et il se couche à 21h20.

2 Le soir, chez Michel

a Lis les indices (*clues*) puis devine les réponses de Michel.

Des indices

- Michel aime parler avec ses copains après les cours.
- Il adore le chocolat.
- Il n'aime pas faire ses devoirs immédiatement.
- Les élèves de cinquième ont une heure de travail le soir.
- Le soir, il ne se couche pas tard.

b Puis écoute pour vérifier.

1 À quelle heure est-ce que tu rentres le soir?
Je rentre vers …
a 5h00   b 5h30   c 6h00

2 Est-ce que tu manges quelque chose?
Oui, normalement, je mange …
a un fruit, par exemple une pomme ou une banane
b un paquet de chips
c du pain avec du chocolat

3 Qu'est-ce que tu fais ensuite?
a Je commence mes devoirs.
b Je me repose.
c Je m'amuse – je regarde la télé ou je joue sur l'ordinateur.

4 Tu as combien d'heures de travail le soir?
Normalement, je travaille pendant …
a une heure
b une heure et demie
c deux heures ou plus

5 À quelle heure est-ce que tu te couches?
Je me couche vers …
a 9h00   b 9h30   c 10h00

Dossier-langue

reflexive verbs

Reflexive verbs are always used with an extra word: *me, te, se, nous* or *vous*. This is called a **reflexive pronoun** because it 'reflects' the subject. The pronoun means 'self', e.g. myself, yourself, himself, herself, itself, ourselves, themselves. In English we often leave out these pronouns but they are never left out in French. So, to tell if a verb is reflexive, look for the extra pronoun.

Many reflexive verbs are regular –*er* verbs, like **se laver** (to get washed). The reflexive pronoun *se* forms part of the infinitive. Look up *se laver* and see whether it is listed under 's' or 'l'.

se laver	to get washed
je **me** lave	I get washed (wash myself)
tu **te** laves	you get washed
il **se** lave	he gets washed
elle **se** lave	she gets washed
nous **nous** lavons	we get washed
vous **vous** lavez	you get washed
ils **se** lavent	they get washed
elles **se** lavent	they (f) get washed

Sometimes the reflexive pronoun is shortened; e.g. *je m'appelle* (I'm called), *tu t'habilles* (you get dressed), *il s'ennuie* (he's bored), *elle s'arrête* (she stops). Why do you think this is?

3 À discuter

a Travaillez à deux. À tour de rôle, posez des questions et répondez.

Exemple: *– Le matin, tu te lèves à quelle heure?*
– Je me lève vers sept heures et demie.

1 Le matin, tu te lèves à quelle heure?
2 Qu'est-ce que tu portes?
3 Qui se lève le premier chez vous?
4 Qu'est-ce que tu prends au petit déjeuner?
5 Quand est-ce que tu quittes la maison?

b Écris tes réponses à ces questions.

1 Quand est-ce que tu rentres à la maison?
2 Qu'est-ce que tu manges? À quelle heure?
3 Qu'est-ce que tu fais ensuite?
4 Tu as beaucoup de devoirs le soir?
5 À quelle heure est-ce que tu te couches?

4 La journée d'un boulanger

Le père de Michel est boulanger. Sa journée est très différente.

a Écoute l'interview et complète le texte.

Exemple: 1 <u>2 heures</u>

– Monsieur Dupont, quand est-ce que vous commencez le travail?

– Je commence le travail à (**1**) _____ heures du matin.

– À _____ heures? Alors, vous vous levez de bonne heure?

– Oui. Je me lève vers (**2**) ___ heure et demie du matin.

– Et qu'est-ce que vous faites pour commencer?

– Eh bien, je commence par préparer la pâte à pain. Puis je mets la pâte au four.

– Et ça reste combien de temps au four?

– Une baguette reste dans le four (**3**) _____ à (**4**) _____ minutes.

– Le magasin ouvre à quelle heure?

– À (**5**) _____ heures et demie, le pain est donc encore chaud. Les gens aiment bien manger du pain chaud.

– Vous faites de la pâtisserie aussi?

– Oui, un peu. Quelquefois, je fais des tartes aux fraises par exemple.

– Et vous travaillez jusqu'à quand?

– Moi, je travaille jusqu'à (**6**) _____ heures, (**7**) _____ heures, midi. Ça dépend des jours.

– Et vous vous couchez de bonne heure le soir?

– Oui, je me couche après le repas du soir, vers (**8**) _____ heures et demie.

– Et vous faites ça tous les jours?

– Tous les jours sauf le (**9**) _____ . Le (**10**) _____ , c'est mon jour de congé.

b Trouve le contraire dans le texte.

1 je me lève
2 minuit
3 le magasin ferme
4 froid

5 tard
6 finir
7 beaucoup
8 le matin

- **learn more about reflexive verbs**
- **find out about Louis XIV**

1 Qu'est-ce qu'on fait?

Trouve la bonne phrase de la case.

Exemple: 1 *Je me réveille.*

> Il se lave. Elle s'habille. Ils s'amusent. Vous vous dépêchez?
> Tu te lèves? Ils se baignent. Nous nous reposons. Il s'arrête.
> Je me réveille. Elles s'ennuient.

2 Chez mon oncle

Choisis le bon verbe pour compléter le texte.

Exemple: 1b *Il s'appelle*

Pendant les vacances, ma sœur et moi, nous allons souvent chez mon oncle. (**1a** *Il se lève* **1b** *Il s'appelle* **1c** *Il se repose*) Daniel et il a une ferme en Normandie.

Mon oncle (**2a** *se réveille* **2b** *s'arrête* **2c** *se dépêche*) toujours très tôt, avant six heures. Il (**3a** *me lève* **3b** *te lèves* **3c** *se lève*), il (**4a** *se réveille* **4b** *se lave* **4c** *s'ennuie*) dans la salle de bains et il (**5a** *s'habille* **5b** *nous habillons* **5c** *s'habillent*). Le matin, il (**6a** *m'occupe* **6b** *s'occupe* **6c** *vous occupez*) des animaux de la ferme.

Ma sœur, elle (**7a** *ne se lève pas* **7b** *ne nous levons pas* **7c** *ne vous levez pas*) si tôt. Elle (**8a** *m'intéresse* **8b** *t'intéresses* **8c** *s'intéresse*) beaucoup à la vie à la ferme. Moi, je (**9a** *me repose* **9b** *te reposes* **9c** *se repose*) le matin. Normalement, je me lève après les autres.

Je (**10a** *ne m'intéresse pas* **10b** *ne me couche pas* **10c** *ne me réveille pas*) beaucoup à la ferme. Quelquefois, je (**11a** *m'ennuie* **11b** *t'ennuies* **11c** *s'ennuie*). Mais quand il fait chaud, nous (**12a** *nous réveillons* **12b** *nous baignons* **12c** *nous habillons*) dans la rivière et ça, c'est bien.

3 Mais non!

Complète les phrases à la bonne forme négative des verbes.

1 Elle _____ . *(se baigner)*   **2** Il _____ . *(s'arrêter)*

3 Elles _____ . *(se dépêcher)*   **4** Il _____ . *(se réveiller)*

Dossier-langue

Le matin, je ne me lève pas tout de suite.
I don't get up straight away in the morning.
Le bus ne s'arrête pas ici.
The bus doesn't stop here.

In these sentences, the reflexive verb is in the negative. You will see that **pas** goes after the verb as usual, but where does **ne** go?

4 On s'amuse?

Lis ces questions sur les vacances. Lis les réponses et fais deux listes: **je m'amuse; je ne m'amuse pas**. Mets chaque phrase dans la bonne liste.

Les questions
Est-ce que tu passes de bonnes vacances?
Tu t'amuses?
Une journée des vacances, comment ça se passe?
Tu te couches tard et tu te lèves tard?
Tu te baignes?
Il fait beau?

Les réponses
1 Je m'amuse beaucoup.
2 Je m'ennuie ici.
3 Je me couche tôt – il n'y a pas grand-chose à faire.
4 Le soir, il y a beaucoup à faire et je me couche tard.
5 Le matin, je ne me lève pas très tôt – je me repose.
6 Je ne me baigne pas – la mer est froide.
7 Je me baigne tous les jours – la mer est bonne.
8 Il fait beau – je me repose au soleil.
9 Il pleut – je ne vais pas à la plage.

Exemple:

☺ Je m'amuse	☹ Je ne m'amuse pas
1 *Je m'amuse beaucoup.*	

6 À discuter

a Travaillez à deux. À tour de rôle, posez des questions et répondez.

b Écris tes réponses dans ton dossier personnel.

7 La journée du roi: vrai ou faux?

a Le prof nous a donné un quiz. Lis comment se passe une journée typique de Louis XIV, roi de France de 1643 à 1715. Devine si c'est vrai ou faux.

b Écoute et vérifie.

Exemple: 1 *faux*

Tu t'intéresses à l'histoire de France? Pour plus de détails sur Versailles et Louis XIV, lis l'article à la page 68.

5 Un message de Michel

Lis le message et réponds aux questions.

Salut, comment ça va?

Tu t'intéresses à l'histoire? Mes deux matières préférées sont l'histoire et l'EPS. Notre prof d'histoire est génial et ses cours sont toujours intéressants. En ce moment, nous faisons un dossier sur Louis XIV et vendredi prochain on va faire un voyage scolaire à Versailles. Ça va être amusant.

En EPS nous faisons du basket, du badminton et du hand. On a quatre heures de sport par semaine. Je trouve que c'est bien. Et toi, tu fais beaucoup de sport au collège?

Moi, je déteste les jeudis parce qu'on a deux cours de biologie. Je ne m'intéresse pas du tout à ça et je m'ennuie beaucoup.

Et toi, tu t'intéresses aux sciences?

À bientôt, Michel

1 Quelles sont ses deux matières préférées?
2 Qu'est-ce qu'il fait comme sport?
3 Il a combien d'heures de sport chaque semaine?
4 Il aime le sport?
5 Quelle journée déteste-t-il? Pourquoi?

- Quelle est ta journée préférée? Pourquoi?
- Tu as combien de cours de sport au collège?
- Qu'est-ce qu'on fait comme sport? (en hiver, en été) C'est assez/trop?
- Est-ce que tu t'intéresses à …? (au français/ aux sciences/aux maths)

1 Il ne se lève pas tôt. Souvent il se lève après dix heures.
2 Il s'habille en public devant environ cent personnes.
3 Le matin, il va à la chapelle royale.
4 Ensuite, il travaille avec ses ministres. Il ne s'intéresse pas beaucoup à la politique et c'est le Premier ministre qui prend les décisions importantes.
5 À une heure, il dîne seul dans sa chambre.
6 L'après-midi, il se repose dans sa chambre.
7 Il prend le souper avec sa famille à dix heures du soir.
8 Il se couche à minuit.

C'est mercredi

- *talk about what you (don't) want to do*
- *use the verb* vouloir *+ infinitive*

1 Après les cours

Le mercredi après-midi, il n'y a pas classe.
Écoute les conversations et trouve les paires.

Exemple: 1C

A

B

C

D

E

F

G

H

1 Claire veut …
2 Nicole veut …
3 Luc veut …
4 Sophie veut …
5 André et ses copains veulent …
6 Lucie et sa copine veulent …
7 Pierre et Daniel veulent …
8 Mélanie et Sika veulent …

2 Cet après-midi

a Travaillez à deux. Lisez la conversation, mais changez les mots en couleurs.

b Écris une conversation.

– Qu'est-ce que tu veux faire cet après-midi?
– Je ne sais pas.
– On peut **aller à la piscine**, si tu veux?
– Oui, je veux bien.
– Est-ce que les autres aussi veulent venir?
– Non, ils veulent **jouer au tennis**.

aller à la piscine	jouer au tennis
aller au parc	jouer au volley
aller au cinéma	jouer au badminton
aller en ville	faire de l'équitation
aller au centre sportif	faire du patin
	faire du vélo

3 Qu'est-ce qu'ils veulent faire?

Complète les réponses avec la bonne forme du verbe **vouloir**.

Exemple: 1 *Nous voulons regarder un film.*

jouer au football   regarder un film   jouer aux cartes
écouter de la musique   faire du vélo   jouer au tennis

Dossier-langue

In the conversations, different parts of the verb *vouloir* (to wish, want) are used.

- *Vouloir* is similar to another irregular verb you learnt in Unit 2. Which one? (See page 30.)

vouloir (to want/wish/like)

je **veux** I want	*nous* **voulons** we want
tu **veux** you want	*vous* **voulez** you want
il **veut** he wants	*ils* **veulent** they want
elle **veut** she wants	*elles* **veulent** they want (f)

- *Vouloir* is often used with another verb in the infinitive. Note the infinitives in these examples.

Qu'est-ce que vous voulez faire?
What do you want to do?
Est-ce que tu veux aller à la plage?
Do you want to go to the beach?
Nous voulons visiter le château, mais mon frère veut jouer au football.
We want to visit the castle but my brother wants to play football.

Stratégies

These useful phrases use the verb *vouloir*:
Je voudrais I should like, I would like
Qu'est-ce que ça veut dire?
What does that mean?
Qu'est-ce que tu veux dire?
What do you mean?

Dossier-langue

The negative

To say you don't want to do something, add *ne ... pas* around the part of *vouloir*.

*Je **ne** veux **pas** faire mes devoirs.* I don't want to do my homework.

*Vous **ne** voulez **pas** aller en ville?* Don't you want to go to town?

Il veut dormir, il ne veut pas se lever.

4 On veut … on ne veut pas

Écris deux phrases pour chaque image: une positive, une négative.

Exemple: 1 *Il veut manger. Il ne veut pas aller dans le jardin.*

1. manger ✔ / aller dans le jardin ✗
2. rester au lit ✔ / se lever ✗
3. jouer au football ✔ / faire ses devoirs ✗
4. rester à la maison ✔ sortir ✗
5. aller dans un fast-food ✔ / déjeuner à la cantine ✗
6. lire un magazine ✔ / travailler dans le jardin ✗

5 Dossier personnel

a Travaillez à deux. Qu'est-ce que vous voulez faire? Une personne pose une question, l'autre répond. Puis changez de rôle.

b Écris trois questions et trois réponses.

Les questions

Qu'est-ce que	tu veux vous voulez ton frère veut ta sœur veut tes amis veulent les autres veulent	faire	la semaine prochaine? ce soir? demain? vendredi après-midi? samedi soir? dimanche prochain? mercredi matin?

Les réponses

Moi, je
Je
Nous
Mon frère (ne)
Ma sœur
Mes amis
Les autres
	veux
	voudrais
	voulons
	veut (pas)
	veut
	veulent
	veulent
			faire du roller.
			voir le nouveau film
			  d'Astérix/de …
			surfer sur Internet.
			lire ma BD.
			dormir toute la journée.
			manger une énorme pizza.
			chanter dans un groupe
			  de rock.

3F On se connecte

- **talk more about school (technology, internet)**
- **use the verbs** dire, lire, écrire
- **discuss homework**

1 On parle d'Internet

Écoute et complète le texte. **Exemple: 1** *technologie*

allemand	anglais	articles	fait	jeux vidéo
l'histoire	maison	soir	technologie	utile

– Est-ce que vous utilisez souvent les ordis au collège?

– Oui, en cours de (**1**) ____ , on travaille beaucoup sur ordi.

– Qu'est-ce que vous faites?

– On prépare des projets. On se connecte à Internet et on (**2**) ____ des recherches. On trouve des sites intéressants et on lit des (**3**) ____ .

– Est-ce que vous regardez des sites en d'autres langues?

– Oui, notre prof d'(**4**) ___ nous donne les adresses de sites en allemand. Il dit que c'est bien de regarder ces sites. En géo aussi on regarde quelquefois des sites en (**5**) ____ .

– Est-ce que le collège a un site web?

– Oui, et chaque élève a un mot de passe. Comme ça, nous pouvons discuter avec les profs et les autres élèves. Nous lisons et écrivons des messages, c'est très (**6**) ____ .

– Et est-ce que tu as Internet aussi à la (**7**) ____ ?

– Oui, ma mère travaille à la maison, alors elle se connecte souvent à Internet. Le (**8**) ____ , après le dîner, je me connecte aussi.

– Et qu'est-ce que tu fais?

– Je lis mes e-mails et j'écris des e-mails à mes amis. Je joue aussi à des (**9**) ____ .

– Qu'est-ce que tu aimes comme sites?

– J'aime les sites sur la musique et sur (**10**) ____ . Ça m'intéresse beaucoup.

2 Internet au collège

a À tour de rôle, posez des questions et répondez.

b Écris tes réponses dans ton dossier personnel.

- Vous utilisez souvent les ordis au collège?
- Est-ce que le collège a un site web?
- Est-ce qu'on regarde des sites en français?
- Qu'est-ce que tu aimes comme sites?

3 Des phrases

Fais des phrases complètes.

Exemple: 1d *Qu'est-ce que vous dites?*

1 Qu'est-ce que vous	**a** lis en ce moment?
2 À la météo, on	**b** lisent le journal?
3 Écrivez	**c** décrit son collège.
4 Qu'est-ce que tu	**d** dites?
5 Est-ce que tes amis	**e** dit qu'il va faire beau demain.
6 À Noël, nous	**f** ces mots au tableau.
7 Quand il y a un problème, je	**g** relis les instructions.
8 Mon correspondant	**h** écrivons beaucoup de cartes.

Dossier-langue

Can you find the missing parts of the verbs **dire**, **lire** and **écrire** on this page? These verbs follow a similar pattern, especially in the singular. Copy them out in full. Look also at *Les verbes* (page 161).

	dire (to say, tell)	lire (to read)	écrire (to write)
je (j')	dis	____	____
tu	____	lis	écris
il/elle/on	____		écrit
nous	disons	lisons	écrivons
vous	dites	lisez	écrivez
ils/elles	disent	____	écrivent

The verbs **relire** (to reread, read again) and **décrire** (to describe) follow the same pattern as **lire** and **écrire**.

4 Un forum

`◄ ► C + 🔒 http://` `⊙ Q▾ Google`

Les devoirs, comment ça se passe?

Où est-ce que tu fais tes devoirs: sur un bureau, sur une table ou sur le lit?

■ Je préfère faire mes devoirs sur mon bureau parce que c'est plus facile pour écrire.

● Si c'est pour faire des exercices, j'aime m'installer à mon bureau. Mais pour lire des textes ou pour réviser pour un contrôle, je m'installe sur mon lit.

▲ Moi, je ne fais jamais mes devoirs sur le lit, parce que c'est très inconfortable. Par contre, je les fais souvent par terre parce que j'aime avoir de la place et sur mon bureau, il n'y en a pas!

◆ Moi, je fais souvent mes devoirs sur la table de la cuisine. Je préfère travailler sur une grande table où il y a de la place pour tous mes livres et mes cahiers.

▼ Quand le bureau est propre et dégagé, les devoirs, ça se passe sur le bureau. Mais si le bureau est couvert de choses, je m'installe sur le lit. Et si le lit n'est pas fait ou s'il y a beaucoup de vêtements sur le lit, je m'allonge par terre. Je fais mes devoirs là où il y a de la place!

Est-ce que tu écoutes de la musique quand tu fais tes devoirs?

■ Ça dépend. Parfois, j'écoute un peu de musique en même temps, mais c'est rare.

● J'aime mettre un peu de musique de fond. Ça me détend.

▲ Si je fais un exercice facile, je mets un peu de musique. ☺

◆ Moi, non. J'ai besoin de CALME.

Tu y passes combien de temps environ? (30 minutes, une heure, plus d'une heure)

■ En général, je fais à peu près une heure de travail chez moi tous les soirs.

● Ça dépend. Il y a des profs qui donnent beaucoup trop de devoirs à faire à la maison. Quelquefois j'en ai pour deux heures.

▲ Quand je révise pour un contrôle, je travaille plus longtemps, jusqu'à deux ou trois heures.

◆ En semaine, j'en ai pour une demi-heure ou une heure. Le week-end j'ai beaucoup plus de travail, environ deux heures.

---

a Lis les extraits du forum et réponds aux questions.

1 Combien de personnes préfèrent travailler sur un bureau ou une table?

2 Combien d'élèves disent qu'ils veulent avoir de la place pour faire leurs devoirs?

3 Quelles sont les raisons qu'on donne pour ne pas faire ses devoirs sur son lit?
   a c'est difficile de se concentrer
   b je préfère travailler au salon
   c ce n'est pas confortable
   d le lit n'est pas fait
   e je fais souvent mes devoirs sur ordinateur

4 Combien de personnes écoutent quelquefois de la musique?

5 Les devoirs durent environ combien de temps?
   a entre 30 minutes et 3 heures
   b entre 10 minutes et 4 heures
   c entre 1 et 3 heures

b Trouve dans les extraits les mots et les phrases qui ont le même sens.

1 environ   2 pas difficile   3 30 minutes
4 quelquefois   5 pas souvent

🖱 **5 À discuter**

a Travaillez à deux. À tour de rôle, posez des questions et répondez.

Exemple:
Où est-ce que tu fais tes devoirs?
(dans la cuisine/le salon/la chambre)
Quand tu fais tes devoirs, est-ce que tu écoutes de la musique?
Tu mets combien de temps environ?
(30 minutes, une heure, plus d'une heure)

b Écris tes réponses dans ton dossier personnel.

Stratégies

In spoken French, people often shorten words. What is the full version of these words?

un ordi	*la récré*	*un prof*
la géo	*un resto*	*au ciné*

■ *find out more about French life*

A

B

C

🖱 Les photos

Choisis une de ces photos et écris des notes.

Qu'est-ce qu'on voit sur la photo?

Le Web et toi

Choisis photo **A**, **B** ou **C**.

A Regarde le site web d'un collège en France.

B Regarde le site web du château de Versailles.

C Regarde un site web de l'éducation secondaire.

Une journée exceptionnelle

Choisis un thème:

- Tu passes une journée dans un collège en France.
- Tu participes à un voyage scolaire.

Écris des notes:

- La journée, ça se passe comment?
- Tu te lèves à quelle heure?
- Comment vas-tu au collège / à la destination?
- Qu'est-ce que tu fais?
- Tu déjeunes à quelle heure?
- Qu'est-ce que tu manges?
- Quand est-ce que tu rentres à la maison?
- Que penses-tu de la journée?

a À deux, posez des questions et répondez.

b Écris un e-mail à un(e) ami(e) pour décrire la journée.

Stratégies

Comment ça se passe?

- *environ* • *avant* • *après*

Some words and phrases can be used in many different contexts.

What do they mean in these examples?

La pause-déjeuner, comment ça se passe au collège?

Il y a environ combien d'élèves dans la classe?

Tu te lèves avant ou après six heures?

Try making up one sentence
containing a reflexive verb each
day for a fortnight.

SOMMAIRE

Now I can …

▪ describe my school

la bibliothèque	library
la cantine	canteen
la cour	playground
un demi-pensionnaire	day pupil who has lunch at school
le gymnase	gym
un internat	boarding school
un laboratoire	laboratory
la salle de classe	classroom
le terrain de sport	sports ground

▪ talk about the school day

le cours	lesson
l'emploi du temps (m)	timetable
la pause-déjeuner	lunch break
la récréation	break

▪ talk about school subjects

les matières (f pl)	subjects
l'allemand (m)	German
l'anglais (m)	English
la biologie	biology
la chimie	chemistry
le dessin	art
l'EPS (l'éducation physique et sportive) (f)	P.E.
l'espagnol (m)	Spanish
le français	French
la géographie	geography
l'histoire (f)	history
l'informatique (f)	ICT
l'instruction civique (f)	citizenship and PSHE
l'instruction religieuse (f)	religious education
les langues vivantes (f pl)	modern languages
le latin	Latin
les maths (f pl)	maths
la physique	physics
les sciences (f pl)	science
la technologie	technology

▪ make comparisons using plus + adjective (see page 41)

▪ talk about morning and evening routines

Le matin, …	In the morning …
Je me lève à …	I get up at …
Je me lave …	I get washed …
Je porte mon uniforme scolaire/un polo et un pantalon, etc.	I wear my school uniform/a polo shirt and trousers, etc.
Au petit déjeuner, je mange (prends) …	For breakfast, I have …

Je quitte la maison à …	I leave the house at …
Je vais au collège en bus/ en train/en voiture, etc.	I go to school by bus/ by train/by car, etc.
Le soir, …	In the evening …
Je rentre vers …	I get home at about …
Normalement, je mange	Normally I eat …
Je me couche vers …	I go to bed at about …

▪ ask about and give an opinion on school subjects (see also page 41)

C'est …	It's
Ce n'est pas …	It's not …
C'est plus …	It's more …
amusant	fun
difficile	difficult
facile	easy
fatigant	tiring
intéressant	interesting
utile	useful
nul	useless
Quelle est ta (votre) matière préférée?	What is your favourite subject?
Qu'est-ce que tu aimes (vous aimez) comme matières?	Which subjects do you like?
J'aime beaucoup …	I like … very much
Je préfère …	I prefer …
Je n'aime pas …	I don't like …

▪ use the verbs apprendre and comprendre (see page 40)

▪ use reflexive verbs (see also pages 42 and 44)

s'amuser	to have fun, have a good time
s'arrêter	to stop
se baigner	to bathe, swim
se coucher	to go to bed
se dépêcher	to hurry
s'ennuyer	to be bored
s'habiller	to get dressed
s'intéresser à	to be interested in
se laver	to get washed
se lever	to get up
s'occuper de	to be busy with
se passer	to happen
se reposer	to rest
se réveiller	to wake up

▪ use the verb vouloir (see page 46)

▪ use the verbs dire, lire, écrire (see page 48)

Rappel 2
unités 2–3

1 Où sont les voyelles?

Complète le nom des pays.

1 L'__tr_ch_
2 L_ B_lg_q__
3 Le D_n_m_rk
4 L_ Gr_c_
5 L'_t_l__

6 L_ M_r_c
7 L_ R_y__m_-_n_
8 L_s P_ys-B_s
9 L_ P_rt_g_l
10 L_s _t_ts-_n_s

2 Où ça?

Complète les phrases. Pour t'aider, regarde la carte à la page 22.

Exemple: 1 J'habite à Marrakech, au Maroc.

1 J'habite à Marrakech, au ___ . (Morocco)

2 Mes cousins habitent à Copenhague, au ___ . (Denmark)

3 Le collège organise un voyage à Athènes, en ___ . (Greece)

4 Cet été, nous allons passer cinq jours à Washington, aux ___ . (USA)

5 Mon oncle travaille à Belfast, en ___ . (Northern Ireland)

6 Ma sœur passe le week-end à Amsterdam, aux ___ . (Netherlands)

7 Notre prof d'allemand vient de Salzburg, en ___ . (Austria)

8 Mon correspondant habite à Rome, en ___ . (Italy)

3 On voyage

Trouve la bonne réponse.

Exemple: 1g

1 Comment vas-tu en ville?
2 Comment viens-tu au collège?
3 Comment rentres-tu à la maison après l'école?
4 Est-ce que tu aimes voyager en train?
5 Quel moyen de transport préfères-tu?
6 Est-ce qu'il y a un moyen de transport que tu détestes?
7 Est-ce que tu as un vélo?
8 Quand partez-vous en vacances?

a J'aime bien voyager en train.
b Pour aller au collège, je prends le train.
c J'ai un vélo et je vais souvent au parc à vélo.
d Je préfère voyager en avion.
e Nous partons le 2 août.
f Je n'aime pas du tout voyager en car.
g Je vais en ville en bus.
h Après l'école, je rentre à pied.

4 Demain

Trouve les phrases qui parlent de demain.

Exemple: *Demain: 2, ...*

Aujourd'hui	Demain
Je regarde la télé.	Je vais travailler.

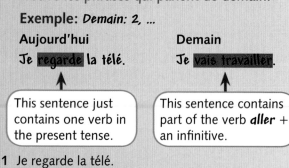

This sentence just contains one verb in the present tense.

This sentence contains part of the verb **aller** + an infinitive.

1 Je regarde la télé.
2 Je vais travailler.
3 Nous restons à la maison.
4 Je vais faire des courses.
5 Mathieu regarde le journal.
6 Sophie écoute de la musique.
7 Les enfants vont travailler dans le jardin.
8 Sophie va partir pour Paris.
9 Luc va faire ses devoirs.
10 Tu joues sur l'ordinateur.
11 Vous allez préparer le dîner.
12 Ils regardent un DVD.

5 C'est permis?

Tu fais du baby-sitting pour les parents de Daniel. Mais ce matin, Daniel a cassé une fenêtre avec un ballon. Son père dit qu'il ne peut pas sortir cet après-midi. Réponds à ses questions.

Exemple: 1 *Non, tu ne peux pas jouer dans le jardin.*

1 Est-ce que je peux jouer dans le jardin?
2 Est-ce que je peux regarder la télévision?
3 Est-ce que je peux jouer au football?
4 Est-ce que je peux aller au parc?
5 Est-ce que je peux jouer sur l'ordinateur?
6 Est-ce que je peux faire du vélo?

Pour t'aider

| Non, tu ne peux pas | jouer au football. |
| Oui, tu peux | écouter un CD. |

6 Quelles sont ces matières?

C'est quelle matière? Écris les mots correctement.

1 nissed
2 egilobio
3 soiriteh
4 gaislan
5 quiesum
6 samth
7 iphogragée
8 mandella

7 Au collège

Trouve les paires.

1 Moi, je	a comprend le français.
2 Mon prof	b apprenons la biologie et la chimie.
3 Nous	c apprennent le judo.
4 J'	d apprenez comme sports?
5 Mes amis	e comprends l'anglais.
6 Qu'est-ce que vous	f apprends le piano.

8 Une journée de travail

Anne Lenôtre est présentatrice à la radio. Elle commence son travail à sept heures du matin, donc elle se réveille très tôt. Complète les phrases.

Exemple: 1 *Je me réveille à cinq heures.*

1 Je ___ à ___ .
2 Je ___ à ___ .
3 Au petit déjeuner, je mange (prends) ___ .
4 Je ___ . Je mets une ___ et un ___ .
5 Je vais au studio en ___ .

9 Comment veulent-ils voyager?

La famille Dupont va au restaurant pour un déjeuner de famille, mais comment?

a Trouve les paires pour compléter les phrases.
b Trouve le symbole qui correspond à chaque phrase.

Exemple: a 1c   b 1c = C

1 Ma mère	a veux prendre un taxi?
2 Mon père ne	b veux pas prendre mon vélo.
3 Moi, je ne	c veut prendre le train.
4 Toi, tu	d veut pas prendre la voiture.
5 Les garçons	e veut tous y aller en métro.
6 Les filles ne	f voulons arriver à l'heure.
7 Vous ne	g voulez pas prendre le bus?
8 Nous	h veulent pas y aller à pied.
9 C'est décidé, on	i veulent y aller en moto.

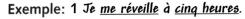

A   D   G
B   E   H
C   F   I

1 On arrive

Un groupe de jeunes Canadiens est arrivé en France. Ils vont passer dix jours chez des familles françaises.

a Lis les descriptions (A–F) pour identifier les six personnes (1–6).

Exemple: 1B *Hélène*

b Qui sont-ils? Écoute et vérifie.

A Je suis de taille moyenne et j'ai les cheveux courts et bruns. Pour le voyage, je vais mettre un jogging et un t-shirt bleu.
André

B Je ne suis pas très grande et j'ai les cheveux blonds, assez longs. Ma couleur préférée est le rose, alors je vais mettre ma veste rose.
Hélène

C Je suis assez grand et j'ai les cheveux châtains. Je vais mettre un t-shirt et un short parce qu'il fait chaud en avion.
Daniel

D J'ai les cheveux bruns et je vais mettre un jean, un t-shirt et ma veste marron.
Julie

E Pas difficile de me reconnaître. Je suis grand. Je porte un jean, un polo et ma casquette noire.
Christophe

F Je suis assez petite et j'ai de longs cheveux roux. Je porte des lunettes. Je vais mettre un jean, un t-shirt noir et un haut gris.   Émilie

2 C'est moi!

a Travaillez à deux. Une personne décrit quelqu'un, l'autre devine qui c'est.
b Décris-toi: écris une petite description de toi-même.

Pour t'aider

Je suis Je ne suis pas Il/Elle est Il/Elle n'est pas	de taille moyenne		Je suis Il/Elle est		grand(e) petit(e)		moi/(nom) mon copain ma copine
	assez très	grand(e) petit(e) mince	J'ai les cheveux Il/Elle a les cheveux	plus	longs courts	que	
Je/Il/Elle porte des Je/Il/Elle ne porte pas de	lunettes						

J'ai Il a Elle a	les cheveux	noirs blonds roux châtains bruns	courts longs mi-longs frisés raides	Je/Il/Elle porte	un	pull pantalon/ …	bleu gris/ …
					une	chemise jupe/ …	blanche verte/ …
	les yeux	bleus/gris/verts/marron			des	chaussures/ …	noires/ …

3 Daniel et la famille Martin

Écoute la conversation et lis le texte.

Thomas Martin est à la gare avec ses parents. Beaucoup de ses amis sont là aussi avec leurs parents. Il est sept heures du soir et les jeunes Canadiens sont arrivés. Un garçon s'approche de Mme Martin.

– Bonjour, madame. Je m'appelle Daniel Laforêt.
– Bonjour, Daniel. Bienvenue en France. On peut te tutoyer, non?
– Bien sûr, madame.
– Je te présente mon mari, Claude Martin.
– Bonjour, Daniel.
– Bonjour, monsieur.
– Et voici notre fils, Thomas.
– Bonjour, Daniel. Tu as fait bon voyage?
– Oui, merci.
– Bon, allons à la maison maintenant. Tu as beaucoup de bagages?
– J'ai une valise et un sac à dos.
– Bon, la voiture est dans le parking. Allons-y.

(chez les Martin)
– Entre, Daniel. On va dans le salon.
– Daniel, je te présente mon frère, Marc.
– Bonjour, Daniel.
– Et voici mes deux sœurs, Laura et Marion.
– Bonjour, Daniel. C'est ton premier séjour en France?
– Oui, c'est ça.

4 Vrai ou faux?

Relis le texte et corrige les phrases fausses.

Exemple: 1 *faux – Le groupe arrive à sept heures du soir.*

1 Le groupe de Canadiens arrive très tôt le matin.
2 Beaucoup de personnes attendent le groupe.
3 Daniel va loger chez la famille Martin.
4 Comme bagages, il a deux grosses valises.
5 Arrivés à la maison, ils vont dans la cuisine.
6 C'est le deuxième séjour en France de Daniel.

5 Des phrases utiles

Trouve ces phrases en français.

Exemple: 1 *On peut te tutoyer?*

1 Can we call you *tu*?
2 May I introduce you to my husband.
3 May I introduce you to my brother.
4 This is our son.
5 These are my sisters.
6 Have you had a good journey?
7 Do you have a lot of luggage?
8 Is it your first visit to France?

6 La famille de Daniel

Écoute la conversation et complète les détails.

Exemple: 1 *sœur*

Daniel a une (**1**) ___ jumelle. Elle a (**2**) ___ ans, comme lui. Il a aussi un demi-frère qui a (**3**) ___ mois. C'est donc un bébé.

Sa sœur s'appelle (**4**) ___ . Elle est en France aussi. Comme animaux, ils ont (**5**) ___ et (**6**) ___ .

Daniel a (**7**) ___ cousins qui habitent à Montréal. Il a aussi des (**8**) ___ , mais ils n'habitent pas à Montréal.

7 À discuter

a Travaillez à deux. À tour de rôle, posez des questions et répondez.

- Il y a combien de personnes dans ta famille?
- Comment s'appellent-ils?
- Ton frère/Ta sœur, quel âge a-t-il/elle?
- Tu as des grands-parents?
- Est-ce qu'ils habitent tout près?

b Écris tes réponses dans ton dossier personnel.

Stratégies

'you' and 'yours'

Remember to use *tu* to people your own age and members of your family. Use *vous* to other adults and more than one person.

What other words are used in connection with *tu* and *vous*? Some common phrases might help you remember them. Do these belong with *tu* or *vous*?

À **vos** marques!   s'il **te** plaît   **votre** maison
chez **toi**   **tu**toyer   **ta** sœur
Lève-**toi**!   **tes** parents   **vou**voyer

What do you think the last word means?

4B | Chez toi

1 Julie et la famille Lebois

a Julie arrive chez la famille Lebois. On pose beaucoup de questions (a–f). Trouve la bonne question pour chaque image.

Exemple: 1d

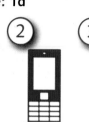

b Écoute la conversation et note l'ordre des questions.

Exemple: c, ...

Les questions

a Est-ce que je peux charger mon portable?
b À quelle heure est-ce que tu te couches d'habitude?
c Où est-ce que je peux mettre mes vêtements?
d Quand est-ce qu'on se lève ici normalement?
e Où sont les toilettes et la salle de bains?
f Est-ce que tu as une serviette?

c Relis les questions (a–f) et trouve la bonne réponse (1–6).

Exemple: c1

Les réponses

1 Il y a de la place dans l'armoire.
2 Pendant les vacances, je me lève assez tard, vers neuf heures et demie, dix heures.
3 Les toilettes et la salle de bains sont en face.
4 Non, je n'ai pas de serviette.
5 D'habitude, je me couche vers dix heures.
6 Oui, bien sûr. Tu peux le brancher dans ta chambre.

> une armoire *wardrobe*
> brancher *to plug in*

2 À la télé

Le soir, Julie regarde la télé avec Nicole Lebois. Elles regardent *Secret Story*. Écoute et lis le texte, puis mets les images dans l'ordre.

Exemple: 4, ...

Nicole: J'adore *Secret Story*. Tu as ça au Canada?
Julie: Nous avons *Loft Story*, c'est presque la même chose, et mon correspondant anglais dit que c'est comme *Big Brother*.
Nicole: Oui, c'est ça. La différence ici, c'est que tous les candidats ont un secret.
Julie: C'est qui, la blonde en t-shirt et jean à gauche?
Nicole: Ça, c'est Maeva. Elle est mignonne. Elle aime faire la cuisine pour les autres et après le dîner, elle fait aussi la vaisselle.
Julie: Et le beau garçon au centre, comment s'appelle-t-il?
Nicole: C'est Cyril. Il est très beau, mais il est paresseux. Il ne passe pas l'aspirateur et il ne range pas la chambre des garçons. J'espère qu'on va bientôt éliminer Cyril!
Julie: Et toi, tu aides à la maison?
Nicole: Oui, un peu. Et en été, j'aime travailler dans le jardin, et je lave la voiture de ma mère une fois par mois.
Julie: Beurk! Je déteste ça! Chez moi, je promène le chien tous les jours. Quelquefois, je fais les courses au supermarché. J'aime bien ça.
Nicole: Mais on ne peut pas faire ça dans la maison de *Secret Story*!

3 Tu aides à la maison?

a Écris 1–8. Écoute et note l'image (A–H) qui correspond.

Exemple: 1E

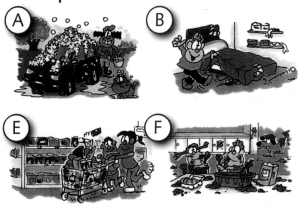

b Écoute encore une fois et note l'opinion (a–h).

Exemple: 1b

Les opinions:

a Pas beaucoup.
b J'aime ça.
c Je n'aime pas ça.
d C'est ennuyeux.
e Ça va.
f C'est amusant.
g Nous aimons faire ça.
h J'adore faire ça.

4 À la maison

Complète les conversations avec la bonne forme du verbe **avoir**.

Exemple: 1 _tu as_

a – Est-ce que tu (**1**) ___ ta propre chambre?

– Oui, j'(**2**) ___ une chambre pour moi toute seule, mais mes deux frères n'(**3**) ___ pas leur propre chambre, ils partagent une assez grande chambre.

b – Tu (**4**) ___ un ordinateur ou une console dans ta chambre?

– Moi, non, mais nous (**5**) ___ un ordinateur dans le salon et ma sœur aînée (**6**) ___ une console dans sa chambre.

c – Vous (**7**) ___ un jardin?

– Oui, nous (**8**) ___ un grand jardin derrière la maison.

d – Est-ce que vous (**9**) ___ des animaux?

– Non, nous n'(**10**) ___ pas d'animaux, mais mes cousins (**11**) ___ un gros chien.

> propre _own_

Stratégies

saying more

Try to add extra information wherever you can, so you get more practice in speaking (or writing) French. With a partner, discuss ways of doing this.

Expand these sentences by adding more information.

Je passe l'aspirateur. (where? how often? what do you think of it?)

J'ai un frère et une sœur. (what are they called? what are they like?)

J'ai une chambre. (add one or two adjectives, perhaps a modifier like **très** or **assez**, an opinion, …)

5 À discuter

a Travaillez à deux. Inventez une conversation sur la maison. Voici des idées:

- Tu as ta propre chambre?
  (_Oui/Non, je partage une chambre avec …_)
- Comment est la chambre?
  (_Elle est (assez) petite/grande/confortable._)
- Est-ce que vous avez un ordinateur à la maison?
- Où est-il?
- Avez-vous un jardin?
- Le jardin, comment est-il?
  (_Il est (assez/très) petit/grand._)
- Qu'est-ce que tu fais pour aider à la maison?

b Dans ton dossier personnel, écris un paragraphe sur ta chambre ou ta maison.

4C On s'amuse

- *talk about the past and the present*
- *use expressions of time*

1 Tout va bien

Julie décide d'envoyer un e-mail à ses parents. Lis son message.

Salut! Tout va bien ici. La famille Lebois est très sympa. Ils habitent dans un appartement moderne. J'ai ma propre chambre qui est très jolie. Nicole a beaucoup de jeux vidéo, alors nous jouons souvent sur l'ordinateur. Nicole a deux cousins qui habitent près d'ici. Ils sont amusants.

Hier, nous avons passé la journée avec les cousins. Le matin, nous avons visité la ville. J'ai acheté des cartes postales. À midi, nous avons mangé au café. Moi, j'ai mangé un sandwich au jambon et une glace à la fraise.

L'après-midi, on a joué au tennis dans le parc. Hier soir, on a regardé un DVD – Astérix et Obélix contre César. C'était amusant.

Bises, Julie

Vrai ou faux?

Exemple: 1 *vrai*

1 Julie est contente en France.
2 Les Lebois habitent dans une maison.
3 Julie partage la chambre de Nicole.
4 Hier matin, Julie a visité la ville avec Nicole et ses cousins.
5 Elle a acheté des jeux vidéo.
6 À midi, ils ont mangé à la maison.
7 Hier après-midi, ils ont joué au football.
8 Hier soir, ils ont regardé un jeu à la télé.

Dossier-langue

present or past?

In Julie's message, some of the verbs are in the present tense, but some are in a different tense.

present tense (*le présent*)
J'ai ma propre chambre.
I **have** my own room.
Nous jouons souvent sur l'ordinateur.
We often **play** on the computer.

These present tense verbs describe something that is **still happening** or **happens regularly**. Can you find some more verbs in the present tense?

perfect tense (*le passé composé*)

Hier, nous avons visité la ville. Yesterday, we **visited** the town.
J'ai acheté des cartes postales. I **bought** some postcards.

These past tense verbs refer to things that **have happened** and **are now over**. This is called the perfect tense (*le passé composé*). It is composed of two verbs:

the present tense of *avoir* (this is known as the **auxiliary** verb) — a **past participle** (this gives the meaning)

On a joué

Can you find some more examples of verbs in the perfect tense? Remember that **two** verbs are used in the perfect tense in French.

2 Présent ou passé?

Écris 1–10 et écoute les phrases. Note: **PR** (phrase au présent) ou **P** (phrase au passé).

Exemple: 1 *PR*

3 En français

Trouve le français pour ces phrases. Utilise une des phrases en français deux fois.

Exemple: 1d *Tu as acheté quelque chose?*

1 Did you buy something?
2 Have you bought something?
3 I bought something this morning.
4 Have you eaten?
5 Did you eat in a café?
6 He ate a sandwich.

a J'ai acheté quelque chose ce matin.
b Tu as mangé?
c Tu as mangé dans un café?
d Tu as acheté quelque chose?
e Il a mangé un sandwich.

Stratégies

translations

There are several different ways of expressing a past tense in English, but one way is used for all of these in French, e.g.
Il a aidé dans la cuisine.
He helped in the kitchen.
He did help in the kitchen.
He has helped in the kitchen.

How many ways can you ask this question in English?
Tu as acheté quelque chose?

4 Mangetout adore le poisson

Trouve la bonne phrase pour chaque image.

Exemple: 1c

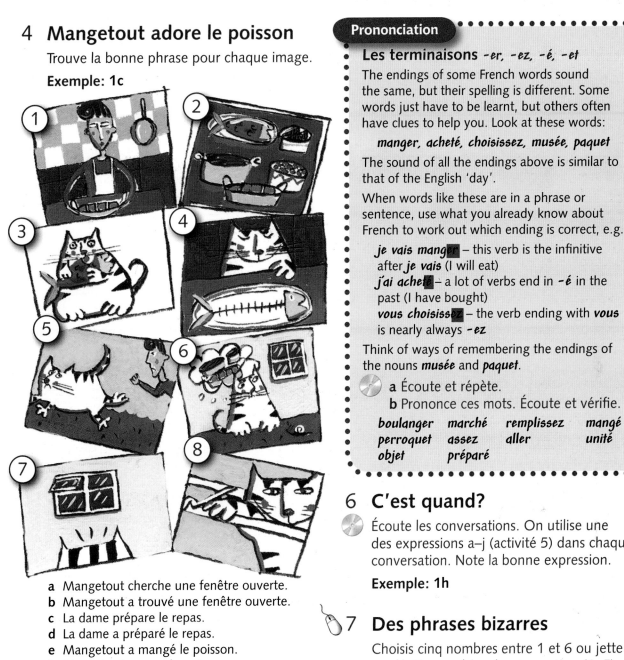

a Mangetout cherche une fenêtre ouverte.
b Mangetout a trouvé une fenêtre ouverte.
c La dame prépare le repas.
d La dame a préparé le repas.
e Mangetout a mangé le poisson.
f Mangetout mange le poisson.
g La dame a chassé Mangetout dans le jardin.
h La dame chasse Mangetout dans le jardin.

5 Quand exactement?

Trouve les paires. **Exemple: 1h**

1	last week	a	hier
2	yesterday morning	b	hier soir
3	Sunday afternoon	c	hier matin
4	last weekend	d	vendredi dernier
5	today	e	ce soir
6	this afternoon	f	dimanche après-midi
7	yesterday	g	cet après-midi
8	this evening	h	la semaine dernière
9	last Friday	i	aujourd'hui
10	last night	j	le week-end dernier

Prononciation

Les terminaisons -er, -ez, -é, -et

The endings of some French words sound the same, but their spelling is different. Some words just have to be learnt, but others often have clues to help you. Look at these words:

manger, acheté, choisissez, musée, paquet

The sound of all the endings above is similar to that of the English 'day'.

When words like these are in a phrase or sentence, use what you already know about French to work out which ending is correct, e.g.

je vais manger – this verb is the infinitive after *je vais* (I will eat)
j'ai acheté – a lot of verbs end in *-é* in the past (I have bought)
vous choisissez – the verb ending with *vous* is nearly always *-ez*

Think of ways of remembering the endings of the nouns *musée* and *paquet*.

a Écoute et répète.

b Prononce ces mots. Écoute et vérifie.

boulanger	marché	remplissez	mangé
perroquet	assez	aller	unité
objet	préparé		

6 C'est quand?

Écoute les conversations. On utilise une des expressions a–j (activité 5) dans chaque conversation. Note la bonne expression.

Exemple: 1h

7 Des phrases bizarres

Choisis cinq nombres entre 1 et 6 ou jette un dé. Trouve dans chaque section (A–E) l'expression qui correspond. Écris la phrase complète dans l'ordre.

Exemple: A1, B3, C5 ... *Hier, on a cherché ...*

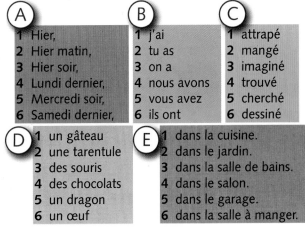

A		B		C	
1	Hier,	1	j'ai	1	attrapé
2	Hier matin,	2	tu as	2	mangé
3	Hier soir,	3	on a	3	imaginé
4	Lundi dernier,	4	nous avons	4	trouvé
5	Mercredi soir,	5	vous avez	5	cherché
6	Samedi dernier,	6	ils ont	6	dessiné

D		E	
1	un gâteau	1	dans la cuisine.
2	une tarentule	2	dans le jardin.
3	des souris	3	dans la salle de bains.
4	des chocolats	4	dans le salon.
5	un dragon	5	dans le garage.
6	un œuf	6	dans la salle à manger.

4D Une fête

- *use the perfect tense of regular -er verbs*
- *talk about what you have done recently*
- *talk about presents*

1 Un coup de téléphone

Le téléphone sonne chez les Martin. Écoute la conversation et fais les activités.

a Mets les images dans le bon ordre.

Exemple: 6, …

b Choisis la bonne réponse.   **Exemple: 1b**

1 Ce matin, Daniel a visité …
  a un musée   **b** la ville   **c** le château
2 Il a acheté …
  a un t-shirt et une carte   **b** un livre et une carte
  c un magazine et une carte
3 Thomas a décidé d'acheter …
  a une BD   **b** un CD   **c** un CD-ROM.
4 À midi, Daniel et Thomas ont déjeuné …
  a à la maison   **b** au collège   **c** dans un fast-food

5 L'après-midi, ils ont écouté …
  a un CD   **b** la radio   **c** les instructions
6 Puis ils ont joué …
  a aux cartes   **b** sur l'ordinateur
  c au badminton
7 Daniel a regardé …
  a ses photos   **b** des magazines   **c** ses e-mails

2 Samedi après-midi

Pour préparer une fête, la famille Martin
et des amis ont travaillé tout l'après-midi.
Trouve la bonne phrase pour chaque image.

Exemple: 1h

a Sophie a rangé le salon.
b Laura et Marion ont décoré la maison.
c Nous avons acheté des chips et du coca.
d J'ai passé l'aspirateur.
e Mais on a oublié de mettre Jupiter dans le jardin!
f Pierre a aidé dans la cuisine.
g Marc, tu as organisé la musique?
h Mme Martin a préparé le gâteau.

Dossier-langue

the perfect tense

The perfect tense is composed of two verbs:
- part of *avoir* + a past participle.

Look at the past participle of these verbs and
compare it with the infinitive. Can you see how
it is formed?

	infinitive	past participle
to buy	*acheter*	*acheté*
to listen	*écouter*	*écouté*

Drop the **-r** and add an acute accent to the
final **-e** (= **é**).
Remember that both words sound the same in
spoken French.

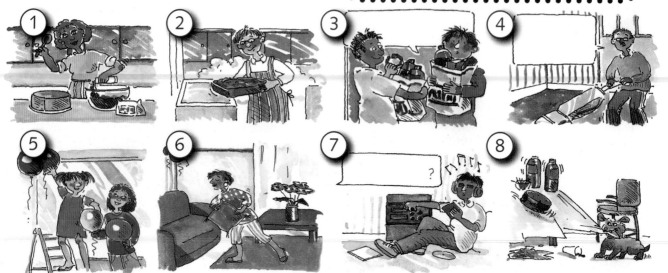

3 La fête de Thomas

a Daniel parle de la fête. Complète les phrases avec le participe passé du verbe.

Exemple: 1 Thomas a porté ...

1 Pour la fête, Thomas a ___ son nouveau jean et un t-shirt. (*porter*)
2 Moi, j'ai ___ un jogging et mon t-shirt favori. (*porter*)
3 Thomas a ___ ma sœur, Julie, et sa correspondante, Nicole, à la fête. (*inviter*)
4 La fête a ___ à huit heures. (*commencer*)
5 On a ___ de la bonne musique. (*écouter*)
6 Nous avons ___ de la pizza et du gâteau. (*manger*)
7 Quelques personnes ont ___ . (*danser*)
8 J'ai ___ avec beaucoup de personnes. (*parler*)

b Julie parle de la fête. Complète les phrases avec la forme correcte du verbe **avoir**.

Exemple: 1 Thomas a invité ...

1 Samedi dernier, Thomas ___ invité Nicole, et moi aussi, à sa fête.
2 Nous ___ cherché un cadeau pour Thomas en ville.
3 Finalement, nous ___ trouvé une BD (*bande dessinée*).
4 Thomas ___ aimé le livre.
5 Les filles ___ dansé.
6 Mais Daniel, tu ___ refusé de danser. Pourquoi?
7 Moi, j' ___ rencontré Marc, le frère de Thomas. Il est sympa.
8 La fête ___ duré jusqu'à onze heures.

4 Des cadeaux

a On a acheté beaucoup de cadeaux pour Thomas. Écoute et trouve les paires.

Exemple: 1G

1 Daniel	**A**
2 Nicole et Julie	**B**
3 son frère Marc	**C**
4 ses parents	**D**
5 Sébastien, son meilleur copain	**E**
6 ses grands-parents	**F**
7 sa copine Théa	**G**
8 moi	**H**

b Écris des phrases complètes.

Exemple: 1 Daniel a acheté un t-shirt.

> une affiche   une boîte de petits gâteaux
> une BD   un t-shirt   un livre sur le sport
> un portable   un CD   une montre

5 L'autre jour

a Travaillez à deux. À tour de rôle, inventez des phrases pour répondre à la question:
Qu'est-ce que tu as fait l'autre jour?

Exemple: – Qu'est-ce que tu as fait l'autre jour?
– Dimanche dernier, j'ai préparé le déjeuner. On a mangé du poulet. Et toi, qu'est-ce que tu as fait hier? ...

b Dans ton dossier personnel, écris quelques phrases pour décrire une journée récente.

Pour t'aider

	j'	ai	travaillé (dans le jardin/ à la maison)
Samedi dernier, Hier, Dimanche dernier,	mon ami(e) mon frère ma sœur on	a	aidé dans la cuisine lavé la voiture préparé le déjeuner/ le dîner/un pique-nique joué sur l'ordinateur/au badminton/au football
	nous	avons	téléphoné à un(e) ami(e) organisé une petite fête mangé au restaurant/ du poulet acheté un t-shirt/une BD
	mes parents mes amis	ont	

4E J'ai choisi

- use *ce, cet, cette, ces* + noun (*this* ...)
- use the perfect tense of regular -*ir* verbs

1 Aux magasins

Écoute, puis choisis le bon mot de la case.

Exemple: 1a *maison*

| acheter Canada chats cher copain cousine |
| intéressant l'informatique maison prix |

1 Christophe a oublié son appareil à la (**a**) ___ , alors il va acheter un appareil-photo jetable.
- Cet appareil rouge n'est pas (**b**) ___ .
- C'est vrai, mais je vais acheter cet appareil bleu. C'est le même (**c**) ___ et je préfère la couleur.

2 Nicole veut acheter des chaussettes pour sa petite (**d**) ___ .
- Regarde, il y a des chaussettes pour enfants là-bas.
- Ah oui, j'aime bien ces chaussettes avec les petits (**e**) ___ . Elles sont mignonnes.
- Oui, et ces chaussettes avec les fleurs sont jolies aussi.
- Oui, c'est vrai, mais ma cousine aime bien les chats, alors je vais (**f**) ___ ces chaussettes avec les chats.

3 Daniel cherche des cartes postales.
- Je cherche des cartes postales pour mes copains au (**g**) ___ .
- Regarde ces cartes postales des sports. Elles sont amusantes, non?
- Ah oui, j'aime bien cette carte postale d'un footballeur. Je vais l'acheter pour un (**h**) ___ qui aime le foot.

4 Hélène regarde les magazines.
- Avez-vous des magazines pour les jeunes?
- Oui, il y a un grand choix de magazines là-bas.
- Regarde ce magazine, c'est (**i**) ___ . Il y a des photos et des articles sur la mode.
- Oui, mais moi, je préfère (**j**) ___ . Dans ce magazine, il y a des articles intéressants sur Internet et il y a un CD-ROM gratuit. Je vais acheter ça.

> jetable *disposable*

Dossier-langue

'this' and 'that'

In task 2 above, there are three different words meaning 'this' and one meaning 'these'. Can you find them?

The word you need for 'this' depends on the noun which follows:

singular		plural	
masc.	masc. beginning with a vowel	fem.	
ce	*cet*	*cette*	*ces*

Why do you think *ce* changes to *cet* before a vowel?

2 Qu'est-ce qu'ils ont acheté?

Relis le texte (activité 1) et écris la bonne lettre.

Exemple: 1 *(Christophe)* = A

A cet appareil bleu   **B** cet appareil rouge

C ces chaussettes avec les chats   **D** ces chaussettes avec les fleurs

E cette carte postale d'un skieur   **F** cette carte postale d'un footballeur

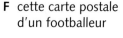

G ce magazine sur la mode   **H** ce magazine sur Internet

3 La publicité

a Complète ces phrases avec **ce** ou **cet**.

Exemple: 1 *ce sac*

1 Regardez ___ sac de sport pratique.

2 Goûtez ___ délicieux gâteau.

3 ___ appareil n'est pas cher.

4 Achetez ___ ordinateur portable.

5 Regardez ___ instrument de musique.

b Complète ces phrases avec **cette** ou **ces**.

6 Achetez ___ lunettes de soleil.

7 Envoyez ___ carte amusante.

8 ___ chaussures sont très élégantes.

9 Regardez ___ raquettes fantastiques.

10 Écoutez ___ belle musique.

4 J'ai choisi des cadeaux

Tu as reçu de l'argent pour ton anniversaire et tu as regardé ces cadeaux en ville. Qu'est-ce que tu as choisi? Écris cinq phrases complètes avec **ce/cet/cette/ces**. Pour t'aider, regarde les activités à la page 62.

Exemple: *J'ai choisi cet appareil rouge.*

5 Quelle bulle?

Trouve la bonne phrase pour chaque image.

a Vous avez choisi, madame?
b Il a trop rempli l'aquarium.
c Il a rougi.
d Tu as fini ton yaourt?

6 Activités au choix

Mardi, il y a un choix d'activités pour les jeunes. Regarde le programme, écoute les conversations et note les détails. Puis complète les phrases.

Exemple: 1d *Julie et Hélène ont choisi* <u>le volley</u>.

Le matin

1 Julie et Hélène ont choisi ___ .
2 André a choisi ___ .
3 Daniel et Christophe ont choisi ___ .
4 Émilie a choisi ___ .

L'après-midi

5 Émilie, tu as choisi ___ .
6 Julie a choisi ___ .
7 Hélène a choisi ___
8 Et vous, les garçons, vous avez choisi ___ .

Programme

Matin	Après-midi
au centre sportif	e une excursion en bateau
a le badminton	f une visite du musée des beaux-arts
b le judo	g une visite guidée de la vieille ville
c le tennis de table	
d le volley	h une visite de la cathédrale

Dossier-langue

perfect tense of -ir verbs

Choisir, *finir* and *remplir* are regular *-ir* verbs. Look at the past participle of these verbs and compare it with the infinitive. Work out the rule for forming the past participle of *-ir* verbs.

	infinitive	past participle
to choose	*choisir*	*choisi*
to finish	*finir*	*fini*
to fill	*remplir*	*rempli*

What is the past participle of *réussir* (to succeed)?

7 Tu as choisi ça?

Travaillez à deux. Chaque personne choisit une activité le matin et une activité l'après-midi puis note les détails.

Pose des questions pour trouver le choix de ton/ta partenaire. Note le nombre de questions.

Exemple:
– *Tu as choisi le judo?*
– *Non, pas ça!*
– *Alors, tu as choisi le badminton?*
– *Oui, j'ai choisi le badminton. Ça fait deux questions. Maintenant, à moi de poser des questions ...*

4F Bon retour!

- use the perfect tense of regular -re verbs
- describe a visit
- say 'goodbye' and 'thank you'

1 Des conversations

a Complète les questions.

Exemple: 1 Tu as entendu un bruit?

1 Tu — avez attendu longtemps au café?
2 Est-ce que Julie — a vendu des glaces au parc?
3 Vous — as entendu un bruit?
4 Est-ce qu'on — avez perdu quelque chose?
5 Vous — a rendu le CD?

b Complète les réponses.

a Oui, j' — avons attendu les autres pendant une heure.
b Oui, nous — a vendu des boissons dans le kiosque.
c Non, mais on — ai entendu le téléphone, mais c'est tout.
d Oui, elle — ai perdu mon billet.
e J' — a rendu le CD hier matin.

c Trouve les paires. **Exemple: 1e**

Dossier-langue

perfect tense of -re verbs

Compare the past participle of these regular verbs ending in **-re** with the infinitive. Work out the rule for forming the past participle.

	infinitive	past participle
to wait (for)	*attendre*	*attendu*
to hear	*entendre*	*entendu*
to lose	*perdre*	*perdu*
to give back	*rendre*	*rendu*
to sell	*vendre*	*vendu*

2 Perdu et retrouvé

Écoute les conversations et complète les phrases avec des mots de la case.

Exemple: 1 baskets, ...

1 Nicole a perdu ses ___, mais elles sont dans la ___ .
2 Luc a perdu son ___, mais il est sur la ___ .
3 Sophie a perdu sa ___, mais elle est dans la ___ .
4 Charles a perdu son ___, mais il est sous son ___ .
5 Les garçons ont perdu leur nouveau ___, mais il est dans l'___ .
6 Les filles ont perdu leurs ___, mais elles sont dans la ___ .

> baladeur baskets CD-ROM montre
> lunettes de soleil   stylo cuisine
> lit ordinateur salle à manger
> salle de bains table

3 C'est la vie

Choisis le bon verbe.

1 Cette petite fille a (*vendu/perdu/entendu*) le chien de la famille.

2 J'ai (*vendu/attendu/perdu*) mes lettres, mais heureusement, je n'ai pas (*rendu/perdu/entendu*) mon pied!

Stratégies

irregular verbs

Many verbs ending in **-re** do not follow the regular pattern for past participles. If you're unsure whether a verb is regular or not, you need to check. Where can you do this? What help does a dictionary give? Look up **vendre** and **mettre** in a dictionary and compare the entries.

3 Attention, attention! Le zoo a (*perdu/attendu/vendu*) un tigre très dangereux.

4 Le policier a (*vendu/perdu/attendu*) devant la banque.

5 Tu as (*vendu/entendu/attendu*) quelque chose?

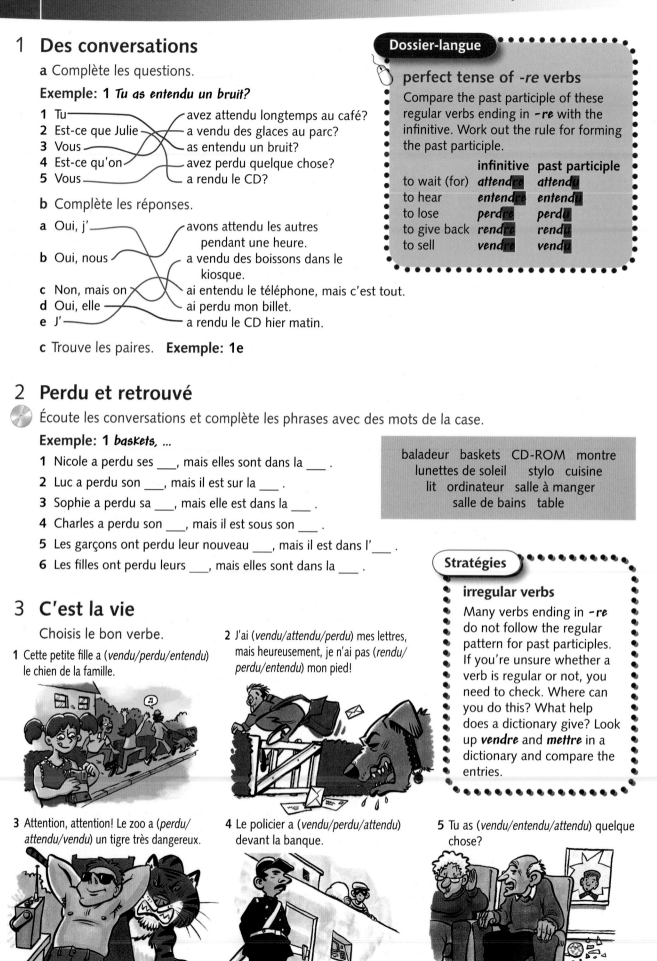

Dossier-langue

summary of regular verbs (perfect tense)

As you have learnt, the perfect tense (*le passé composé*) is composed of two verbs:
- the present tense of *avoir* (the auxiliary verb)
- and the past participle (*le participe passé*) of a second verb.

Regular verbs form the past participle as follows:

-er verbs *-é*	e.g. *jouer*	*joué*	*J'ai joué au badminton.*	I played badminton.
-ir verbs *-i*	e.g. *finir*	*fini*	*Il a fini l'exercice.*	He finished the exercise.
-re verbs *-u*	e.g. *attendre*	*attendu*	*Nous avons attendu le train.*	We waited for the train.

4 À Paris

Christophe décrit une visite à Paris. Complète la description avec la bonne forme du verbe au passé composé. (N'oublie pas: **avoir** + **participe passé**.)

Exemple: 1 *le groupe a passé*

1 Mardi dernier, le groupe ___ la journée à Paris. (*passer*)
2 Nous ___ en train. (*voyager*)
3 Le matin, nous ___ la tour Eiffel. (*visiter*)
4 On ___ des souvenirs tout près. (*regarder*)
5 Moi, j'___ une petite tour Eiffel. (*acheter*)
6 À midi, on ___ au restaurant. (*manger*)
7 Moi, j'___ du poulet et des frites. (*choisir*)
8 Les autres ___ une pizza. (*choisir*)
9 L'après-midi, nous ___ de faire une excursion en bateau. (*décider*)
10 Nous ___ Daniel et Julie pendant dix minutes. (*attendre*)
11 Daniel ___ son billet. (*perdre*)
12 Mais Julie ___ le billet par terre. (*retrouver*)

5 Bon retour!

Écoute et complète la conversation. Attention: il y a des mots en trop dans la case!

C'est le (**1**) ___ jour des vacances.
Hier, Daniel a acheté (**2**) ___ pour Mme Martin.
– Merci bien pour (**3**) ___, Daniel. J'espère que tu as passé de bonnes vacances ici (**4**) ___ .
– Ah oui, madame, j'ai passé des vacances merveilleuses.
– Alors, au revoir et bon retour (**5**) ___ !
– Au revoir, madame, et merci pour tout.

à Montréal	à Rouen
au Canada	en France
des fleurs	les fleurs
des chocolats	les chocolats
premier	dernier

6 Un e-mail du Canada

Lis l'e-mail de Julie et réponds aux questions.

1 Julie a passé ses vacances où?
2 Qu'est-ce qu'elle a surtout aimé?
3 Qu'est-ce que ses parents ont aimé?

Chers Monsieur et Madame Lebois,

Je voudrais vous remercier de votre hospitalité. J'ai passé de très bonnes vacances en France. J'ai surtout aimé la visite au jardin de Monet. Mes parents ont bien aimé les cadeaux. J'ai choisi un CD pour mon père et j'ai acheté un livre sur la France pour ma mère.

Merci encore,

Julie

7 Merci

Écris un message comme celui de Julie, mais avec des détails différents. Voici des idées:

J'ai beaucoup aimé	la journée à la plage à Dieppe. la visite à la montagne. la fête de Thomas. l'excursion à Honfleur. le repas au restaurant.
J'ai choisi/acheté	un bracelet pour ma sœur. un t-shirt pour mon frère.

Les photos

Choisis **A**, **B** ou **C**, puis fais une présentation.
Utilise des mots et expressions de l'unité 4. Pour
t'aider:

A Qu'est-ce que c'est? Qu'est-ce qu'il y a
d'intéressant? Tu aimes les émissions de télé-réalité?

B Qu'est-ce qu'on vend ici? C'est plus touristique que
chez toi?

Tu as visité ce magasin. Qu'est-ce que tu as acheté?

C Décris les personnes.

Compare les photos (**C1** and **C2**): quelles sont
les différences? Qu'est-ce qu'on fait (au présent)
sur la première photo? Qu'est-ce qu'on a fait (au
passé composé) sur la deuxième? Pour t'aider, tu
peux utiliser les verbes *acheter, chanter, choisir,
danser, écouter, finir, regarder*.

Le Web et toi

A Cherche des détails sur l'émission *Secret Story*.
Voici des idées:

- Comment s'appellent les candidats cette saison?

- Quel est le secret des candidats?

- Quel est le prix pour le gagnant?

- Qui a gagné la saison dernière?

- Qu'est-ce qu'on a fait?

- Au Canada, on a *Loft Story*. Cherche des détails.
  C'est plus intéressant que *Secret Story*?

- On peut voir ces émissions sur quelle chaîne de
  télévision en France et au Canada? Cherche le nom
  de quelques autres émissions sur ces chaînes.
  Est-ce que tu as regardé une émission comme
  ça en anglais?

B Choisis une ville française (ou une ville dans un
pays francophone). Cherche le site de l'office
du tourisme. Qu'est-ce qu'il y a à voir et à
faire?

- Imagine que tu as visité cette ville avec ta classe.
  Qu'est-ce vous avez regardé? Qu'est-ce que vous
  avez acheté comme souvenirs?

- Écris une description de ta visite imaginaire. Pour
  t'aider, regarde la page 65, *À Paris*.

C Cherche le nom de quelques magasins où on
peut acheter de la musique. Quels groupes,
chanteurs et chanteuses sont populaires en ce
moment? Tu as écouté des CD?

Every day for a week, say two things that you did the previous day using regular verbs from unit 4.

idée

SOMMAIRE

Now I can ...

■ **introduce people**

Je te présente ...	May I introduce ...
Et voici mes deux sœurs.	These are my two sisters.

■ **talk about families (see also Vocabulaire par thèmes, page 153)**

beau-père (m)	stepfather, father-in-law
bébé (m)	baby
belle-mère (f)	stepmother, mother-in-law
cousin (m), cousine (f)	cousin
(demi-)frère (m)	(half-/step)brother
(demi-)sœur (f)	(half-/step)sister
enfant (m/f)	child
fille (f)	daughter, girl
fils (m)	son
grand-mère (f)	grandmother
grand-père (m)	grandfather
jumeau(x) (m)	boy twin(s)
jumelle (f)	girl twin
oncle (m)	uncle
parent (m)	parent, relative
tante (f)	aunt

■ **understand and answer questions when staying with a French family**

On peut te tutoyer?	Can we call you 'tu'?
Tu as beaucoup de bagages?	Do you have much luggage?
C'est ton premier séjour en France?	Is it your first stay in France?
Tu as fait bon voyage?	Did you have a good journey?
Est-ce que je peux charger mon portable?	Can I charge my mobile?
Tu peux le brancher dans ta chambre.	You can plug it in in your room.
Où est-ce que je peux mettre mes vêtements?	Where can I put my clothes?
Il y a de la place dans l'armoire.	There's some room in the wardrobe.
Quand est-ce qu'on se lève ici normalement?	When do people normally get up here?
Normalement, on se lève vers 7h30.	We usually get up around 7.30.
Où sont les toilettes et la salle de bains?	Where's the toilet and the bathroom?
Est-ce que tu as une serviette?	Do you have a towel?
À quelle heure est-ce que tu te couches d'habitude?	When do you normally go to bed?

■ **talk about helping at home**

faire la cuisine	to cook
faire la vaisselle	to wash up
faire les courses	to do the shopping
laver la voiture	to wash the car
passer l'aspirateur	to do the hoovering
promener le chien	to walk the dog
ranger la chambre	to tidy the bedroom
travailler dans le jardin	to work in the garden

■ **talk about what you have done recently**

Qu'est-ce que tu as fait ce matin?	What did you do this morning?
Ce matin, j'ai visité la ville.	This morning I visited the town.

■ **talk about presents and souvenirs (see also page 61)**

Nicole a acheté ce livre.	Nicole bought this book.
Luc a choisi cet appareil pour son anniversaire.	Luke chose this camera for his birthday.
J'ai choisi cette carte pour Thomas.	I chose this card for Thomas.
Daniel a acheté ces fleurs pour Mme Martin.	Daniel bought these flowers for Mme Martin.

■ **say goodbye and thank you**

Au revoir.	Goodbye.
Merci pour tout.	Thank you for everything.
J'ai passé des vacances merveilleuses.	I've had a great holiday.
Bon retour en France/ au Canada.	Have a good journey back to France/ Canada.

■ **use the perfect tense of regular verbs (with avoir)**

	-er	-ir	-re
e.g.	travailler	finir	perdre
	j'ai travaillé	j'ai fini	j'ai perdu

(see also pages 60, 63, 64, 65)

■ **use expressions of past time**

hier	yesterday
hier après-midi	yesterday afternoon
hier soir	last night
dimanche dernier	last Sunday
samedi matin	Saturday morning
la semaine dernière	last week
le week-end dernier	last weekend

■ **use ce, cet, cette, ces + noun (this ...) (see page 62)**

Louis XIV – le roi soleil (1643–1715)

Louis XIV devient roi à l'âge de 5 ans. C'est le roi de France qui règne le plus longtemps (54 ans).

Il s'intéresse beaucoup à la musique et à l'art. Il se marie en 1660 et décide de gouverner seul en 1661.

Il organise la construction d'un magnifique château à Versailles. Puis il s'installe au château avec sa cour en 1682.

Louis XIV veut être célèbre dans le monde entier et il déclare la guerre contre les autres pays d'Europe.

À la fin de son règne, la France n'a presque plus d'argent.

Le château de Versailles

Ce vaste château est un des monuments les plus visités de France.

À l'époque de Louis XIV, presque 20 000 personnes vivaient au château.

La galerie des Glaces

- C'est la plus grande et la plus célèbre des salles à Versailles.
- D'un côté 17 fenêtres donnent sur les jardins; de l'autre côté 357 miroirs reflètent la lumière.
- La galerie relie les appartements du roi (à gauche) aux appartements de la reine (à droite).
- Le roi traverse la galerie plusieurs fois par jour pour se rendre à ses occupations.
- Des visiteurs attendent ces moments pour s'approcher du roi et demander des faveurs.
- Pour les mariages des princes et des rois, on organise des fêtes magnifiques dans la galerie.

Source: © Château de Versailles

1 Tu comprends?

Read the article about Louis XIV and answer the questions in English.

1 How old was Louis when he became king?
2 For how long was he king?
3 Which famous building did he construct?
4 About how many people lived there during his reign?
5 What was France like at the end of his reign?
6 Give three facts about *La galerie des Glaces*.

Le monde en statistiques

La France 551 000 km²	Le Royaume-Uni 230 000 km²
La Seine longueur: 776km	L'Amazone longueur: 6259 –6800 km
le mont Blanc hauteur: 4807 mètres	le Ben Nevis hauteur: 1340 mètres
l'île de Ré 853 km²	l'île de Man 570 km²
Paris population: 2 168 000	Londres population: 7 582 000
la tour Eiffel hauteur: 324 mètres (avec antenne)	la tour CN hauteur: 553 m

Voir activité 7 à la page 41.

2 Vrai ou faux?

1 Il y a environ deux cents sortes de chevaux différents.
2 Le cheval mange plus vite que beaucoup d'autres animaux.
3 Le cheval vomit s'il mange plus vite que d'habitude.
4 Il y a une chauve-souris qui est plus petite qu'une souris.
5 Les baleines bleues sont plus grandes que toutes les autres baleines.

Des animaux

Il y a 207 sortes de chevaux:
- 104 espèces de chevaux pour les sports d'équitation, etc.
- 67 sortes de poneys
- 36 sortes de chevaux qui travaillent

Les chevaux dorment pendant trois heures seulement chaque nuit, mais ils se reposent pendant de longues périodes sans dormir. Ils préfèrent se reposer debout et ils n'aiment pas beaucoup s'allonger par terre.

Le cheval passe la plupart de sa vie à manger, jusqu'à seize heures par jour! Il mange plus lentement que beaucoup d'animaux et il choisit plus attentivement les choses qu'il préfère. Ceci est nécessaire parce qu'un cheval a un estomac moins grand que beaucoup d'autres bêtes et … il n'est pas capable de vomir!

Une chauve-souris qui s'appelle «La chauve-souris de Kitti*» est plus petite qu'une souris.
* la chauve-souris de Kitti = Bumblebee bat

La baleine bleue est plus grande que toutes les autres bêtes

Petit guide Internet

Tu sais comment surfer sur Internet … en français? Ce n'est pas si difficile, parce qu'il y a beaucoup de mots et expressions anglais et, bien sûr, quelques mots-clés en français.

Le point de départ de beaucoup de **sites web**, c'est la page **d'Accueil**. Quelquefois, il faut cliquer sur une image pour **entrer**, ou sélectionner un thème dans un **Menu**. Si tu ne sais pas quoi faire, il y a peut-être un bouton **Aide**, ou bien tu peux entrer un mot dans la case **Rechercher**, puis appuyer sur le bouton à côté (**Go** ou **Entrer**). Si un site te dirige vers un autre site, il y a un **lien**: tu cliques dessus, et la nouvelle page s'ouvre (peut-être dans une nouvelle **fenêtre**). Si le lien est vieux et que

la page n'existe plus, on dit que la page est **indisponible**.

Tu as envie de discuter sur Internet avec des jeunes Français? Ça s'appelle **chatter** (ou tchatcher) dans un **Forum** ou un **Salon de discussion**. Pour y participer, il faut d'abord **s'inscrire**: on écrit son **pseudo** (on ne donne pas son vrai nom) et son **mot de passe**.

Note que les jeunes écrivent souvent leurs messages en langage **SMS** (des abréviations et des mots phonétiques). Et en plus, beaucoup de participants (jeunes et adultes) font des fautes de grammaire et d'orthographe … comme partout sur Internet dans toutes les langues!

Si tu veux en savoir plus, cherche dans un dico sms (dictionnaire de langage sms).

Même s'il y a des fautes, on peut apprendre beaucoup de choses quand on lit des messages dans un forum. Alors, choisis un thème sur www.mômes.net par exemple, et bonne chance!

Voici quelques exemples de ce langage:

keske = qu'est-ce que	*pk* = pourquoi	*paC* = passer
kestion = question	*pb* = problème	*bcp* = beaucoup
c = c'est	*dak* = d'accord	*tjr* = toujours
t = tu es (t'es)	*2m1* = demain	*vazi* = vas-y
CT = c'était	*mdr* (ou *lol*) = mort de rire	*tt* = tout
g = j'ai;	*HT* = acheter	*vs* = vous

un mot-clé *key word*

3 En français?

a Home
b Help
c Search
d link
e chatroom

4 Trouve les paires

1 *keskec?*
2 *jtm*
3 *chuis ErEz*
4 *kelkun*
5 *t Gnial*
6 *1viT*
7 *7semN*
8 *koi29*
9 *OQP*

a quelqu'un
b tu es génial
c occupé
d inviter
e je t'aime
f cette semaine
g quoi de neuf?
h qu'est-ce que c'est?
i je suis heureuse

5 Traduis …

Traduis en anglais les expressions a–i de l'activité 4.

6 Écris …

Écris un petit message en «vrai» français et en français «SMS».

Bon appétit!

5A | Au café

- find out about cafés in France
- use the verb *boire* (to drink)
- say what drinks you like

1 Lou Leroux au café

Aujourd'hui, Lou Leroux travaille pour *Télévision Internationale*. Avec sa sœur Léa et son amie Charlotte, il fait un reportage sur les cafés en France. Écoute et lis le reportage.

En France, il y a beaucoup de cafés. Ils sont ouverts toute la journée et souvent jusqu'à minuit ou même plus tard.

Voici un de mes cafés préférés. Les serveurs et serveuses servent des boissons aux clients.

Dans les cafés en France, il y a un grand choix de boissons. Par exemple, on boit des boissons froides, comme l'Orangina, les jus de fruit et la limonade ...

... et il y a aussi des boissons alcoolisées, par exemple le vin, la bière et le cidre.

Les Français boivent beaucoup d'eau minérale – on peut choisir entre l'eau gazeuse et non-gazeuse.

Beaucoup de clients prennent des boissons chaudes, comme un café crème, un thé au lait, un thé au citron ou un chocolat chaud.

Quand il fait chaud, je bois une menthe à l'eau. C'est fait avec du sirop de menthe et de l'eau. C'est délicieux!

Ah, voici Léa et Charlotte. Qu'est-ce que vous buvez?

Nous buvons un citron pressé. Il y a du jus de citron, du sucre et de l'eau.

C'est très rafraîchissant, mais un peu cher!

2 Vrai ou faux?

Exemple: 1 *faux*

1 Les cafés sont fermés l'après-midi.
2 On ne peut pas boire de boissons chaudes au café.
3 Le vin est une boisson alcoolisée.
4 Pour faire une menthe à l'eau, on prend du sirop de menthe et de l'eau.
5 Un citron pressé est fait avec du melon, du sucre et de l'eau.
6 Normalement, on va au café pour boire ou pour manger quelque chose.
7 Un croque-monsieur est fait avec du poisson, du fromage et du pain.
8 La limonade est une boisson froide et gazeuse.

3 Qu'est-ce qu'on prend?

Au café, des clients commandent des boissons. Écris 1–10, écoute bien et écris le numéro de l'image qui correspond.

Exemple: 1 *photo 9 (un café crème)*

Dossier-langue

boire (to drink)

Here is the present tense of the irregular verb **boire** (to drink).

je bois	*nous buvons*
tu bois	*vous buvez*
il/elle/on boit	*ils/elles boivent*

Which parts of this verb are used in the report about cafés in France?

4 Les boissons

Complète la conversation avec la bonne forme du verbe **boire**.

Exemple: 1 *boire*

– Qu'est-ce que tu aimes **(1)** ___ ?
– J'aime les jus de fruit, je **(2)** ___ beaucoup de jus d'orange. Et toi, qu'est-ce que tu **(3)** ___ normalement?
– Alors, moi, je **(4)** ___ souvent du coca, mais à la maison, nous **(5)** ___ surtout de l'eau minérale.
– Ah bon, qu'est-ce que vous **(6)** ___ comme eau minérale, gazeuse ou non-gazeuse?
– On **(7)** ___ les deux, mais moi, je préfère l'eau gazeuse. C'est plus rafraîchissant.

Stratégies

You can often find the meaning of a noun because of similarities to a verb (and the other way round), e.g.

boire (to drink) – **une boisson** (a drink)
servir (to serve) – **un serveur** (a waiter)
choisir (to choose) – **un choix** (choice)

What other noun–verb pairs do you know?

What nouns or verbs might go with these?

cuire (to cook), **l'ouverture** (opening),
la rencontre (meeting), **un jeu** (game)

5B | Vous désirez?

- **learn how to buy drinks, snacks and ice creams in a café**
- **learn more about the perfect tense of regular verbs**

1 On va au café?

Ces jeunes vont fêter l'anniversaire de Paul.

Salut, Paul. Bon anniversaire! C'est bien aujourd'hui, non?

Bien sûr. Merci, Jean-Pierre. Tu viens au café?

Élise   Marc   Tiffaine

Jean-Pierre   Claire   Paul

Et vous aussi, Marc et Élise? On va au café de la Poste. J'ai déjà invité Tiffaine et son amie Claire. On y va?

Les copains arrivent au café.

a Qu'est-ce qu'ils ont commandé? Écoute la conversation et trouve les paires.

Exemple: 1C

1 Claire
2 Élise
3 Tiffaine
4 Jean-Pierre
5 Paul
6 Marc

A   B   C   D   E   F

b Écris des phrases complètes.

Exemple: 1 *Claire a commandé/ choisi/demandé un jus d'orange.*

2 Qu'est-ce que vous prenez?

Travaillez à deux. Personne A commande pour cinq personnes. Personne B (le serveur ou la serveuse) répète les commandes. Puis changez de rôle.

Exemple: A *Pour Danielle, un citron pressé, s'il vous plaît.*
B *Alors, un citron pressé.*

Pour t'aider

Pour (*nom*),	un thé au lait,	
Pour ma mère,	un Orangina,	
Pour mon père,	un citron pressé,	s'il
Pour madame/	un coca/une bière,	vous
monsieur,	un verre de lait,	plaît.
Pour moi,	un chocolat chaud,	
(*Nom*) prend	un café crème,	

4 Tu veux une glace?

Travaillez à deux. Lisez la conversation, puis changez les détails.

– Pfff! Il fait chaud. Tu veux une glace?
– Oui, je veux bien.
– Une, deux ou trois boules?
– **Une boule**, s'il te plaît.
– Quel parfum?
– Je voudrais une glace … **à la fraise**. Non, **au citron**. Non, non, à l'orange.
– Voilà! Une glace **à l'orange** pour toi. Et pour moi, deux boules, **au chocolat** et à la vanille.
– Oh, moi aussi, je préfère **le chocolat**.

3 On vend des glaces

Il fait chaud et tout le monde achète une glace. Écoute les clients pour trouver les résultats du sondage.

1 … personnes ont choisi une glace à la fraise.
2 … personnes ont commandé une glace à la vanille.
3 … personne a demandé une glace à l'abricot.
4 Le parfum le plus populaire est …

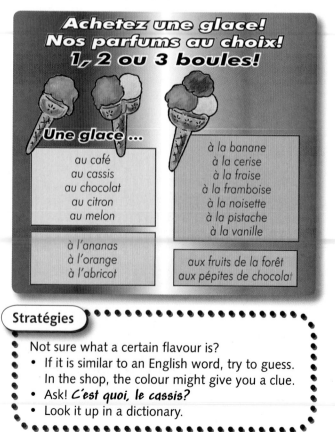

Achetez une glace!
Nos parfums au choix!
1, 2 ou 3 boules!

Une glace …

au café
au cassis
au chocolat
au citron
au melon

à l'ananas
à l'orange
à l'abricot

à la banane
à la cerise
à la fraise
à la framboise
à la noisette
à la pistache
à la vanille

aux fruits de la forêt
aux pépites de chocolat

Stratégies

Not sure what a certain flavour is?
- If it is similar to an English word, try to guess. In the shop, the colour might give you a clue.
- Ask! *C'est quoi, le cassis?*
- Look it up in a dictionary.

Dossier-langue

rappel: le passé composé

On page 72 you used expressions like:

Il **a commandé** un Orangina.
Tout le monde **a acheté** une glace.
Ces personnes **ont choisi** une glace à la fraise.

All the highlighted verbs are in the perfect tense (or **passé composé**) because …

- they refer to the past.
- they are made up of two verbs:
  - the auxiliary verb, e.g. part of **avoir**
  - and the past participle, e.g. **commandé, choisi, vendu**.

See how many more examples of the perfect tense you can find on page 72.

Prononciation

Les terminaisons -d, -p, -s, -t

A The letters **d**, **p**, **s** and **t** at the end of a French word are not normally pronounced.

Prononce ces mots. Écoute et vérifie.

chaud	fruit
froid	bois
beaucoup	sirop
jus	mais
lait	surtout

B There are two exceptions to this rule among the ice cream flavours. Can you spot them?

Écris 1–4, écoute et note la bonne lettre, puis trouve l'intrus.

Exemple: 1b

a abricot   **c** fruits de la forêt
b ananas   **d** chocolat

C Listen for the words **plus** and **trop** in the following sentences. Why do you think the ending is sounded in two of the sentences but not in the others?

Écoute et mets dans l'ordre.

Exemple: 1c, …

a Elle a mangé trop vite.
b Il ne boit plus de coca.
c Les cafés sont plus amusants que l'école.
d Tu es trop aimable.

5 Vous êtes au café

Travaillez à deux. Lisez la conversation, puis inventez des conversations différentes. Changez de rôle.

Serveur:	Vous désirez?
Client(e):	Un Orangina, s'il vous plaît.
Serveur:	Un Orangina. Bien. C'est tout?
Client(e):	Et **un sandwich**, s'il vous plaît. Qu'est-ce que vous avez comme **sandwichs**?
Serveur:	**Pâté, fromage** ou **jambon**.
Client(e):	Alors **un sandwich au pâté**, s'il vous plaît.
Serveur:	**Un sandwich au pâté**.
Client(e):	Et **où sont les toilettes**, s'il vous plaît?
Serveur:	C'est là-bas, au fond.
Client(e):	Merci, monsieur.
	…
Client(e):	Monsieur! L'addition, s'il vous plaît.
Serveur:	Voici l'addition.
Client(e):	Merci, monsieur, voilà!

Où sont les toilettes?
Avez-vous Internet ici?
Avez-vous un distributeur de billets?

un Orangina
un chocolat chaud
un café crème
un thé au citron
un verre de lait
un jus de fruit
une menthe à l'eau

un sandwich au pâté/au fromage/au jambon
un croque-monsieur   un hot-dog
une glace à la vanille/au café/...
une crêpe

5C | Ça m'intéresse

- describe food and recent meals
- use some irregular verbs in the past

1 Des repas intéressants

Racontez-nous!
Des repas intéressants

Un grand merci à nos lecteurs! Nous avons reçu beaucoup de lettres. Vous avez écrit des descriptions d'une grande variété de repas. Nous avons lu toutes vos lettres et en voici une petite sélection.

Une spécialité régionale

Pendant mes vacances à Carcassonne, en France, la mère de mon correspondant a fait du cassoulet. On m'a dit que c'est la spécialité de la région.
Dans une grande cocotte, elle a mis des haricots blancs, des saucisses, du porc et du canard avec des légumes. Avec ça, on a bu du vin rouge de la région. Délicieux! Mais nous avons dormi tout l'après-midi!
Charles Levallois, Québec

Un repas européen

À la maison des jeunes, cette année, on a organisé un repas européen qui a été un événement très réussi.
On a eu des plats allemands, comme la choucroute ("Sauerkraut" en allemand), et italiens, comme les spaghettis, et j'ai découvert un plat anglais qui s'appelle le "Yorkshire pudding". Comme dessert, moi, j'ai pris un plat belge, un gâteau au chocolat – miam-miam – j'adore le chocolat!
Élise Donoyer, Lyon

Un déjeuner au collège

Quand j'étais en France chez mon correspondant, nous avons pris un repas dans la cantine de son collège. J'ai été un peu surpris.
D'abord, on a eu une salade de tomates, ensuite du poisson avec des frites délicieuses, puis des haricots verts – servis tout seuls! Après, on a pu choisir un yaourt, du fromage ou un fruit. Moi, j'ai pris un yaourt aux abricots.
J'ai vu le menu pour la semaine et on mange comme ça presque tous les jours! Trois ou quatre plats par repas, pas mal, non?
Richard Bernard, Manchester, Angleterre

> une cocotte *casserole dish*   j'étais *I was*

Lis les textes, puis trouve les paires pour faire un résumé.

Exemple: 1b

1 Les lecteurs du magazine ont écrit	**a** le Yorkshire pudding.
2 Dans ces lettres, on a décrit	**b** beaucoup de lettres.
3 On a fait du cassoulet	**c** un plat belge.
4 Avec le cassoulet, on a bu	**d** des plats intéressants.
5 Les jeunes de Lyon ont préparé	**e** du vin rouge.
6 Comme spécialité anglaise, on a eu	**f** le menu au collège français.
7 Comme dessert, Élise a pris	**g** pour Charles.
8 Richard a été surpris quand il a vu	**h** un repas européen.

2 D'autres verbes utiles

a Trouve les participes passés.

Exemple: 1 *j'ai* **appris**

1 apprendre *(to learn)*   j'ai …
2 comprendre *(to understand)* j'ai …
3 offrir *(to offer, give)*   j'ai …
4 ouvrir *(to open)*   j'ai …
5 recevoir *(to receive)*   j'ai …
6 vouloir *(to want, wish)*   j'ai …

b Écris des phrases avec ces verbes.

Exemples: *J'ai appris ce verbe.*
Nous avons ouvert notre cadeau …

Dossier-langue

the perfect tense with irregular participles

The perfect tense is composed of two verbs: an auxiliary verb and a past participle.
Regular past participles are formed like this:

infinitive ends in	past participle ends in
-er *(jouer)*	**-é** *(joué)*
-ir *(finir)*	**-i** *(fini)*
-re *(vendre)*	**-u** *(vendu)*

Some verbs have irregular past participles.
Can you find on this page the past participles to complete the list on the right?

1 *avoir* (to have)   j'ai **eu**
2 *boire* (to drink)   j'ai ___
3 *lire* (to read)   j'ai ___
4 *pouvoir* (to be able)   j'ai ___
5 *voir* (to see)   j'ai ___
6 *dire* (to say)   j'ai ___
7 *écrire* (to write)   j'ai ___
8 *mettre* (to put)   j'ai ___
9 *prendre* (to take)   j'ai ___
10 *être* (to be)   j'ai ___
11 *faire* (to do, make)   j'ai ___
12 *découvrir* (to discover) j'ai ___

Stratégies

When you have made a list of the irregular past participles, try to find patterns and rhymes to help remember them.

Now try to apply the patterns to the irregular verbs in task 2. You can check your answers in *Les verbes*, page 160.

C'est la saison des pique-niques. Inventez un sandwich surprise! Envoyez vos idées et une photo, si possible, à sandwich-surprise.fr avant la fin du mois. Le lundi de Pâques, écoutez les résultats. À gagner: 100 lecteurs MP3 avec vos chansons préférées!

3   Le sandwich surprise

a Voici une sélection de sandwichs surprises. Lis les détails. Quel sandwich préfères-tu?

b Écoute les résultats pour savoir qui a gagné!

Voici des idées
intéressantes!

Voici mon sandwich surprise

Mettez une tranche de jambon, puis une tranche de fromage, puis un morceau d'oignon, du sel et du poivre: voilà, c'est délicieux!

Claudette Bernard, Paris

Un sandwich surprise un peu spécial

D'abord, mettez du beurre et de la confiture d'oranges sur votre pain. Puis ajoutez des sardines et des chips. C'est un peu spécial, mais c'est délicieux! J'ai mangé un de ces sandwichs moi-même, mais mon chien en a mangé trois!

Jean-Pierre Léon, Dieppe

Le sandwich surprise idéal!

Voilà mon idée: j'ai coupé en petits morceaux deux ou trois radis, deux ou trois champignons et du pâté. J'ai ajouté du sel et du poivre et j'ai mélangé ça avec de la mayonnaise. C'était excellent! Mon père en a mangé trois!

Paul Dubois, La Rochelle

Le sandwich surprise salade de fruits

Ne mettez pas de beurre sur votre pain, mais mettez un peu de crème fraîche. Puis ajoutez trois tranches de banane, une tranche de melon, une tranche de poire ou de pomme, puis deux ou trois fraises si possible. Ajoutez un peu de sucre et voilà! Ma mère adore ce sandwich, et mes amis aussi.

Gisèle Leblanc, Nice

4   Mon sandwich surprise

Invente un sandwich surprise.

a Fais une liste d'au moins cinq ingrédients.

Exemple: *une baguette, du/de la/des ... 100 grammes de ...*

b Décris comment tu as fait ton sandwich. Fais un dessin (ou une photo!) si tu veux.

Exemple: *J'ai coupé une baguette en deux, puis j'ai mis/ajouté/mélangé/pris/ouvert/...*

5D | Empoisonné?

- understand a short story
- ask and answer questions in the past

1 Les sandwichs de M. Corot

a Écoute et regarde les images.　　**b** Mets les textes dans l'ordre.　　**c** Écoute et vérifie.

Exemple: **1F**

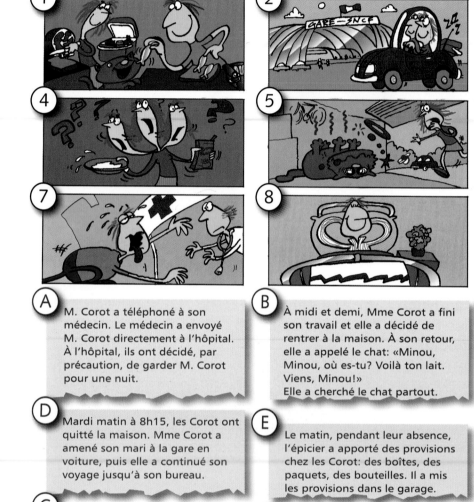

A M. Corot a téléphoné à son médecin. Le médecin a envoyé M. Corot directement à l'hôpital. À l'hôpital, ils ont décidé, par précaution, de garder M. Corot pour une nuit.

B À midi et demi, Mme Corot a fini son travail et elle a décidé de rentrer à la maison. À son retour, elle a appelé le chat: «Minou, Minou, où es-tu? Voilà ton lait. Viens, Minou!»
Elle a cherché le chat partout.

C Finalement, elle a trouvé Minou dans le garage. Le pauvre chat était très malade. Mme Corot a dit: «Mais, Minou, qu'est-ce qu'il y a? Tu as mangé quelque chose de mauvais?»
«Mon Dieu!» a pensé Mme Corot. «Les sardines …? Les sardines ont empoisonné le chat!»

D Mardi matin à 8h15, les Corot ont quitté la maison. Mme Corot a amené son mari à la gare en voiture, puis elle a continué son voyage jusqu'à son bureau.

E Le matin, pendant leur absence, l'épicier a apporté des provisions chez les Corot: des boîtes, des paquets, des bouteilles. Il a mis les provisions dans le garage.

F Lundi soir, M. et Mme Corot ont préparé des sandwichs pour mardi. Elle a mis du jambon dans ses sandwichs, mais il a fait des sandwichs aux sardines et il a donné deux ou trois sardines au chat. Minou adore le poisson et il a mangé les sardines tout de suite.

G Mme Corot a téléphoné tout de suite à son mari.
– Chéri, ne mange pas tes sandwichs. Minou a mangé des sardines hier soir, et maintenant, il est très malade.
– Mais … j'ai déjà mangé mes sardines – j'ai pris trois sandwichs aux sardines. Qu'est-ce que je vais faire?
– Téléphone immédiatement au médecin.

H À ce moment-là, l'épicier a frappé à la porte.
– Bonjour, madame. Comment va votre chat aujourd'hui?
– Il va beaucoup mieux, merci. Mais …
– Je suis désolé, madame, mais hier matin, par erreur, j'ai laissé tomber une grosse bouteille de limonade et la bouteille a frappé votre chat très fort sur la tête.

I M. Corot a passé la nuit à l'hôpital. Il a bien dormi. Mercredi matin, Mme Corot a téléphoné à l'hôpital. On a dit que M. Corot allait très bien, alors il a pu quitter l'hôpital.

2 Un résumé de l'histoire

Complète le résumé avec les mots de la case.

Exemple: 1 *préparé*

1 Lundi soir, les Corot ont ___ des sandwichs.
2 M. Corot a ___ des sandwichs aux sardines.
3 Le chat a ___ des sardines.
4 Mardi matin, M. et Mme Corot ont ___ la maison à 8h15.
5 Pendant leur absence, l'épicier a ___ des provisions à la maison.
6 À son retour, Mme Corot a ___ le chat dans le garage. Il était malade.
7 Elle a ___ à son mari.
8 Il a dit qu'il avait déjà ___ ses sandwichs aux sardines.
9 M. Corot a ___ une nuit à l'hôpital.
10 Mercredi matin, l'épicier a ___ à la porte.
11 Il a tout ___ .

apporté　expliqué　fait　frappé　mangé　passé　préparé　mangé　quitté　téléphoné　vu

3 Quelle est la bonne réponse?

Choisis la bonne réponse aux questions.   Exemple: **1a**

1 Quand est-ce que les Corot ont préparé les sandwichs?
   a Lundi soir.
   b Mardi à midi.
   c Mardi soir, après le dîner.

2 Qu'est-ce que Mme Corot a fait?
   a Des sandwichs au saucisson.
   b Des sandwichs aux sardines.
   c Des sandwichs au jambon.

3 Qui a mangé des sardines lundi soir?
   a M. et Mme Corot.
   b Le chat.
   c M. Corot.

4 Mardi matin, les Corot ont quitté la maison à quelle heure?
   a À huit heures et quart.
   b À huit heures.
   c À sept heures et demie.

5 Qu'est-ce que l'épicier a apporté chez les Corot?
   a Seulement des boîtes de conserves.
   b Seulement des légumes.
   c Des provisions.

6 Où est-ce que Mme Corot a trouvé le chat?
   a Dans le jardin.
   b Dans la rue.
   c Dans le garage.

7 Pourquoi est-ce que M. Corot a passé la nuit à l'hôpital?
   a Il a été malade au bureau.
   b Il a mangé des sardines.
   c Sa femme a téléphoné au médecin.

8 Qui a expliqué à Mme Corot pourquoi le chat a été malade?
   a C'est M. Corot.
   b C'est le médecin.
   c C'est l'épicier.

4 Au bureau de M. Corot

Mercredi au bureau, on a posé beaucoup de questions à M. Corot. Écoute les questions et choisis la bonne réponse (**a** ou **b**).

Exemple: 1b

1 a Oui, j'ai déjeuné à la cantine.
   b Non, j'ai mangé mes sandwichs aux sardines.
2 a Je suis allé chez le médecin.
   b J'ai préparé des sandwichs.
3 a Il m'a envoyé à l'hôpital.
   b Il m'a envoyé à mon bureau.
4 a J'ai passé la nuit chez moi.
   b J'ai passé la nuit à l'hôpital.
5 a Non, en effet, je n'ai pas été malade.
   b Oui, j'ai été très malade.
6 a Oui, j'ai très bien dormi.
   b Non, je n'ai pas bien dormi.
7 a Oui, le chat a mangé de mauvaises sardines.
   b Non, le chat n'a pas mangé de mauvaises sardines.

Dossier-langue

asking questions in the perfect tense

To ask a question in the perfect tense you can …
- add *Est-ce que* to the beginning of the sentence
  Est-ce que tu as déjeuné à la cantine hier?
- add a different question word
  (what?) *Qu'est-ce que tu as fait hier soir?*
  (who?) *Qui a mangé des sandwichs?*
  (where?) *Où est-ce qu'elle a trouvé le chat?*
- make the sentence sound like a question by changing the tone of your voice
  Tu as été malade? ↗ Vous avez fini? ↗

You can also …
- swap the auxiliary verb and subject and add a hyphen (-)
  As-tu bien dormi?
  Le chat a-t-il mangé des sardines?

Notice what happens when you swap *il a* and *elle a*:
il a → *a-t-il?*   *elle a* → *a-t-elle?*

Don't forget the extra *-t-*, which makes it easier to say.

5 Quelle est la question?

a Écris ces questions (1–6) correctement.

Exemple: 1 *As-tu déjeuné au collège aujourd'hui?*

b Travaillez à deux. À tour de rôle, posez des questions et répondez.

c Écris tes réponses dans ton dossier personnel.

1 As-tu | aujourd'hui | au collège | déjeuné ?

2 mangé | tu as | ce matin | Qu'est-ce que ?

3 Qu'est-ce que | bu | tu as ?

4 avez-vous | vos vacances | Où | cet été | passé ?

5 Est-ce qu'il | beau | pendant vos vacances | a fait ?

6 Avez-vous | tous vos devoirs | hier soir | fait ?

5E | On n'a pas fait grand-chose

- *say what didn't happen*
- *recognise positive and negative statements*

1 Un désastre pour Emmanuel

Écoute la conversation et lis le texte.

- Allô, c'est toi, Caroline?
- Oui, oui, c'est moi. Mais qu'est-ce qu'il y a, Emmanuel?
- C'est mes devoirs d'informatique, tu sais, les résultats de mon sondage sur les cafés en France – c'est un vrai désastre!
- Mais pourquoi? Tu as trouvé les devoirs trop difficiles?
- Non, non. Ils étaient faciles, les devoirs!
- Alors, ton ordinateur n'a pas marché? C'est ça, le désastre?
- Non, non, ce n'est pas ça. Mon ordinateur a bien marché.
- Alors, c'est la clé USB? Tu as perdu la clé USB avec les devoirs dessus?
- Non, non, je te dis, je n'ai pas perdu la clé USB. J'ai mis la clé USB dans la machine, l'ordinateur a bien marché, j'ai fait les devoirs sans problème. Zut, zut, zut!
- Mais tu n'as pas sauvegardé ton travail – c'est ça?
- Si, si, je l'ai sauvegardé. J'étais sur le point de l'imprimer et …
- Ah oui, j'ai deviné! C'est l'imprimante qui n'a pas marché. Tu as tapé les résultats de ton sondage, mais tu n'as pas réussi à les imprimer! Mais apporte-moi ta clé USB, je peux imprimer ton travail ici.
- Non, non, Caroline, ce n'est pas ça. Tu n'as pas compris. Écoute un instant et ne me pose plus de questions!!! … *(silence)* … Caroline, tu es là?
- Bien sûr, je suis là, mais tu m'as dit d'écouter, alors j'écoute!
- Bon. Alors voilà l'histoire. J'ai fait le travail, je l'ai sauvegardé, mais je ne l'ai pas transféré sur la clé USB. J'étais juste sur le point de l'imprimer lorsque César, mon chat, a sauté sur l'ordinateur, et il a effacé tout mon travail. Tout a disparu et maintenant, l'ordinateur ne marche plus.
- Ça alors, Emmanuel! Ça, c'est un vrai désastre!

Stratégies

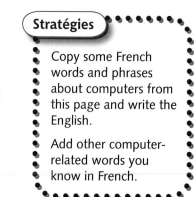

- Copy some French words and phrases about computers from this page and write the English.
- Add other computer-related words you know in French.

Dossier-langue

the perfect tense in the negative

To make a sentence negative, you use *ne (n') … pas* around the verb.

Look at the sentences below to see where *ne (n')* and *pas* go.

Je n'ai pas vu ce film.
I didn't see/haven't seen the film.

Il n'a pas fait ses devoirs.
He didn't do/hasn't done his homework.

Ils n'ont pas lu le livre.
They haven't read/didn't read the book.

Vous n'avez pas fini?
Haven't you finished/Didn't you finish?

Non, nous n'avons pas fini.
No, we haven't finished/didn't finish.

Find some more examples on this page, then make up a rule to help you remember.

2 C'est un vrai désastre!

Complète l'histoire avec **a** ou **n'a pas**.

Exemple: 1 *Emmanuel **n'a pas** trouvé les devoirs trop difficiles.*

1 Emmanuel ___ trouvé les devoirs trop difficiles.
2 Il ___ perdu la clé USB.
3 Il ___ mis la clé USB dans la machine.
4 L'ordinateur ___ bien marché.
5 Il ___ sauvegardé son travail.
6 L'imprimante ___ bien marché.
7 Emmanuel ___ transféré son travail sur la clé USB.
8 Emmanuel ___ réussi à imprimer son travail.
9 Le chat ___ sauté sur l'ordinateur.
10 César ___ effacé le travail d'Emmanuel.
11 Emmanuel ___ raconté son histoire très calmement.
12 Caroline ___ posé beaucoup de questions.

3 Oui ou non?

Écris 1–7. Écoute ces conversations. Si on répond à la forme négative, écris **Non**.

Exemple: 1 – *Tu as lu ce journal?*
   – *Je n'ai pas lu ce journal. Je ne l'aime pas beaucoup.*

Tu écris: **1** *Non*

4 Hier

Voici Élise et Marc. Qu'est-ce qu'ils n'ont pas fait hier? Complète les phrases à la forme négative.

Exemple: 1 *Ils n'ont pas pris le petit déjeuner à sept heures du matin.*

1 Ils ___ pris le petit déjeuner à sept heures du matin.
2 Ils ___ beaucoup travaillé.
3 Ils ___ déjeuné à la cantine.
4 Élise ___ lu son livre de maths, elle a lu un magazine.
5 Marc ___ fait ses devoirs d'informatique, mais il a essayé son nouveau jeu vidéo.
6 Élise ___ préparé ses affaires pour demain.
7 Marc ___ mis ses crayons et ses livres dans son sac.

Leur grand-mère entre.

C'est vrai, Mamie, nous 9 ____ fait grand-chose!

Mais les enfants, vous 8 ____ fait grand-chose!

Ne t'inquiète pas, Mamie! Hier, nous 10 ____ fait grand-chose parce que c'était le premier jour des vacances!

5 À discuter

a Travaillez à deux. À tour de rôle, posez des questions et répondez.

Exemple: – *As-tu visité la Chine?*
   – *Non, je n'ai pas visité la Chine. Et toi? Est-ce que tu as …*

- As-tu visité la Chine/l'Antarctique/le Taj Mahal/l'Australie/l'Afrique du Nord?
- Est-ce que tu as appris l'esperanto/le chinois/le grec/l'arabe à l'école?
- Est-ce que ta famille a déjà gagné à la loterie?
- Est-ce que tu as fini tes devoirs en avance cette semaine?
- Est-ce que tu as fait toutes les courses pour la famille cette semaine?
- As-tu préparé le déjeuner dimanche dernier?

b Invente cinq autres questions et écris tes réponses dans ton dossier personnel.

- *discuss the menu*
- *express likes and dislikes*
- *order a restaurant meal*

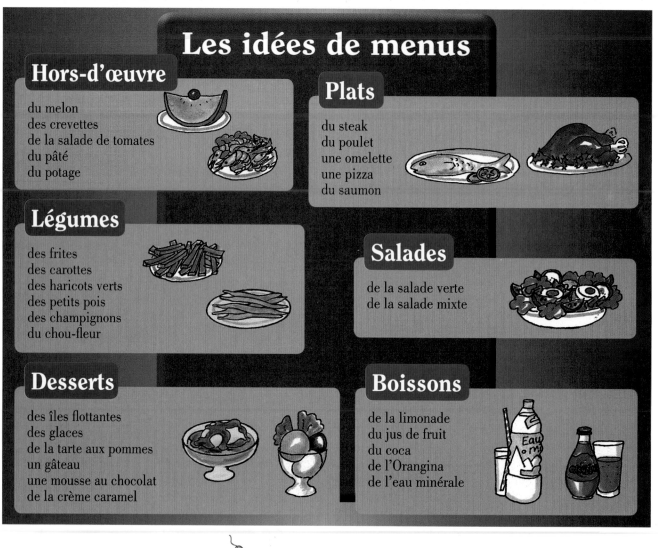

Les idées de menus

Hors-d'œuvre

du melon
des crevettes
de la salade de tomates
du pâté
du potage

Plats

du steak
du poulet
une omelette
une pizza
du saumon

Légumes

des frites
des carottes
des haricots verts
des petits pois
des champignons
du chou-fleur

Salades

de la salade verte
de la salade mixte

Desserts

des îles flottantes
des glaces
de la tarte aux pommes
un gâteau
une mousse au chocolat
de la crème caramel

Boissons

de la limonade
du jus de fruit
du coca
de l'Orangina
de l'eau minérale

1 Jeu des définitions

Qu'est-ce que c'est? Regarde les idées de menus pour t'aider.

Exemple: 1 *C'est du melon.*

1 On mange souvent ce grand fruit rond en hors-d'œuvre.
2 On mange souvent de cette viande. C'est aussi un oiseau.
3 Ce sont des légumes verts et ronds. Ils ne sont pas grands.
4 On achète cette boisson froide en bouteille. Elle peut être gazeuse ou non-gazeuse.
5 C'est un plat qu'on fait avec des œufs. Beaucoup de végétariens aiment ça.
6 On fait ça avec des pommes de terre. On peut manger ça avec du ketchup.

2 Les menus au choix

a Travaillez à deux. Regardez les idées de menus. À tour de rôle, posez des questions et répondez.

Exemples: – *Est-ce que tu aimes le pâté?*
– *Oui, j'aime ça. Tu aimes le melon?*
– *Non, je n'aime pas beaucoup ça.*

Pour t'aider

☺			☹
J'adore	J'aime (beaucoup)	Je n'aime pas (beaucoup)	Je déteste

b Notez les réponses et inventez un menu pour un grand repas pour votre partenaire.

c Posez des questions à tour de rôle pour deviner le menu de l'autre. Répondez uniquement par **oui** ou **non**.

Exemple: – *Comme hors-d'œuvre, tu as choisi des crevettes?*
– *Non. Et toi, tu as choisi du melon?*
– *Oui. Alors toi, tu as choisi du potage?*

La première personne qui a deviné le menu de son/sa partenaire a gagné.

3 Mme Dubois a commandé …

Mme Dubois a dîné au restaurant *Le Perroquet Vert*. Qu'est-ce qu'elle a choisi? Écoute, regarde le menu et complète la liste.

Exemple: 1 *du pâté*

1 Pour commencer, elle a choisi …
2 Comme plat principal, …
3 Comme légumes, …
4 Comme dessert, …
5 Comme boisson, …

4 M. Lemaître a choisi …

M. Lemaître a dîné au restaurant *Le Perroquet Vert*. Qu'est-ce qu'il a choisi? Écoute sa conversation avec sa femme, regarde le menu et écris une liste.

Exemple: *Pour commencer, il a commandé … Comme plat principal, il a choisi …*

5 Vous avez choisi?

Regarde le menu du restaurant, écoute cette conversation et complète les blancs.

Exemple: 1 *du pâté*

Garçon:	Vous avez choisi?
Cliente:	Oui. Pour commencer, je voudrais **(1)**___ , s'il vous plaît.
Garçon:	Oui, **(1)** ___ . Et comme plat principal?
Cliente:	**(2)** ___ .
Garçon:	Et comme légumes?
Cliente:	Comme légumes, je vais prendre **(3)** ___ .
Garçon:	Alors, **(2)** ___ avec **(3)** ___ .
Plus tard …	
Garçon:	Vous prenez un dessert?
Cliente:	Oui. Comme dessert, je voudrais **(4)** ___ , s'il vous plaît.
Plus tard …	
Cliente:	L'addition, s'il vous plaît.
Garçon:	Voilà.
Cliente:	Merci, monsieur.

6 Au restaurant

Travaillez à deux. Inventez d'autres conversations au restaurant.

Stratégies

Menus often contain unfamiliar vocabulary. Try to work out what these phrases mean, then check in the glossary or a dictionary.

1 *assiette de charcuterie*
2 *pâté maison*
3 *en supplément*
4 *prix nets*
5 *garni*
6 *fruits de saison*
7 *plat du jour*
8 *rôti*

Le Perroquet Vert

Menu à 30€

Les hors-d'œuvre
Radis au beurre
Melon
Assiette de charcuterie
Pâté maison
Salade de tomates
Cocktail de crevettes

Les plats
Poulet rôti
Steak garni
Filet de poisson
au beurre blanc
Omelette au fromage

Plat du jour
Cassoulet

Les légumes
Pommes frites
Chou-fleur
Haricots verts
Carottes
Petits pois

Les desserts
Pêche Melba
Mousse au chocolat
Crème caramel
Gâteau au chocolat (maison)
Fruits de saison
Tarte aux pommes

Prix nets
Boisson en supplément

Les photos

Choisis photo **A**, **B** ou **C**. Écris des notes, puis fais une courte présentation.

A C'est quelle sorte de restaurant? Qu'est-ce qu'il y a d'intéressant? Tu aimes les fast-foods? Quand est-ce que tu es allé(e) dans un fast-food?

B Qu'est-ce qu'on voit sur la photo? Qu'est-ce qu'il y a peut-être au «menu du terroir»? Donne quelques exemples de la «cuisine du monde». Tu as mangé dans ce restaurant: quand as-tu mangé ici (attention au jour et à l'heure!) et qu'est-ce que tu as commandé?

C C'est comme la cantine de ton collège? Quelles sont les différences? Tu préfères quelle cantine? Qu'est-ce que tu as mangé récemment au collège?

> menu du terroir *local/regional menu*

Le Web et toi

• Cherche le nom de quelques cafés et fast-foods français. Qu'est-ce qu'il y a au menu? Et au menu d'un café ou fast-food chez toi? Quelles sont les différences?

• Cherche le menu de quelques restaurants en France. Cherche dans une ville ou une région que tu connais (ta ville jumelle, par exemple). Quelles sont les spécialités de la région?

• Cherche le menu de la cantine d'un collège français. C'est différent de ton collège? Quel menu préfères-tu? Écris ton menu idéal pour une semaine et fais une courte présentation en classe.

• Cherche des mots français qu'on utilise en anglais dans la cuisine, «gâteau» et «mayonnaise» par exemple. Fais une liste et explique en anglais. Peux-tu trouver des mots anglais qu'on utilise dans la cuisine française?

Imagine you are ordering one of your meals or snacks in French every day for a week. Go through the conversation in your head – or aloud, if you prefer! Then imagine telling someone what you ordered the previous day.

Exemple: *Hier, j'ai commandé ...*
puis j'ai choisi ...

● SOMMAIRE

Now I can ...

■ buy drinks in a café

Qu'est-ce que tu prends?	What are you having?
Pour moi, ...	For me, …
Je voudrais ...	I'd like …
une bière	beer
une boisson (non-)alcoolisée	(non-)alchoholic drink
une boisson (non-)gazeuse	(non-)fizzy drink
un café (crème)	(white) coffee
un cidre	cider
un chocolat chaud	hot chocolate
un citron pressé	freshly squeezed lemon juice
une menthe à l'eau	mint-flavoured drink
un Orangina	Orangina
un thé (au lait/au citron)	tea (with milk/lemon)
un verre de lait	glass of milk
Où sont les toilettes?	Where are the toilets?
Avez-vous Internet ici?	Do you have internet access here?
Avez-vous un distributeur de billets?	Do you have a cash dispenser?
L'addition, s'il vous plaît.	The bill, please.

■ buy snacks

Qu'est-ce que vous avez comme sandwichs?	What kind of sandwiches do you have?
un sandwich au jambon/au pâté	ham/pâté sandwich
un sandwich au fromage/au saucisson	cheese/salami sandwich
une crêpe	pancake
un croque-monsieur	toasted sandwich with cheese and ham
une portion de frites	portion of chips
un hot-dog	hot dog
une pizza	pizza

■ buy an ice cream

Je voudrais une glace, s'il vous plaît.	I'd like an ice cream please.
Quel parfum?	What flavour?
une glace à la fraise/au citron/...	strawberry/lemon/… ice cream (*see page 72 for other flavours*)

■ express likes and dislikes

Tu aimes le melon?	Do you like melon?
Oui, j'aime ça.	Yes, I like that.
Non, je n'aime pas beaucoup ça.	No, I don't like that much.

■ talk about a simple menu

comme hors-d'œuvre	for the starter
comme plat principal	for the main course
comme légumes	for vegetables
comme dessert	for sweet/dessert
comme boisson	to drink
... il y a ...	… there is …

■ ... and some new items of food

des crevettes	prawns
du saumon	salmon
du thon	tuna

■ order a meal in a restaurant

Avez-vous choisi?	Have you chosen?
Pour commencer, je vais prendre ...	To start with, I'll have …
Comme plat principal, je voudrais ...	For a main course, I'd like …
Comme dessert, je vais prendre ...	For sweet/dessert I'll have …
une assiette de charcuterie	mixed cold meats, salami, etc.
fruits de saison	fruit in season
garni	served with 'trimmings', e.g. sprig of cress, small salad, vegetables, etc.
le plat du jour	dish of the day
pâté/gâteau maison	home-made pâté/cake

■ use the verb boire (see page 71)

■ use irregular past participles (see page 74 and Les verbes page 160)

Ils ont écrit beaucoup de lettres.	They wrote many letters.
J'ai été un peu surpris.	I was a little surprised.

■ ask about what has happened (see page 77)

Qu'est-ce que tu as fait hier?	What did you do yesterday?
Où as-tu mangé hier soir?	Where did you eat last night?

■ use n' ... pas in the perfect tense

Je n'ai pas vu le film hier.	I didn't see the film yesterday.
Nous n'avons pas mangé à la cantine.	We didn't eat in the canteen.

Using a dictionary or glossary

A dictionary or glossary is useful to check spellings and genders as well as meanings. Here are some points to bear in mind:

- A bilingual dictionary has two parts: French–English, English–French.
- Words are listed in alphabetical order in each part.
- The word at the top of the left-hand page (or column) shows the first word on that page and the word at the top of the right-hand page (or column) shows the last word listed on that page. In some dictionaries both the first and the last word on each page are shown at the top.
- Compound words or phrases are usually listed under the main word (known as the headword), so *tout le monde* could be listed under *tout* or *monde*.
- Look at the letters after the word:
  n = noun
  m = masculine nouns (*un, le*)
  f = feminine (*une, la*)
  v (or *vtr* or *vi*) = verb
  a = adjective
- Plurals are only shown if they are irregular – often just the ending is shown, e.g. **–x**.
- Verbs are usually listed under the infinitive (to …), e.g. *jouer* (to play). Sometimes the different parts of irregular verbs are shown.
- Adjectives are listed under the masculine singular form, so to find out the meaning of *blanche*, you would look up *blanc*. If the feminine or plural form is irregular, this is usually shown, although sometimes in a shortened form, e.g. *actif, –ive*.

2 En famille

Trouve les paires.

Exemple: 1b

1 Tu as fait bon voyage?	**a** Non, c'est ma première visite.
2 Tu as bien dormi?	**b** Oui, merci, j'ai fait très bon voyage.
3 Tu as assez mangé?	**c** Oui, j'ai acheté des cartes postales ce matin.
4 Tu as téléphoné à tes parents?	**d** Oui, merci, j'ai très bien dormi.
5 Tu as acheté des cartes postales?	**e** Oui, merci, j'ai mangé un repas délicieux.
6 Tu as déjà visité la France?	**f** Oui, merci, j'ai téléphoné hier soir.

1 On travaille

Lis les phrases et trouve les paires.

Exemple: 1B

1 Claire fait la cuisine.
2 Marc et Simon travaillent dans le jardin.
3 Anne et Jean-Pierre font la vaisselle.
4 Linda range sa chambre.
5 Maman passe l'aspirateur.
6 Papa lave la voiture.
7 Loïc fait les courses.
8 Suzanne fait une promenade avec le chien.
9 Éric et David sont fatigués. Ils regardent la télé.

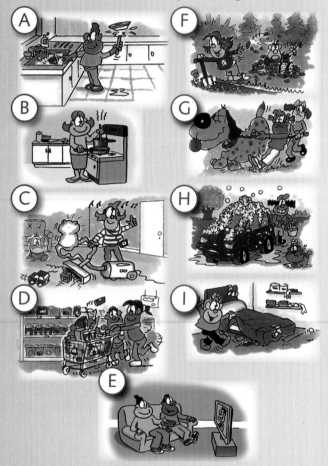

3 Une bonne soirée

Complète le texte avec le participe passé des verbes.

Exemple: 1 nous avons décidé

Dimanche dernier, nous avons (**1** *décider*) d'aller au cinéma. Nous avons (**2** *réussir*) à réserver des places pour le film *Douze souris rouges*. J'ai (**3** *trouver*) le film très amusant, même un peu ridicule. Le film a (**4** *finir*) à sept heures. Puis nous avons (**5** *dîner*) dans une pizzeria. J'ai (**6** *choisir*) une pizza au jambon, mais Émilie, qui n'aime pas les pizzas, a (**7** *commander*) des spaghettis. À la pizzeria, nous avons (**8** *rencontrer*) Christophe et André. On a (**9** *passer*) une très bonne soirée.

4 Un chat perdu

Choisis le bon mot.

Exemple: 1b nous avons _perdu_

Vendredi soir, nous avons (**1a** descendu **1b** perdu **1c** aboli) notre chat, Hercule. On (**2a** ont **2b** as **2c** a) cherché partout. J'ai (**3a** crié **3b** choisi **3c** acheté) son nom. Ma mère a (**4a** attendu **4b** entendu **4c** vendu) quelque chose, mais ce n'était pas Hercule. Mon frère et ma sœur (**5a** ont **5b** avons **5c** avez) aidé aussi. Mon frère a (**6a** préparé **6b** mangé **6c** imaginé) le chat dans l'arbre, mais c'était un oiseau. Ma sœur a (**7a** oublié **7b** trouvé **7c** lavé) une souris dans le jardin. Enfin, mes parents (**8a** ai **8b** a **8c** ont) pensé à ouvrir la porte du garage. Et voilà: nous avons (**9a** commandé **9b** dessiné **9c** trouvé) notre chat.

5 Des boissons par catégories

Regarde les pages 70–71 et trouve au moins deux boissons pour chaque catégorie (1–4).

Exemple: 1 _le café, ..._

1 des boissons chaudes
2 des boissons froides et non-alcoolisées
3 des boissons alcoolisées
4 des boissons gazeuses

6 Des repas récents

Décris des repas récents.

Pour t'aider

Hier,	j'ai mangé	une pizza/...
Au café,	j'ai bu	du coca/...
Au petit déjeuner,	j'ai pris	des céréales/...
Pour mon anniversaire,	nous avons eu	un repas délicieux

9 La pêche Melba

a Trouve le bon texte pour chaque image.

Exemple: 1b

7 Questions et réponses

a Écris ces questions correctement.

Exemple: 1 _Où as-tu passé tes vacances cette année?_

1 | passé | as-tu | cette année | tes vacances | Où | ?
2 | tu as | des cartes postales | Est-ce que | écrit | ?
3 | des sandwichs | a | Qui | mangé | ?
4 | café | Qu'est-ce que | bu | vous avez | au | ?
5 | vu | Tu as | hier soir | le match | ?
6 | en vacances | Avez-vous | du beau temps | eu | ?

b Écris ces réponses correctement.

a | mangé | Nous | sandwichs | des | avons | .
b | n'ai pas | Non, | je | le match | vu | .
c | du coca | bu | on a | Au café, | .
d | J'ai | en Bretagne | une belle île | découvert | .
e | toute la semaine | mauvais | fait | Non, il a | .
f | beaucoup | Oui, | envoyé | de | j'ai | cartes | .

c Trouve les paires.   **Exemple: 1d**

8 J'aime ça!

Réponds avec une des expressions de la case.

| Oui, j'aime ça. | Non, je n'aime pas (beaucoup) ça. |
| Oui, j'adore ça. | Non, je déteste ça. |

Est-ce que tu aimes ...

1 le melon?
2 le chocolat?
3 les hot-dogs?
4 le déjeuner de dimanche?
5 les glaces?
6 le gâteau au chocolat?
7 la limonade?
8 le chou?
9 l'omelette aux champignons?
10 les repas au collège?

a Dans un verre, mettez du sirop de framboises ou de fraises.
b Prenez une pêche jaune par personne.
c Invitez des copains et mangez votre pêche Melba ensemble.
d Coupez les pêches en tranches.
e Ajoutez quelques tranches de pêches.
f Ajoutez de la glace à la vanille à la dernière tranche de pêche et peut-être des amandes.
g Mettez des framboises et de la crème dans le verre.

b Tu as préparé la pêche Melba. Écris ce que tu as fait.

Exemple: _J'ai pris une pêche jaune par personne. Puis j'ai ..._

unité 6
En voyage

- *talk about travel plans*
- *revise transport*
- *revise être (present tense)*

1 On part bientôt

Écoute et lis le texte.

Pierre
- Je pars à Paris pour le week-end avec ma sœur, Sophie, et deux amis, Martin et Émilie. Nous allons prendre le train. À Paris, je veux voir la tour Eiffel, bien sûr, et ma sœur veut faire une promenade en bateau sur la Seine.
- Vous partez quand?
- Nous partons samedi matin.

Lucie
Lucie part au Canada avec le club de sports. On va prendre l'avion de Paris à Montréal.
- Tu pars quand, Lucie?
- Je pars dimanche après-midi. Le voyage en avion est assez long – six heures – mais je vais prendre un bon livre pour le voyage.

Claire et André
- Mon frère et moi, nous partons en Angleterre avec notre collège. Nous allons à Canterbury dans le Kent. Nous allons prendre le car et le bateau. Nous allons loger chez des familles anglaises. J'espère qu'on va me comprendre.
- Vous partez quand?
- Nous partons lundi prochain, vers sept heures du matin.

2 Où, quand et comment?

a Indique où ils vont.

1 Pierre et Sophie vont …
2 Lucie va …
3 André et Claire vont …

b Précise quand ils partent*.

1 Pierre et Sophie partent …
2 Lucie part …
3 André et Claire partent …

c Explique comment ils voyagent.

1 Pierre et Sophie prennent …
2 Lucie prend …
3 André et Claire prennent …

* *Pour réviser partir (to leave), voir la page 25.*

3 Nos projets

Travaillez à deux. Pensez à un voyage que vous allez faire ou inventez un voyage. Chaque personne écrit des notes, puis faites des conversations.

- Où vas-tu?
- Quand est-ce que tu pars/Tu pars quand?
- Comment voyages-tu?
- Avec qui pars-tu?

Stratégies

French people often use the initials to refer to long names. Can you match these up with the correct definition?

Exemple: 1a

1 la SNCF	a les chemins de fer français
2 l'EPS	b un pays qui comprend l'Écosse, l'Angleterre et le pays de Galles
3 GB	c une histoire en images et en texte
4 un TGV	d une matière scolaire énergique
5 une BD	e un train rapide

The groups of letters below make words when pronounced in French. Can you work them out?
- NRJ
- ID

4 À la gare

Écoute et lis, puis complète le texte.

Exemple: 1 *9h45*

9h45   10h15   quatre   cinq   10h15   quarante

Sous l'horloge

Il est **(1)** ___ . Pierre et
Sophie sont à la gare.
Ils attendent Martin et
Émilie.

P Où sont-ils, enfin?
S Ah, voilà Émilie.
É Salut. Excusez-
moi, je suis un peu
en retard. Ça fait
longtemps que vous
êtes là?
S Non, ça va, mais Martin n'est pas encore là.
P Tiens, il arrive.
M Salut à tous. Excusez-moi, j'ai acheté un
magazine au kiosque. Vous attendez depuis
longtemps?
P Mais non, tu es un peu en retard, comme
toujours, mais ça ne fait rien! Nous sommes
tous là maintenant, alors allons acheter des
billets.
É Où est le guichet?
P Il est là-bas.

Au guichet

P **(2)** ___ aller-retours pour
Paris, s'il vous plaît.
• Voilà, **(3)** ___ euros.
P Voilà, monsieur. Merci.
S Le prochain train pour
Paris part à quelle heure?
• À **(4)** ___ .
S Bon, merci.

Devant le tableau des départs

M C'est quel quai?
É Je ne sais pas. Il faut
regarder le tableau.
M Voilà notre train. C'est
quai numéro **(5)** ___ .
P Il faut composter les
billets avant de prendre le train.
S Où est la machine à composter?
P Elle est là-bas.
É C'est bien. Alors, allons sur le
quai maintenant.
• Attention, attention. Le train de
(6) ___ à destination de Paris
arrive en gare.

composter   *to validate your ticket in a special
machine.* (In France it is essential to 'date-stamp'
your ticket and reservation before a train journey.)

5 Ça, c'est faux!

Corrige les erreurs.

1 Pierre et Émilie sont à la gare avant les autres.
2 Sophie est un peu en retard.
3 Martin a acheté du chocolat au kiosque.
4 Les amis achètent des billets à la machine
automatique.
5 Avant de prendre le train, il faut manger les
billets.
6 On peut composter des billets dans une
machine à laver.
7 Le train pour Paris arrive en retard.

Dossier-langue

Copy and complete the verb *être*. (All the
parts of the present tense are on this page.)

je ___	*nous* ___
tu ___	*vous* ___
il/elle/on ___	*ils/elles* ___

6 Des conversations

a Complète les conversations avec la bonne
forme du verbe **être**.

b Lis les conversations avec un(e) partenaire.

– Tu **(1)** ___ libre dimanche?
– Non, dimanche, je **(2)** ___ à Paris.
– Alors, quand **(3)** ___-tu libre la semaine prochaine?
– Je **(4)** ___ libre mercredi après-midi.

– Quelle heure **(5)** ___-il, s'il vous plaît?
– Il **(6)** ___ onze heures et quart.
– Est-ce que le train **(7)** ___ à l'heure?
– Non, il **(8)** ___ un peu en retard.

– Où **(9)** ___-vous en ce moment?
– Nous **(10)** ___ devant la gare.
– Est-ce que Charlotte et Luc **(11)** ___ avec vous?
– Oui, ils **(12)** ___ là aussi.

Un plan de la gare

1 Un plan de la gare

Regarde le plan et trouve les paires.

Exemple: 1g

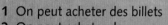

1 On peut acheter des billets	a dans la salle d'attente.
2 On peut acheter des magazines	b à la consigne.
3 Pour acheter une boisson, il faut aller	c sur le quai.
4 Pour déjeuner ou dîner, on va	d au buffet.
5 Pour laisser sa valise, il faut aller	e au restaurant.
6 On peut s'asseoir	f au bureau des renseignements.
7 Pour prendre le train, on va	g au guichet.
8 Pour connaître les tarifs et les horaires, on va	h au kiosque.

Stratégies

Il faut is a set phrase meaning 'you have to …', 'you should' or 'it is necessary to …'.
It is often followed by a verb in the infinitive.

A useful phrase to remember is:
Qu'est-ce qu'il faut faire?
What should you do?/What do you have to do?

It can also be used in the negative, e.g.
Il ne faut pas voyager sans billet.
You mustn't travel without a ticket.

2 Qu'est-ce qu'on cherche?

a Écris 1–6. Écoute et écris la bonne lettre.

Exemple: 1C

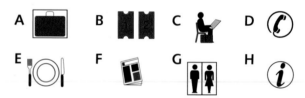

b Maintenant, à toi. Regarde les symboles A–H. Qu'est-ce qu'on dit?

Exemple: A *Où est la consigne, s'il vous plaît?*

Pour t'aider

Où	est	le buffet, le bureau des renseignements, la consigne, le guichet, le kiosque, la salle d'attente,	s'il vous plaît?
	sont	les téléphones, les toilettes,	

3 Suivez le panneau

Trouve les paires.

Exemple: 1B

1 Il veut acheter un billet.
2 Elle veut vérifier l'heure de départ de son train.
3 Il veut attendre quelque part. Son train a du retard.
4 Avant d'aller sur le quai, il faut composter son billet.
5 Elles veulent aller sur le quai et monter dans le train.
6 On va quitter la gare, alors il faut chercher la sortie.

A — Accès aux trains
B — Billetterie AUTOMATIQUE / SNCF
C
D — Attente
E — La ville de GIVET et la SNCF vous souhaitent la Bienvenue à GIVET / Sortie
F — TRAINS AU DEPART

4 Des conversations

a Au bureau des renseignements. Écris 1–5. Écoute et note l'heure de départ et le quai.

Exemple: 1 *14h50, quai 3*

b Au guichet. Écris 1–5. Écoute les voyageurs. Quel est le bon billet pour chaque voyageur?

Exemple: 1D

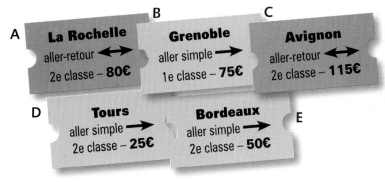

A **La Rochelle** aller-retour ⟷ 2e classe – **80€**

B **Grenoble** aller simple → 1e classe – **75€**

C **Avignon** aller-retour ⟷ 2e classe – **115€**

D **Tours** aller simple → 2e classe – **25€**

Bordeaux aller simple → 2e classe – **50€** E

5 Inventez des conversations

Lisez la conversation à deux. Puis inventez d'autres conversations.

– Un **aller simple** pour **Paris**, deuxième classe, s'il vous plaît.
– Voilà, c'est **soixante euros**.
– Merci. Le train part à quelle heure?
– À **dix heures vingt**.
– C'est direct?
– Oui.
– Et c'est quel quai?
– Quai numéro **3**.

| un aller simple |
| un aller-retour |

| Paris |
| Rouen |
| Lille |
| Strasbourg |
| La Rochelle |

| 50€ |
| 60€ |
| 75€ |
| 100€ |

| 8h30 |
| 9h15 |
| 11h50 |

| 1 | 2 | 3 |
| 4 | 5 | 6 |

6 Dans le train

Écoute et lis. Choisis **a** ou **b** pour compléter la conversation.

S Il y a du monde, hein?
M Oui, il y a du monde et nous n'avons pas réservé de places.
S Voilà. Il y a des places ici, mais il n'y a pas quatre places ensemble.
P Excusez-moi, (**1a** *madame* **1b** *monsieur*), cette place est occupée?
• (**2a** *Oui, elle est occupée* **2b** *Non, c'est libre*).
É Bon, nous pouvons nous mettre là. Tu préfères la fenêtre ou le couloir?
P (**3a** *La fenêtre* **3b** *Le couloir*).
É D'accord. Il y a de la place pour (**4a** *nos bagages* **4b** *nos valises*) là-bas.
M Moi, je vais lire (**5a** *mon livre* **5b** *mon magazine*).
S Et moi, je vais (**6a** *écouter mon iPod* **6b** *écrire un texto*).

7 Au contraire

Trouve les contraires.

Exemple: 1c

1	bonjour	a	en retard
2	occupé	b	le départ
3	la sortie	c	au revoir
4	l'arrivée	d	derrière
5	à l'heure	e	séparé
6	un aller simple	f	l'entrée
7	ensemble	g	libre
8	devant	h	un aller-retour

■ **find out which verbs form the perfect tense with être**

Martin a acheté un magazine pour lire dans le train. En voici quelques extraits.

1 Max à Paris

Trouve la bonne phrase pour chaque image.

a Soudain, son livre est tombé du sommet.

b L'ascenseur est monté lentement.

c Max est parti de son hôtel à neuf heures.

d Il est sorti de l'ascenseur. Voilà son livre!

e Il est allé à la tour Eiffel en bus.

f Enfin, il est arrivé au troisième étage.

g Il est monté au deuxième étage par l'escalier.

h Max est descendu par l'ascenseur.

i Max est resté un bon moment au sommet.

j Puis il est entré dans l'ascenseur.

Dossier-langue

the perfect tense with *être*

The story about Max is written in the past, so all the verbs are made up of an auxiliary (or 'helping') verb and a past participle. But which auxiliary verb?

Look at sentences **a–j** (task 1). They all contain *est*, which is part of the verb *être*.

je suis	nous sommes	
tu es	vous êtes	+ past participle
il est	ils sont	
elle est	elles sont	

There are about thirteen common verbs which form the perfect tense with *être*.

Here are three ways to help you remember which they are. Choose the one you think will help you most (or invent your own), then work with a friend to learn the list.

1 Each letter in the name
MRS VAN DE TRAMP
stands for a different verb in the list. Can you work them out?

2 Learn them in pairs of opposites according to their meaning. Here are ten of them in pairs.

aller	to go	je suis allé
venir	to come	je suis venu
(and **revenir**	to come back	je suis revenu)
entrer	to go in	je suis entré
(and **rentrer**	to return	je suis rentré)
sortir	to go out	je suis sorti
descendre	to go down	je suis descendu
monter	to go up	je suis monté
rester	to stay, remain	je suis resté
tomber	to fall	je suis tombé
arriver	to arrive	je suis arrivé
partir	to leave, depart	je suis parti

and one odd one:

retourner	to return	je suis retourné

Here is one more pair of opposites.

naître	to be born	il est né
mourir	to die	il est mort

3 If you have a visual memory, this picture may help you.

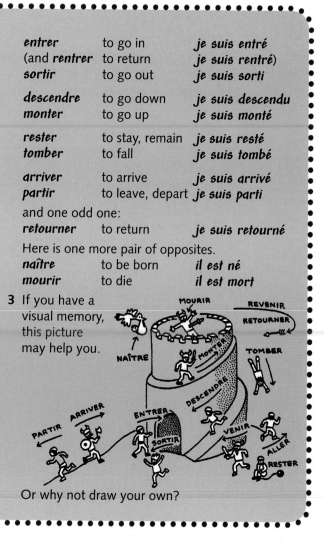

Or why not draw your own?

2 Trouve les paires

Exemple: **1b**

1 Guillaume le Conquérant est né en Normandie.	a Il est revenu à neuf heures du soir.
2 Un oiseau est resté dans l'arbre.	b Il est mort en Normandie aussi.
3 Le train est arrivé à l'heure.	c L'autre est tombé par terre.
4 Le chat est entré dans la cuisine.	d Il est descendu au sous-sol.
5 L'ascenseur est monté au dixième étage.	e Il est sorti avec le poisson.
6 Mon frère est allé en ville à deux heures.	f Il est parti avec dix minutes de retard.

3 La vie est facile avec un robot!

a Complète l'histoire avec les expressions de la case.

b Puis écoute l'histoire pour vérifier.

1 Quand Dani ___ à la maison vendredi dernier, il a trouvé ses parents très fatigués.

Nous sommes très fatigués. Peux-tu faire le ménage?

2 Samedi matin, Dani ___ très tôt. Après une heure, il ___ avec un gros paquet.

3 *Ce robot va faire tout le ménage pour vous.*

Dani a donné le robot à ses parents. Puis il ___ chez un ami.

4 D'abord, le robot ___ dans les chambres pour faire les lits.

5 Puis il ___ à la cuisine pour chercher l'aspirateur.

6 Un livre ___ par terre. Le robot a passé l'aspirateur partout.

7 Dani ___ à six heures et il ___ dans le salon. Quelle horreur!

8 Lundi matin, Dani ___ très tôt, mais cette fois avec le robot.

est arrivé   est entré   est parti   est rentré   est tombé   est allé   est monté   est sorti   est revenu   est descendu

4 Un jeu de calcul

Kévin va à un match de football à Saint-Julien.

a Complète les phrases.

Exemple: 1 *Il est sorti de la maison à dix heures.*

1 Il est ___ (*sortir*) de la maison à dix heures.

2 Il est ___ (*aller*) à la gare à vélo.

3 Le train est ___ (*entrer*) en gare.

4 Kévin est ___ (*monter*) dans le train.

5 Le train est ___ (*partir*) à dix heures quarante.

6 Vingt minutes après, le train est ___ (*tomber*) en panne.

7 Kévin est ___ (*rester*) dans le train pendant trente minutes.

8 Une heure plus tard, le train est ___ (*arriver*) à la gare de Saint-Julien.

9 Kévin est ___ (*descendre*) du train.

10 Il est ___ (*arriver*) au stade trente minutes après.

b Réponds aux questions.

1 À quelle heure est-ce que Kévin est arrivé au stade?

2 Le match a commencé à quatorze heures. Est-ce que Kévin est arrivé avant le match?

3 Le voyage a duré combien de temps?

6D | Ils sont arrivés

- **learn more about the perfect tense with être (past participles)**
- **find out about air travel**

1 Martin et Émilie

Écoute les conversations et choisis la bonne réponse.

A Martin

1 Le matin, Martin est resté
   a au lit b au collège
   c à la maison
2 Il est sorti
   a à une heure
   b à trois heures
   c à trois heures et demie
3 Il est allé
   a au centre sportif
   b au supermarché
   c chez un ami
4 Il est resté là-bas
   a une heure b deux heures
   c trois heures
5 Il est rentré
   a à vélo b en train
   c en voiture

B Émilie

1 Le matin, Émilie est restée
   a au lit b au collège
   c à la maison
2 Elle est sortie
   a à deux heures
   b à deux heures et demie
   c à dix heures
3 Elle est allée
   a à la patinoire
   b à la bibliothèque
   c à la piscine
4 Elle est restée là-bas
   a une heure b deux heures
   c trois heures
5 Elle est rentrée
   a à pied b en métro
   c en bus

> ### Dossier-langue
>
> Look at the verbs which describe what Émilie did. Which auxiliary verb is used? What happens to the past participle?
>
> When you use **être** to form the perfect tense, the past participle changes to match the subject (the person doing the action). As Émilie is female, you add an extra **-e**. The past participle still sounds the same.
>
> Remember that the past participle of verbs used with **avoir** does **not** agree.

> Je suis bien arrivé à Paris. Hier, je suis allé à la tour Eiffel. Je suis monté au troisième étage. C'était magnifique, j'ai pu voir tout Paris. Quand je suis descendu, j'ai acheté des cartes postales. Je suis rentré vers cinq heures, mais je suis sorti le soir pour faire une excursion en bateau.
>
> À bientôt, Pierre

2 Deux cartes postales

Si tu es une fille, copie la carte postale de Pierre, mais change les participes passés **si nécessaire**. (Attention! Il ne faut pas changer les verbes avec **avoir**.) Si tu es un garçon, copie la carte postale de Sophie, mais change les participes passés **si nécessaire**.

Puis signe ta carte avec ton nom.

Exemples: Si tu es une fille, tu commences: *Je suis bien arrivée ...*
Si tu es un garçon, tu commences: *Je suis venu ...*

> Je suis venue à Paris pour le week-end. Ce matin, je suis sortie de bonne heure. Je suis allée au marché aux oiseaux. C'était amusant, j'ai vu un perroquet magnifique. Ensuite, je suis allée à un grand magasin et je suis montée au dixième étage pour voir le panorama de Paris. Quand je suis descendue, j'ai acheté un livre sur Paris.
>
> À bientôt, Sophie

3 Le jeu des dés

a Une personne pose des questions (a–d), l'autre jette le dé puis donne la réponse. Puis changez de rôle.

b Copie les questions et écris tes réponses (vraies ou imaginaires).

a **Quand es-tu sorti(e)?**	b **Où es-tu allé(e)?**	c **Tu es resté(e) longtemps là-bas?**	d **Comment es-tu rentré(e)?**
1 vendredi soir	1 chez un(e) ami(e)	1 une heure environ	
2 samedi matin	2 chez mes grands-parents	2 deux heures et demie	
3 à deux heures et demie	3 au cinéma	3 plus de trois heures	
4 à midi	4 à la piscine	4 quatre heures et demie	
5 dimanche après-midi	5 aux magasins	5 cinq heures au moins	
6 à minuit	6 à la maison hantée	6 trente secondes	

4 À l'aéroport

Trouve le bon texte pour chaque image.   **Exemple: 1d**

a Pendant le vol, Lucie a regardé un film, elle a lu son livre et elle a mangé un repas.

b Un peu plus tard, ils sont allés à la porte numéro huit pour le vol pour Montréal.

c Après six heures de vol, ils sont arrivés à Montréal. Il faisait nuit quand ils sont descendus de l'avion.

d Lucie est allée à l'aéroport en car avec les autres membres du club.

e Ils sont montés dans l'avion et l'avion est parti à l'heure.

f Ils sont allés au guichet d'Air France pour les formalités et pour laisser les bagages.

5 Où sont-ils allés?

Trouve les paires.

Exemple: 1h

1	Moi, je	**a**	sommes allés au Canada.
2	Tu	**b**	sont allés en Irlande.
3	Il	**c**	est allé en Écosse.
4	Elle	**d**	es allé au pays de Galles?
5	Nous	**e**	êtes allés en Espagne?
6	Vous	**f**	sont allées en Grèce.
7	Ils	**g**	est allée en Suisse.
8	Elles	**h**	suis allé en Italie.

Dossier-langue

the past participle of verbs with _être_

subject	past participle
female	Add _-e_, e.g. _allée_
plural (male or mixed group)	Add _-s_, e.g. _allés_
plural (female)	Add _-es_, e.g. _allées_

This is known as the past participle agreeing with the subject (the person doing the action). Find some examples of the past participle in the feminine and the plural on this page.

Look at the verb _aller_. The letters you might need to add are shown in brackets.

je	suis allé(e)	nous	sommes allé(e)s
tu	es allé(e)	vous	êtes allé(e)(s)
il	est allé	ils	sont allés
elle	est allée	elles	sont allées

6 Qui est allé au match?

Complète les bulles avec le passé composé du verbe **aller**.

Exemple: 1 _es allé_

A Tu (1) ___ au match hier soir, Jean-Pierre?

Nous aussi, monsieur, nous (3) ___ au match. C'était notre équipe favorite!

B Vous (5) ___ tous ___ au match? C'est curieux, ça. Moi aussi, je (6) ___ au match.

Oui, monsieur, bien sûr, je (2) ___ au match.

Moi aussi, monsieur, je (4) ___ au match. C'était fantastique!

Vacances en Angleterre

- use the perfect tense with *être* and *avoir*
- describe a journey
- describe a day out

1 Un voyage en Angleterre

Lis l'itinéraire et réponds aux questions

Exemple: 1 *6h30*

> Voyage en Angleterre: élèves de 5ème et 4ème
> Départ du collège: 22 avril à 7h00
> Rendez-vous devant le collège: à 6h30
> Départ du car: à 7h00 précises
> Route: vers Calais
> Départ du bateau: à 12h15 (pique-nique pris
>   à bord)
> Arrivée à Douvres: vers 12h45 (heure locale)
> Visite du château de Douvres: 13h30–15h00
> Arrivée à Canterbury: vers 16h30 – rencontre
>   avec les familles
>   anglaises
> Retour au collège:
> 29 avril vers 23h30

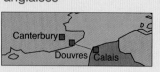

1 Il faut être au collège à quelle heure?
2 Le car va partir à quelle heure?
3 Où est-ce que les élèves vont prendre le bateau?
4 Où est-ce qu'ils vont manger à midi?
5 Qu'est-ce qu'ils vont visiter à Douvres?
6 Ils arrivent à Canterbury à quelle heure?

2 Notre voyage

André décrit le voyage dans son journal. Complète sa description.

> Je suis ___ (1 arriver) au collège avec Claire à 6h30.
>
> J'ai mis mon sac de voyage dans le coffre et je suis ___ (2 monter) dans le car avec les autres élèves. Le car est ___ (3 partir) à 7h00.
>
> On a pris l'autoroute pour Calais, mais nous sommes ___ (4 arriver) à Calais avec une heure de retard. A Calais, nous sommes ___ (5 descendre) du car et nous sommes ___ (6 monter) sur le bateau.
>
> Nous avons fait notre pique-nique à bord. Après une heure environ, nous sommes ___ (7 arriver) à Douvres. À Douvres, nous sommes ___ (8 aller) au château. C'était assez intéressant. Nous sommes ___ (9 rester) une heure au château. Puis nous sommes ___ (10 aller) à Canterbury, où nous avons rencontré des familles anglaises.

3 Un e-mail

Complète le message avec la bonne forme du verbe **être**.

> Nous **(1)** ___ partis à l'heure et nous **(2)** ___ arrivés à Canterbury à cinq heures du soir. André **(3)** ___ parti chez Daniel, et moi, je **(4)** ___ rentrée ici avec Katy. L'autre soir, nous **(5)** ___ sortis ensemble et hier soir, les garçons **(6)** ___ venus ici pour une petite soirée.
>
> Bises, Claire

4 Une journée en famille

a Écris 1–8. Écoute et note la bonne lettre.

Exemple: 1F

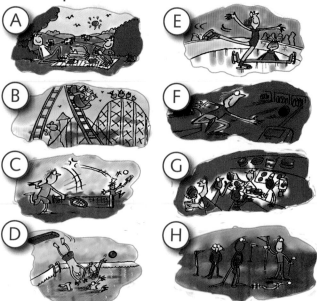

b Écris une phrase pour chaque dessin.

Pour t'aider

Pour les verbes en vert, utilise *être*.
Pour les autres, utilise *avoir*.

aller	en ville/au parc à la campagne/à la patinoire/ à la piscine à un parc d'attractions aux magasins
rester	à la maison
tomber	beaucoup
faire	un pique-nique/du bowling
jouer	au tennis/au golf
manger	dans un fast-food

5 Une journée à Londres

Un jour, les élèves sont allés à Londres.
Complète les phrases.

1 Un jour, nous sommes ___ très tôt. (*sortir*)
2 Nous sommes ___ à Londres en car. (*aller*)
3 Nous sommes ___ près de Buckingham Palace.
(*descendre*)
4 Ensuite, nous sommes ___ à Westminster à
pied. (*aller*)
5 Nous avons ___ le parlement et Big Ben. (*voir*)
6 À midi, nous avons ___ un pique-nique dans un
parc. (*faire*)
7 Puis nous sommes ___ à la tour de Londres en
bateau. (*aller*)
8 Nous sommes ___ là-bas tout l'après-midi.
(*rester*)
9 Enfin, nous sommes ___ dans le car. (*remonter*)
10 Et nous sommes ___ à Canterbury. (*rentrer*)

6 Une sortie

Écoute la conversation et choisis la bonne réponse.

Exemple: 1b *Claire est allée* <u>*dans un parc d'attractions.*</u>

1 Où est-ce que Claire est
allée?
  a au château
  b dans un parc
    d'attractions
  c à la cathédrale
2 Quand est-elle partie?
  a à huit heures et demie
  b à neuf heures et demie
  c à dix heures

3 Qui est venu aussi?
  a le prof de Claire
  b le cousin de Claire
  c le frère de Claire
4 Ils sont restés là-bas
longtemps?
  a deux heures
  b toute la journée
  c tout l'après-midi

5 Ils sont rentrés à quelle
heure?
  a à cinq heures
  b à six heures et demie
  c à sept heures et demie

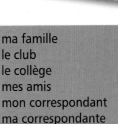

7 On a visité une ville

a Travaillez à deux. Lisez la conversation, puis
changez les mots en couleur.

– Qu'est-ce que tu as fait pendant ton séjour
en Angleterre?
– Un jour, je suis sorti(e) avec **ma famille**.
Nous sommes allés **à Oxford**.
– Vous êtes partis très tôt?
– Oui, nous sommes partis **à sept heures**.
– Et qu'est-ce que vous avez fait le matin?
– Le matin, nous avons visité la ville. Puis nous
avons fait un pique-nique dans un parc.
– Et l'après-midi?
– L'après-midi, nous sommes allés **dans un musée**.
– Vous êtes rentrés à quelle heure?
– Nous sommes rentrés **assez tard, à huit heures**.

b Choisis une ville et écris tes réponses dans ton
dossier personnel.

en Angleterre	ma famille
en France	le club
en Écosse	le collège
au pays de Galles	mes amis
en Irlande	mon correspondant
	ma correspondante

dans un musée	
au jardin botanique	à sept heures
au musée des sciences	à sept heures et demie
au château	
à la cathédrale	

à Oxford
à Paris
à Édimbourg
à Cardiff
à Dublin

assez tard, à huit heures
à sept heures et demie
très tard, à dix heures et demie

- Où es-tu allé(e)?
- Tu es parti(e) tôt?
- Qu'est-ce que tu as fait le matin?
- Et l'après-midi?
- Tu es rentré(e) à quelle heure?

C'était bien?

- *talk about what you did recently*
- *say what you thought about it*
- *find out about William the Conqueror*

1 Une visite à Hastings et à Battle

Lis le résumé, puis écoute la conversation. Choisis le bon mot. **Exemple: 1b** *Ils ont voyagé en car.*

Un jour, André et ses amis sont allés à Hastings. C'est une ville dans le sud de l'Angleterre, au bord de la mer. Ils ont voyagé en **(1)** ___ (**a** *train* **b** *car* **c** *voiture*) et ils sont partis vers **(2)** ___ (**a** *huit* **b** *neuf* **c** *dix*) heures.

Le matin, ils ont visité la ville. Ils ont vu **(3)** ___ (**a** *l'aquarium* **b** *l'église* **c** *le château*). Puis ils sont allés à une attraction qui s'appelle «Smugglers Adventure» et qui se trouve dans des cavernes. On dit que les cavernes sont hantées par des fantômes. Ils ont trouvé les cavernes très intéressantes et ils y sont restés environ **(4)** ___ (**a** *deux* **b** *trois* **c** *quatre*) heures. Après ils ont fait un pique-nique **(5)** ___ (**a** *sur la plage* **b** *dans le parc* **c** *près du château*).

L'après-midi, ils sont allés à Battle, qui est le site de la célèbre bataille de Hastings. Ils ont vu l'abbaye construite par Guillaume le Conquérant après sa victoire. Les élèves sont rentrés à Canterbury vers **(6)** ___ (**a** *cinq* **b** *six* **c** *sept*) heures.

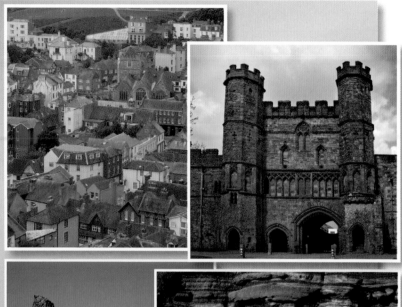

2 Des cartes postales

Lis les cartes postales et réponds aux questions.

A

Bonjour de Montréal. Mercredi, nous sommes allés au stade olympique pour le concours de natation, mais nous n'avons pas gagné. Tant pis! Hier, nous avons fait du ski sur une piste artificielle. C'était amusant, mais je suis tombée au moins dix fois. J'ai pris beaucoup de photos.

À bientôt, Lucie

B

Bonjour de Normandie! Hier nous sommes allés au musée pour voir la célèbre tapisserie de Bayeux. Ça décrit la conquête de l'Angleterre par Guillaume, duc de Normandie. C'est comme une immense bande dessinée, mais le texte est en latin! On voit des bateaux vikings, des soldats, des animaux, etc. D'abord on a regardé un film, puis on a regardé la tapisserie avec un audioguide. C'était très intéressant.

À bientôt, Sébastien

C

Samedi dernier, nous sommes allés à Dieppe en train, mais quel désastre! D'abord, nous avons quitté la maison en retard. Puis Maman a oublié les billets, alors nous avons fait demi-tour pour aller les chercher. Donc, tu as deviné: nous avons manqué le train. À Dieppe, il a fait mauvais toute la journée. Impossible de faire un pique-nique sur la plage. En plus, ma petite sœur a perdu sa peluche dans le train. Enfin, nous sommes rentrés tôt à Paris. Quelle journée!

Mélanie

1 Qui est allé à Bayeux?
2 Qui est beaucoup tombé en faisant du ski?
3 Qui a fait demi-tour pour aller chercher les billets de train?
4 Qui a visité un musée?
5 Qui a participé à un concours de natation?
6 Qui a manqué le train?
7 Qui a pris beaucoup de photos?
8 Qui est rentré tôt à Paris?

faire demi-tour	*to go back*
manquer	*to miss (train, etc.)*
tant pis!	*too bad*

3 Dossier personnel

Écris une carte postale.

Exemple:

> Bonjour de ...
> Vendredi/Samedi/Dimanche dernier, ...
> C'était ...
> Aujourd'hui, ...

4 Que sais-tu?

What do you know about William the Conqueror?

1 Where was he from?
2 How old was he when he became a duke?
3 What was the name of his wife?
4 When did he invade England?
5 How big was his army?

6 On what day was he crowned king of England?
7 How many children did he have?
8 How many sons became king of England after William's death?

5 Guillaume, duc de Normandie

Écoute et lis le texte. Vérifie tes réponses (activité 4).

Guillaume est né à Falaise, en Normandie, en 1028. Il avait deux demi-frères, Odon et Robert.

À l'âge de sept ans, il est devenu duc de Normandie.

Plus tard, il s'est marié avec Mathilde de Flandre, nièce du roi de France.

En 1066, le roi d'Angleterre, Édouard le Confesseur, est mort et Harold est devenu le nouveau roi en mars.

Mais Guillaume voulait être roi d'Angleterre. Il a persuadé des barons normands de participer à une invasion de l'Angleterre.

Guillaume est allé à Saint-Valéry-sur-Somme avec son armée de 600 bateaux et 7000 hommes.

Ils sont restés en France pendant quelques semaines à cause du mauvais temps.

Puis le 28 septembre, ils sont partis pour l'Angleterre. Ils sont arrivés à Pevensey Bay et ils ont continué jusqu'à la ville de Hastings.

Le 14 octobre, Guillaume a attaqué l'armée de Harold. La bataille de Hastings a duré toute la journée.

Harold est mort et Guillaume a gagné la bataille.

Le 25 décembre 1066, on a couronné Guillaume roi d'Angleterre dans l'abbaye de Westminster à Londres. On l'a appelé Guillaume le Conquérant.

Guillaume et Mathilde ont eu dix enfants: quatre fils et six filles. Mathilde est morte en 1083 et Guillaume est mort quatre ans plus tard, en 1087.

Deux de leurs fils sont aussi devenus roi d'Angleterre.

Les photos

Choisis photo **A**, **B** ou **C**. Qu'est-ce qu'on voit sur la photo? Écris des notes.

Le Web et toi

Choisis **A**, **B** ou **C**.

A Trouve le site de la SNCF. Note les détails d'un service spécial, comme iDnight.

B Trouve le site d'un service en car ou en bus qui opère entre les villes de France. Note les détails d'un voyage qu'on peut faire en car (l'heure de départ, l'heure d'arrivée, etc.).

C Il y a environ combien d'aéroports en France? Trouve le nom de cinq villes qui ont un aéroport. Cherche ton aéroport régional. Il y a des vols vers quelles villes françaises?

Un voyage imaginaire

Décris un voyage dans le passé.

- Tu es parti(e) seul(e) ou avec des amis/ta famille?
- Où es-tu allé(e)?
- Par quel moyen de transport?
- Qu'est-ce que vous avez fait?
- C'était comment?

**Chaque jour,
une destination différente**
Every day for a fortnight, say where you went
the previous day. Make sure it's a different place
each time, e.g. *Hier je suis allé(e)
au bowling.*

SOMMAIRE

Now I can ...

■ **ask for information about train journeys**

Pardon, monsieur/madame, ...	Excuse me, …
Le train pour Paris part à quelle heure?	What time does the train leave for Paris?
Le train pour Rouen part de quel quai?	From which platform does the Rouen train leave?

■ **ask where places are**

Où est ..., s'il vous plaît?	Where is … please?

■ **recognise station signs and other words connected with journeys**

l'arrivée (f)	arrival
un billet	ticket
une billetterie	ticket machine
le buffet	buffet
le bureau des renseignements	information office
le départ	departure
la destination	destination
composter votre billet	to validate ('date stamp') your ticket
la consigne	left luggage
le guichet	ticket office, (airline) counter
l'horaire (m)	timetable
l'horloge (f)	clock
le kiosque	kiosk
le quai	platform
la salle d'attente	waiting room
le tableau des horaires	timetable board
un TGV	TGV (high-speed train)
les toilettes (f pl)	toilets
trains au départ	departure board
la voie	track, platform

■ **buy a ticket**

un aller simple pour Bordeaux	a single ticket for Bordeaux
un aller-retour pour La Rochelle	a return ticket for La Rochelle

■ **ask if the seat is free**

Cette place est occupée?	Is this place taken?
Non, c'est libre.	No, it's free.
Oui, c'est occupé.	Yes, it's taken.

■ **understand other travel vocabulary**

l'aéroport (m)	airport
un ascenseur	lift
un avion	plane
les bagages (m pl)	luggage
de bonne heure	early
à bord	on board
le couloir	corridor
la gare	station
à l'heure	on time
un panneau	sign
en retard	delayed
une valise	suitcase
vérifier	to check
le vol	flight

■ **understand il faut (and il ne faut pas) + infinitive**

Il faut composter son billet.	You have to validate your ticket.
Il ne faut pas mettre les pieds sur les sièges.	You shouldn't put your feet on the seats.

■ **describe a day out**

le matin	morning
le soir	evening
l'après-midi (m)	afternoon
une journée	(whole) day
longtemps	a long time
plus tard	later
une sortie	outing
tôt	early
toute la journée	all day
tout l'après-midi	all afternoon

■ **use the perfect tense of verbs (with être) (see page 90)**

The 13 most common verbs are:

arriver	to arrive	partir	to leave
monter	to go up	descendre	to go down
tomber	to fall	rester	to stay
venir	to come	aller	to go
entrer	to enter, go in	sortir	to leave
naître	to be born	mourir	to die
retourner	to return		

■ **make the past participle agree when necessary (see also pages 92–93)**

Add -e if the subject is feminine. Add -s if the subject is plural (masculine or mixed groups). Add -es if the subject is plural and feminine, e.g.

je suis allé(e)	nous sommes allé(e)s
tu es allé(e)	vous êtes allé(e)(s)
il est allé	ils sont allés
elle est allée	elles sont allées

Louis Laloupe arrête le voleur

1 Un soir, Louis Laloupe était très fatigué, alors il s'est couché de bonne heure.

2 M. Laloupe, venez vite. On m'a cambriolé.

Soudain, le téléphone a sonné. C'était M. Dugrand.

3 Les voleurs ont pris beaucoup de choses?

Ah, oui. Hélas, ils ont pris mon nouveau stock de montres.

Louis Laloupe est allé vite au magasin de M. Dugrand.

4 Il y a une clé par terre.

Ça alors! Louis et son chien ont inspecté le magasin.

5 C'est à vous la clé, M. Dugrand?

Ah, non, elle n'est pas à moi.

Eh bien, voilà! Avec ça, nous allons trouver le voleur.

6 Maintenant, cherche le voleur.

Le chien est sorti très vite du magasin. Louis Laloupe est sorti aussi.

7 Ils sont partis à la recherche du voleur. Ils ont tourné à gauche, ils ont tourné à droite.

8 Ils sont arrivés en pleine campagne.

9 Ça y est! Le voleur est dans cette maison.

Soudain, le chien s'est arrêté devant une petite maison.

10 Louis Laloupe s'est approché très doucement de la maison. Il a ouvert très doucement la porte avec la clé.

11 Elles sont fantastiques, ces montres.

Et voici le voleur. Il regardait les montres.

12 Le voleur s'est retourné. Il a vu Louis Laloupe. Il a cherché son revolver.

13 Mais voici le chien de Louis Laloupe. Il a sauté sur le voleur. Le revolver est tombé par terre.

14 Je vous arrête.

Louis Laloupe a ramassé le revolver. Il a mis son pied sur le voleur. C'était un triomphe personnel.

15 Mais soudain, le chien a poussé un cri … et Louis Laloupe s'est réveillé.

1 Tu as bien compris?

Réponds aux questions en anglais.

1 Why did M. Dugrand telephone Louis Laloupe?
2 What clue did Louis Laloupe find in the shop?
3 Did the dog stay in the town?
4 Where did the dog stop?
5 What did Louis Laloupe do next?
6 What did the burglar do when he saw Louis Laloupe?
7 How did the dog help?
8 What happened in the end?

2 Au contraire

Trouve les mots dans le texte qui veulent dire le contraire.

1 tard
2 derrière
3 à gauche
4 lentement
5 il est entré
6 il s'est levé

Les trains français

Le TGV Duplex

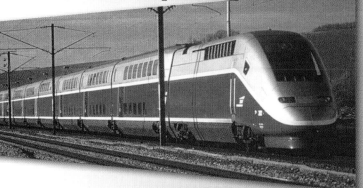

Le TGV (train à grande vitesse) est un train très rapide qui fait de longs voyages, par exemple de Paris à Marseille. Sur les lignes très chargées, par exemple Paris–Nice, on utilise le TGV Duplex. Ce train à étage transporte un plus grand nombre de voyageurs dans des conditions plus confortables.

Le service Eurostar

Eurostar relie trois capitales: Londres (gare de Saint-Pancras International), Paris (gare du Nord) et Bruxelles (gare du Midi).

Quelquefois les trains s'arrêtent à Ashford International et/ou Ebbsfleet International dans le Kent en Angleterre et à Calais (Fréthun) et/ou Lille (gare Lille-Europe) en France.

Il y a aussi des services pour Disneyland, pour Avignon, dans le sud de la France, et pour Bourg-Saint-Maurice dans les Alpes.

Il y a des correspondances dans les gares françaises avec d'autres destinations en Europe.

Gare	heure
Londres (gare de Saint-Pancras International)	0h00
Stratford International (après 2010)	
Ebbsfleet International	0h15
Ashford International	0h30
Frontière France–Royaume-Uni (le tunnel sous la Manche)	
Calais-Fréthun	0h54
Lille-Europe	1h20
Frontière France–Belgique	
Bruxelles (gare du Midi)	1h51
Paris (gare du Nord)	2h15
Marne-la-Vallée – Chessy (Disneyland)	2h33
Avignon Centre	5h40
Moûtiers (pour le ski)	6h27
Aime la Plagne (pour le ski)	6h59
Bourg-Saint-Maurice (pour le ski)	7h17

Les trains peuvent rouler à 300km à l'heure (186 mph) sur une LGV (ligne à grande vitesse). Dans les tunnels, ils roulent moins vite, par exemple ils roulent à 160km/h (100mph) dans le tunnel sous la Manche.

On met seulement 2h15 en moyenne pour faire Londres–Paris en Eurostar.

Le TER (Transport Express Régional)

Les trains régionaux font des voyages plus courts vers des destinations dans l'intérieur d'une région. Il y a des «trains touristiques» comme le train jaune qui roule dans les Pyrénées et aussi des trains à étage.

3 Trouve les paires

1	la frontière	a	on average
2	plus court	b	the border
3	rouler	c	a very busy line
4	une correspondance	d	a connection
5	une ligne très chargée	e	a double-decker train
6	en moyenne	f	fast
7	un train à étage	g	to move, roll
8	vite	h	shorter
9	la vitesse	i	speed

4 Tu as bien compris?

1 What is the main advantage of a TGV Duplex?
2 Which three capitals does Eurostar serve?
3 Name two other French towns you could travel to on Eurostar.
4 What is the top speed?
5 Do the trains travel faster or slower when they go through the tunnels?
6 About how long does it take to travel from London to Paris?
7 What kind of train might you take if you wanted to travel by a local train in the Pyrenees?

- *discuss clothes and what to wear*
- *use the verb mettre with clothing*

1 Je n'ai rien à me mettre!

a Regarde les images et complète le texte avec les mots de la case.

b Écoute et vérifie.

Les mots masculins		Les mots féminins		
pull	jean	jupe	ceinture	sandales
t-shirt	pantalon	veste	chemise	chaussures

1. Ce soir, il y a une fête au club des jeunes. Chloé regarde ses vêtements. — *Qu'est-ce que je mets?*

2. *Ma (1) ____ verte avec mon (2) ____ bleu? Non.*

3. *Ma (3) ____ noire avec mon (4) ____ jaune? Oh non, pas ça!*

4. *Mes (5) ____ blanches? Non.*

5. *Qu'est-ce que je mets? Je n'ai rien à me mettre.*

6. Chloé va chez Manon. — *Je vais à la fête ce soir et je n'ai rien à me mettre.* — *Regardons mes vêtements.*

7. Elles regardent les vêtements de Manon. — *Tu aimes mon (6) ____ rouge avec la (7) ____ noire?* — *Oui, il est fantastique. J'adore!*

8. *Voici mon nouveau (8) ____ .* — *Ah, c'est joli.*

9. *J'ai des (9) ____ noires.* — *Chic! Elles sont formidables.*

10. *Voici ma (10) ____ grise. Tu veux mettre ça aussi?* — *Oui oui. J'aime bien ça!*

11. Manon donne tous ces vêtements à Chloé.

12. *Manon, tu vas à la fête ce soir?* — *Euh, non.* — *Pourquoi pas?* — *Moi, je n'ai rien à me mettre!*

2 Qu'est-ce que tu vas mettre?

Travaillez à deux. Jetez un dé et inventez des conversations.

Exemple:

A [1] B [3] C [5] D [2]

– *Qu'est-ce que tu vas mettre pour la fête?*
– *Je vais mettre <u>un pantalon jaune</u> avec <u>des bottes noires</u>.*

	A	B	C	D
1	un pantalon	bleu(e)	des chaussures (f)	blanches
2	un pull	vert(e)	des chaussettes (f)	noires
3	un t-shirt	jaune	des baskets (f)	bleues
4	un sweat	rouge	des tennis (f)	roses
5	un jean	marron	des bottes (f)	vertes
6	une chemise	noir(e)	des sandales (f)	grises

3 Forum: Mes vêtements favoris

Lis la discussion et regarde les images. Trouve les bonnes images pour chaque personne et écris une liste de vêtements.

Exemple: *Laura: 6 (une chemise noire), 8 (une veste rouge), ...*

**La mode, c'est important ou pas?
Tu aimes les vêtements de marque?
Quels sont tes vêtements favoris?**

Moi, je m'intéresse beaucoup à la mode. En ce moment, ma tenue préférée, c'est une jupe blanche avec une chemise noire. Pour sortir le week-end, je mets ça avec mes chaussures blanches. S'il fait un peu froid, je mets ma veste rouge – elle est très chic! Mais le mois prochain, pour rester à la mode, je vais m'acheter de nouveaux vêtements. Des vêtements de marque, bien sûr!
Laura

Je ne m'intéresse pas du tout à la mode! Moi, j'aime surtout les vêtements sportifs parce que j'adore faire du skate. Je mets un casque et des gants pour la sécurité, et puis mon pantalon noir favori et un t-shirt vert avec le logo de mon club de skate. C'est très pratique. Et la marque? Ça n'a pas d'importance.
Bruno

Les vêtements de marque, c'est bien, mais c'est le confort qui est plus important. Mes amis et moi, nous mettons surtout des vêtements décontractés, des baskets par exemple, et un sweat. Quand il fait chaud, je mets un short et une casquette.
Noé

La mode, ça va, mais ce n'est pas pour moi. Je préfère un look un peu différent. Si vous mettez seulement des vêtements à la mode, vous êtes comme tous les autres. Hier, j'ai mis une robe noire avec une chemise pourpre, un collier orange et des bottes noires. C'est ma tenue favorite. En plus, elle ne coûte pas cher.
Sophie

les vêtements de marque *designer clothes*

4 C'est qui?

Regarde ta liste (activité 3) et décide qui parle (1–10).

Exemple: 1 *Bruno*

5 À discuter

a Travaillez à deux. À tour de rôle, posez des questions et répondez.

Pour t'aider

Qu'est-ce que tu mets	pour aller au collège? pour aller à la piscine? quand il fait chaud/froid? quand il pleut?
Qu'est-ce que tu as mis	hier matin/soir? samedi dernier? pour aller à la fête?
Pour aller au collège, je mets/j'ai mis ...	

b Écris tes réponses dans ton dossier personnel.

Dossier-langue

mettre

With clothing, *mettre* means 'to put on' or 'to wear'. How is it slightly different from regular -re verbs (e.g. *vendre*) in the present tense?

je mets	*nous mettons*
tu mets	*vous mettez*
il/elle/on met	*ils/elles mettent*

The past participle (perfect tense) is irregular:
j'ai mis, tu as mis, etc.

Look at these sentences using the verb *mettre*. How would you translate them?
Elle met un CD.
Il a mis le livre dans le sac.
Je vais mettre la table pour le dîner.

- *describe people's appearance*
- *use some more adjectives*

1 C'est moi

Regarde les images et les descriptions. Il y a des erreurs!
Écris la bonne description pour chaque personne.

Exemple: Simon – *J'ai les cheveux <u>bruns</u>, ...*

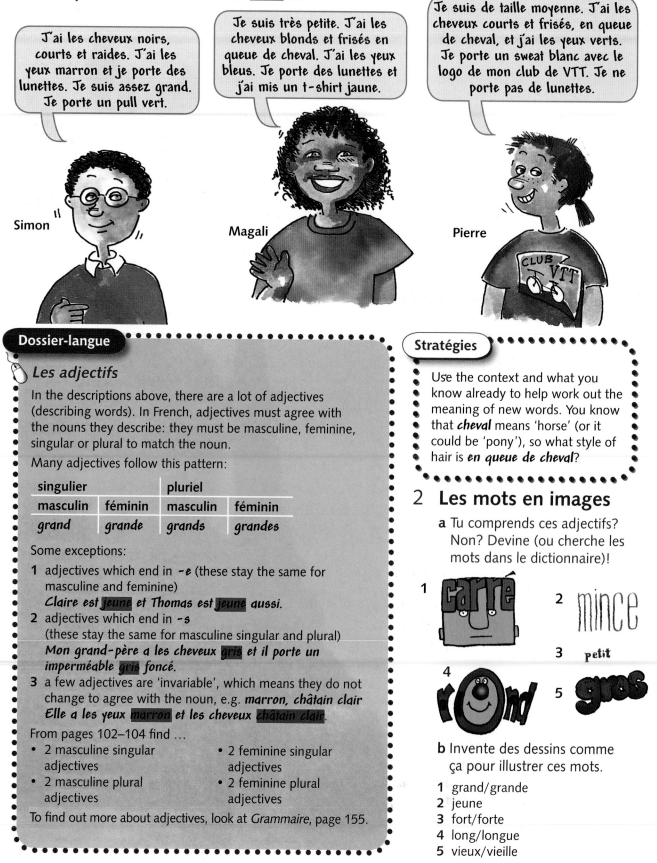

J'ai les cheveux noirs, courts et raides. J'ai les yeux marron et je porte des lunettes. Je suis assez grand. Je porte un pull vert.

Je suis très petite. J'ai les cheveux blonds et frisés en queue de cheval. J'ai les yeux bleus. Je porte des lunettes et j'ai mis un t-shirt jaune.

Je suis de taille moyenne. J'ai les cheveux courts et frisés, en queue de cheval, et j'ai les yeux verts. Je porte un sweat blanc avec le logo de mon club de VTT. Je ne porte pas de lunettes.

Simon

Magali

Pierre

Dossier-langue

Les adjectifs

In the descriptions above, there are a lot of adjectives (describing words). In French, adjectives must agree with the nouns they describe: they must be masculine, feminine, singular or plural to match the noun.

Many adjectives follow this pattern:

singulier		pluriel	
masculin	féminin	masculin	féminin
grand	*grande*	*grands*	*grandes*

Some exceptions:

1 adjectives which end in *-e* (these stay the same for masculine and feminine)
Claire est jeune et Thomas est jeune aussi.
2 adjectives which end in *-s*
(these stay the same for masculine singular and plural)
Mon grand-père a les cheveux gris et il porte un imperméable gris foncé.
3 a few adjectives are 'invariable', which means they do not change to agree with the noun, e.g. *marron, châtain clair*
Elle a les yeux marron et les cheveux châtain clair.

From pages 102–104 find …

- 2 masculine singular adjectives
- 2 masculine plural adjectives
- 2 feminine singular adjectives
- 2 feminine plural adjectives

To find out more about adjectives, look at *Grammaire*, page 155.

Stratégies

Use the context and what you know already to help work out the meaning of new words. You know that **cheval** means 'horse' (or it could be 'pony'), so what style of hair is **en queue de cheval**?

2 Les mots en images

a Tu comprends ces adjectifs? Non? Devine (ou cherche les mots dans le dictionnaire)!

1 carré
2 mince
3 petit
4 rond
5 gros

b Invente des dessins comme ça pour illustrer ces mots.

1 grand/grande
2 jeune
3 fort/forte
4 long/longue
5 vieux/vieille

3 Au voleur!

Lis le texte et les descriptions.
Choisis le bon mot.

Exemple: 1 *Il est grand.*

Le voleur
1 Il est grand/petit/de taille moyenne.
2 Il a les yeux verts/gris/bleus.
3 Il a les cheveux courts/frisés/longs.
4 Il a un visage rond/long/carré.
5 Il porte un imper brun/blanc/noir.

La voleuse
6 Elle est grosse/mince/de taille moyenne.
7 Elle a les yeux marron/gris/verts.
8 Elle porte une tenue blanche/noire/rouge.
9 Elle a les cheveux blonds/noirs/bruns.
10 Elle porte des chaussures brunes/blanches/rouges.

4 Vous allez me reconnaître?

Ces trois personnes vont arriver à la gare.
Écoute les conversations au téléphone et
complète les descriptions.

Exemple: a *blonds*

1 **Anne-Marie Lambert**
Elle a les cheveux (**a**) ___ et (**b**)___ et les yeux
(**c**) ___ . Elle va mettre un pantalon (**d**)___ , un
pull (**e**)___ et un imper (**f**)___ .
2 **Charlotte**
Elle porte une robe (**g**)___ et un chapeau
(**h**)___ .
3 **David**
Il porte un jean, un (**i**)___ bleu et un anorak
(**j**)___ .

5 Des descriptions

a Travaillez à deux. Personne A pense à
quelqu'un des pages 102–104. Personne
B pose des questions pour identifier la
personne. Personne A répond seulement
par **oui** ou **non**. Puis changez de rôle.

Exemple: B *C'est un garçon?*
    A *Non.*
    B *Ah, c'est une fille! Est-ce qu'elle a*
    les cheveux blonds? etc.

b Écris une description d'un(e) ami(e) ou d'un
membre de ta famille.

Exemple: *Mon amie s'appelle Lauren. Elle a les*
cheveux courts, bruns et raides et les yeux ...

Un homme et une femme entrent dans une banque
sur les Champs-Élysées à Paris. L'homme est grand
et mince. Il a un visage carré, les cheveux courts et
blonds, et les yeux bleus. Il porte un imperméable
blanc.

La femme n'est pas grande, mais elle n'est pas petite,
elle est de taille moyenne. Elle a un visage rond avec
des yeux gris et des cheveux noirs et frisés. Elle porte
une tenue noire et des chaussures rouges.

Ils s'approchent de la caisse, l'homme sort un
revolver et crie au caissier: «Donnez-moi l'argent! Et
vite!»

Il prend l'argent et les deux
voleurs sortent à toute
vitesse de la banque.

Mais, dans la rue, voilà
le célèbre détective Louis
Laloupe. Il téléphone à
la police. Quand la police
arrive, il fait une description
des deux voleurs.

Pour t'aider

	ami(e)			grand(e).
Mon	frère père	est n'est pas	assez très	petit(e). mince.
Ma	mère sœur			de taille moyenne.
Il Elle	a		les cheveux	courts/longs frisés/raides en queue de cheval noirs/roux/blonds bruns (*dark brown*) châtain clair (*light brown*)
			les yeux	verts/bleus/gris marron (*brown*)
Il Elle	porte des ne porte pas de			lunettes.

- *use direct object pronouns (le, la, l', les)*
- *use some prepositions*

1 C'est dans le sac

Trouve les réponses dans le sac.

Exemple: 1 *un maillot de bain, ...*

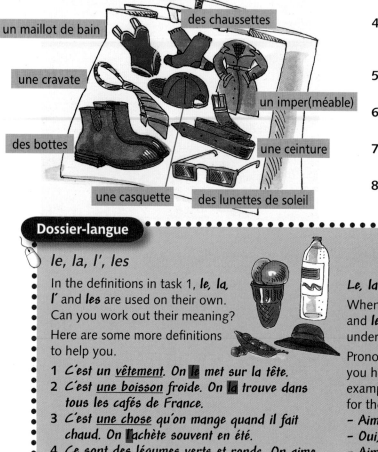

un maillot de bain

des chaussettes

une cravate

un imper(méable)

des bottes

une ceinture

une casquette

des lunettes de soleil

1 On le met quand on va à la piscine.

2 Beaucoup de personnes le mettent quand il pleut.

3 On les achète en paires, mais ce ne sont pas des chaussures.

4 On l'achète souvent comme cadeau d'anniversaire pour son père ou son oncle. Ça existe dans toutes les couleurs.

5 C'est une sorte de chapeau. Mon frère la met souvent.

6 On les met aux pieds, surtout quand il fait froid, mais ce ne sont pas des chaussettes.

7 On la met avec un jean et quelquefois avec une jupe ou un pantalon.

8 On les met quand il y a du soleil, même si on ne porte pas de lunettes normalement.

Dossier-langue

le, la, l', les

In the definitions in task 1, *le, la, l'* and *les* are used on their own. Can you work out their meaning?

Here are some more definitions to help you.

1 *C'est un* <u>vêtement</u>. *On* **le** *met sur la tête.*
2 *C'est* <u>une boisson</u> *froide. On* **la** *trouve dans tous les cafés de France.*
3 *C'est* <u>une chose</u> *qu'on mange quand il fait chaud. On* **l'**achète *souvent en été.*
4 *Ce sont* <u>des légumes</u> *verts et ronds. On aime* **les** *manger au déjeuner ou au dîner.*

Le, la and *l'* mean 'it'; *les* means 'them'.

When used on their own in this way, *le, la, l'* and *les* are pronouns. They have replaced the underlined nouns in each pair of sentences.

Pronouns are used a lot in conversation and save you having to repeat the same words. Look at the examples below and on the left. What is the rule for the position of these pronouns?

– Aimes-tu <u>cette musique</u>?
– Oui, je **l'**aime beaucoup.
– Aimes-tu <u>mes nouvelles baskets</u>?
– Non, je ne **les** aime pas beaucoup.

---

2 Le jeu des définitions

a Complète les définitions (1–8) avec **le, la, l'** ou **les**.

Exemple: 1 *le*

b Trouve la bonne réponse (a–h).

Stratégies

To get the pronouns right, you need to know whether a noun is masculine or feminine, singular or plural. Work with a partner to make a list of the things that help you recognise gender and number (e.g. adjective endings, words for 'the', 'my', etc.).

---

1 C'est un vêtement. On ___ met avec un t-shirt, pour faire du sport, par exemple.
2 C'est un accessoire. On ___ met pour faire du skate ou du cyclisme. Ça protège la tête.
3 Ce sont des fruits jaunes. On ___ cultive en Afrique, par exemple.
4 C'est une boisson froide et gazeuse. On ___ fait avec des citrons.
5 C'est un vêtement. On ___ met pour dormir.
6 C'est un sport. On ___ pratique avec une raquette et une balle.
7 Ce n'est pas un journal et ce n'est pas un livre, mais on ___ achète à la librairie-papeterie et on ___ lit.
8 Ce sont des jeux très populaires. Les jeunes ___ aiment beaucoup, mais ils sont quelquefois très chers.

a C'est un casque.
b Ce sont les bananes.
c C'est la limonade.
d C'est le tennis.
e C'est un short.
f Ce sont des jeux vidéo.
g C'est un magazine.
h C'est un pyjama.

3 C'est quelle valise?

 Ces jeunes partent en vacances, mais avec quelle valise? Écoute les conversations et trouve les paires.

Exemple: 1D

1 **Patrick** part demain à Nice, au bord de la mer.

2 **Claire** part à la montagne.

3 **Roxane** va chez sa tante et son oncle aux États-Unis.

4 **Thomas** part chez son correspondant anglais à Manchester.

5 **Mathieu** va à un stage d'informatique.

4 Où sont mes affaires?

Hier soir, Dani est allé à une fête. Ce matin, il ne trouve pas ses affaires. Peux-tu l'aider à les trouver?

Travaillez à deux. Une personne est Dani. L'autre personne l'aide à trouver ses affaires. Changez de rôle toutes les deux questions.

Exemple: 1 – *Où est mon jean?*
– Le voilà, sous le lit.

1 Où est mon jean?
2 Où est mon t-shirt?
3 Où est ma montre?
4 Où est ma ceinture?
5 Où sont mes chaussettes?
6 Où est mon sweat?
7 Où sont mes baskets?
8 Où est ma casquette?
9 Où est mon téléphone portable?
10 Et où sont mes lunettes de soleil?

Pour t'aider

Le La Les	voilà,	sous sur devant dans derrière	le lit. la porte. la table. la chaise. l'ordinateur. la poche.

■ *talk about parts of the body*
■ *understand a longer reading text*

🖱 1 Les parties du corps

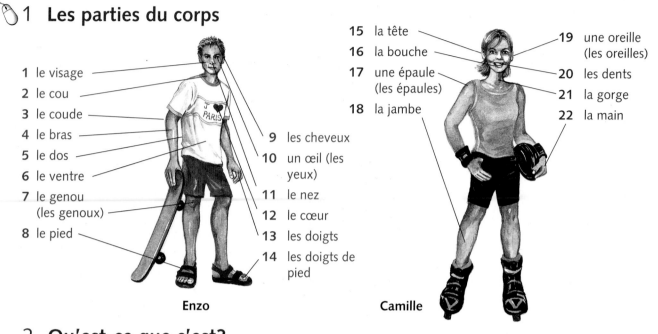

1 le visage
2 le cou
3 le coude
4 le bras
5 le dos
6 le ventre
7 le genou (les genoux)
8 le pied

9 les cheveux
10 un œil (les yeux)
11 le nez
12 le cœur
13 les doigts
14 les doigts de pied

15 la tête
16 la bouche
17 une épaule (les épaules)
18 la jambe

19 une oreille (les oreilles)
20 les dents
21 la gorge
22 la main

Enzo

Camille

2 Qu'est-ce que c'est?

Trouve les mots qui manquent.

Exemple: 1 *les jambes*

1 On marche avec les ___ et les pieds.
2 On mange avec les ___ .
3 On parle avec la ___ .

4 On regarde la télé avec ___ .
5 On écoute de la musique avec ___ .

6 On joue du piano avec ___ .
7 La tête est sur ___ .
8 Le cou est sur ___ .

3 Au zoo «fantaisie»

Dans ce zoo, il y a des animaux vraiment extraordinaires. Lis et complète les descriptions.

1 un élé-chat

L'élé-chat a le nez d'un éléphant, mais les oreilles d'un chat.
Il a la bouche d'un éléphant, mais les yeux d'un chat.
Il a les pattes* d'un éléphant, mais le dos d'un chat.
(*Une <u>personne</u> a des jambes, mais un <u>animal</u> ou un <u>oiseau</u> a des pattes.)

2 un lap-chien

Il a la ___ et les ___ d'un lapin, et le corps, la queue et les ___ d'un chien.

3 une pois-souris

Peux-tu décrire une pois-souris?

4 le monstre Tricolore

Et voici la description d'un animal plus étrange que tous les autres. C'est le «monstre Tricolore». Peux-tu le dessiner?

Il a une grande tête hexagonale, et un visage blanc avec un nez blanc. Il a un œil rouge et une oreille rouge, un œil bleu et une oreille bleue. Il a un ventre énorme: c'est parce qu'il mange beaucoup de plats français avec ses grandes dents blanches. Il a beaucoup de pattes pour marcher dans toute la France – c'est un grand pays!

🗨 4 Un animal étrange

Invente un animal très étrange. Écris la description de ton animal, puis échange la description avec un(e) partenaire.
Chaque personne doit dessiner l'animal inventé par l'autre.

5 Tu aimes les animaux?

Deux animaux un peu différents

Voici deux habitants de l'Afrique: la girafe et le zèbre. Ils sont jolis tous les deux, mais un peu extraordinaires. Leur corps est bien adapté à la vie dans la savane africaine.

À quoi sert le cou de la girafe?

La girafe a le cou le plus long de tous les animaux du monde. Son cou peut mesurer deux mètres, donc avec ses longues jambes, une girafe mesure environ cinq mètres.

Son cou est très utile pour plusieurs raisons:
- La girafe peut toujours trouver des feuilles à manger parce qu'elle est aussi grande que les arbres, mais plus grande que les autres animaux.
- Son cou aide la girafe à rester en équilibre. Quand elle marche, elle baisse et relève la tête, et comme ça, elle ne tombe pas, même avec des jambes si longues.
- Comme les girafes sont très grandes, elles ne peuvent pas se cacher dans la savane, mais avec un cou si long, elles peuvent facilement voir les ennemis qui approchent et avec des jambes si longues, ce n'est pas difficile de s'échapper!

Pourquoi les zèbres sont-ils rayés?

On ne le sait pas exactement, mais il y a plusieurs théories. Les spécialistes essaient de comprendre à quoi servent les rayures. D'abord, les rayures servent de camouflage dans la savane africaine. En plus, les rayures noires et blanches brouillent la vue des lions. Cet effet optique aide à protéger les zèbres des lions, surtout quand les zèbres sont en troupeau.

Selon une autre théorie, les rayures sur le cou et les épaules permettent aux zèbres de se reconnaître. Les zèbres, comme les chevaux, ne voient pas bien, mais ils distinguent bien les contrastes. Des spécialistes pensent qu'il n'y a pas deux zèbres rayés de la même façon. Donc, un petit zèbre peut reconnaître sa mère selon ses rayures.

brouillent *blur*
rester en équilibre *to keep [its] balance*

a Complète les phrases avec les bons mots.

Exemple: **1** *long*

1 Le cou de la girafe est très ___ .
2 Les girafes mangent des ___ .
3 Une girafe est plus ___ que les autres animaux.
4 Quand la girafe marche, son ___ l'aide à rester en équilibre.
5 Comme elle est très grande, c'est ___ pour la girafe de se cacher.
6 Avec son long cou, c'est ___ de voir ses ennemis.
7 Les longues ___ d'une girafe l'aident à échapper à ses ennemis.

b Réponds aux questions en anglais.

1 Are scientists certain why zebras have stripes?
2 What effect do the stripes have on lions' vision?
3 When is this camouflage especially effective?
4 What do you know about zebras' eyesight?
5 What makes it possible for a baby zebra to recognise its mother?

Prononciation

le son «r»

a Prononce ces mots. Écoute et vérifie.

la girafe, très, raisons, grande, autres, voir, les zèbres, rayés, comprendre, les rayures

b À tour de rôle, lisez les articles à haute voix. Faites attention à la prononciation.

- *say how you feel and describe what hurts*
- *use expressions with avoir*

🖱 1 Un match amical!

Lis la description du match amical et identifie les joueurs blessés. **Exemple: 1 Maxime, ...**

Dimanche-Loisirs SPORT page 24

Un match AMICAL!

Le week-end dernier, l'équipe de rugby du village de Saint-Étienne-dans-les-Champs, près d'Avignon, («les Papes») a joué un match amical contre «les Rois», l'équipe de Saint-Louis-de-la-Vallée, un village voisin.

Malheureusement, à la fin de ce match amical, il y avait douze blessés!

Dans l'équipe des Rois, six joueurs sont blessés: Alphonse a mal à l'oreille gauche, Clément a mal au bras, Auguste a mal au genou, Jean-Baptiste a mal à la main droite, Jean-Mathieu a mal à l'œil droit et Jean-François a mal au nez – il a un nez aussi gros que le ballon de rugby!

Dans l'équipe des Papes, quatre joueurs sont blessés: Didier a mal au pied, Maxime a mal à la jambe, Marius a très mal au dos et Léonard a mal aux dents (et il a mal au cœur aussi). Même la petite chienne, Mêlée, la mascotte de l'équipe des Papes, a mal à la queue!

Mais ... avez-vous vu l'arbitre? Ce pauvre homme a été tellement excité par le match qu'il a mal à la tête, à la gorge, aux bras, à la main et au ventre.

Et c'était seulement un match amical; imaginez le résultat si c'était un match sérieux!

Et le résultat du match amical? Match nul!

> il y avait *there were*
> était *was*

Dossier-langue

how to say what hurts

To say what hurts, use part of the verb *avoir* + *mal* + *à la/au/à l'/aux* + the part of the body which hurts.

j' ai tu as		au	genou nez	masculine
il a elle a	mal	à la	tête jambe	feminine
on a nous avons vous avez		à l'	oreille œil	before a vowel
ils ont elles ont		aux	dents yeux	plural

2 Ils sont blessés

Complète les phrases.

Exemple: 1 Auguste _a mal_ au genou.

1 Auguste ___ au genou.
2 Léonard ___ aux dents.
3 Clément et l'arbitre ___ au bras.
4 Jean-Baptiste et l'arbitre ___ à la main.
5 Maxime dit: «Aïe, j'___ à la jambe.»
6 Mêlée, la chienne, ___ à la queue.

3 Après le match

Tous les joueurs blessés sont allés chez le médecin. Qu'est-ce qu'ils lui ont dit?

Exemple: 1 Didier a dit: «J'ai mal au pied.»

1 Didier a dit: «J'ai mal ___ .»
2 Alphonse a dit: «J'ai mal ___ .»
3 Jean-François a dit: «___ .»

Et Jean-Mathieu (**4**), et Marius (**5**), et l'arbitre (**6**)?

4 Qui parle?

Travaillez à deux. Personne A dit une phrase, personne B devine qui parle.

**Exemple: A J'ai mal au dos.
B Tu es Marius?
A Oui, c'est ça/Oui, je suis Marius.**

5 Quelle description?

Choisis la bonne description pour chaque image.

Exemple: 1b

a Elles ont chaud.
b Il a faim.
c Il a soif.
d Ils ont soif.
e Il a froid.
f Il a de la fièvre.

Dossier-langue

expressions with *avoir*

The verb ***avoir*** is very useful. Just by adding the right word to it, you can say you're hungry, thirsty, hot, cold, or that you have a temperature.

j' ai	soif *(thirsty)*
tu as	faim *(hungry)*
il/elle/on a	chaud *(hot)*
nous avons	froid *(cold)*
vous avez	de la fièvre
ils/elles ont	*(a temperature)*

6 Qu'est-ce qu'ils disent?

Écris les phrases.

Exemple: 1 *J'ai faim!*

7 C'est quelle image?

Écris 1–8. Écoute et note la bonne image.

Exemple: 1A

A il/elle a faim   B il/elle a soif

C il/elle a chaud   D il/elle a froid

E il/elle a de la fièvre

8 Quel est le problème?

Travaillez à deux. Jetez deux dés et inventez des conversations. Changez de rôle.

Exemple:
– *Quel est le problème?*
– *Elle a mal à la tête.*

1 je	4 nous
2 tu	5 vous
3 elle	6 ils

1 faim	4 froid
2 soif	5 mal à la tête
3 chaud	6 mal aux pieds

7F | Qu'est-ce qu'il y a?

- **talk about going to the doctor's**
- **use the imperative (commands)**
- **use the verb *dormir***

1 Ça ne va pas!

 Charles, le correspondant suisse de Mathieu, passe une semaine chez lui. Un jour, Charles ne va pas très bien.

a Écoute et lis la conversation.

– Bonjour, Charles, ça va?
– Bonjour, madame. Non, ce matin, je ne vais pas très bien.
– Qu'est-ce qui ne va pas?
– J'ai mal à la tête et j'ai mal à la gorge aussi.
– Quand tu es chez toi, est-ce que tu prends de l'aspirine?
– Oui, madame.
– Alors, bois ce verre d'eau et prends cette aspirine. Repose-toi un peu et si tu ne vas pas mieux, je vais téléphoner au médecin.
– Merci, madame.

Plus tard …

– Ça va mieux, Charles?
– Ah, non. J'ai toujours mal à la tête et maintenant, j'ai mal aux oreilles aussi et je crois que j'ai de la fièvre.
– Alors, je vais demander un rendez-vous chez le médecin.

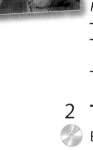

b Complète le résumé avec des mots de la case.

Exemple: 1f *ne va pas*

Ce matin, Charles (**1**) ___ très bien. Il a mal (**2**) ___ et il a mal (**3**) ___ . Alors, il boit (**4**) ___ et il prend (**5**) ___ . Plus tard, il a mal (**6**) ___ aussi et il croit qu'il a (**7**) ___ .

a un verre d'eau	d de la fièvre
b à la gorge	e aux oreilles
c de l'aspirine	f ne va pas
	g à la tête

2 Tout le monde est malade

 Écoute et complète avec les expressions a–j. **Exemple: 1a** *je ne vais pas très bien*

Hélène
– Bonjour, Hélène, ça va?
– Non, madame, (**1**) ___ .
– Qu'est-ce qui ne va pas?
– Je suis asthmatique, vous savez. Je crois que c'est ça.
– Alors, (**2**) ___ et (**3**) ___ un peu et si tu ne vas pas mieux, je vais téléphoner au médecin.
– Oui, madame. J'ai soif aussi et j'ai chaud.
– Alors, (**4**) ___ .

Martin
– Alors, Martin. Ça va mieux?
– Non, monsieur, (**5**) ___ .
– Qu'est-ce qui ne va pas?
– J'ai mal au ventre et (**6**) ___ .
– Alors, (**7**) ___ et (**8**) ___ .

Alain
– Ça va, Alain?
– Non, madame, (**9**) ___ .
– Qu'est-ce qu'il y a?
– Je suis allergique au poisson et hier, j'ai mangé des crevettes.
– Alors, bois de l'eau, mais (**10**) ___ .

a je ne vais pas très bien *(I'm not very well)*
b ça ne va pas très bien *(I'm not very well)*
c ça ne va pas mieux *(I'm no better)*
d j'ai mal au cœur *(I feel sick)*
e bois ce verre d'eau
f ne mange rien
g prends ton inhalateur
h prends ce médicament
i repose-toi
j reste au lit

 mieux *better*

Dossier-langue

commands (the imperative)

In the conversations above, there were a lot of commands or instructions, e.g.
  Prends ce médicament. Bois ce verre d'eau.

To give someone a command in French, just use the 2nd person of the verb (but without the words *tu* or *vous*), e.g.

singular (*tu*)	plural (*vous*)
Prends de l'aspirine.	*Ouvrez la fenêtre.*
Mets ton pull.	*Retournez à la maison.*

Note that with *-er* verbs (including *aller*), you drop the *-s* from the 2nd person singular (*tu*), e.g.
Tu parles vite. Parle plus lentement.
Tu ne vas pas bien? Va chez le médecin.

3 Il y a un problème?

Complète avec un verbe à l'impératif.

Exemple: 1 *mange*

1 – Maman, j'ai faim.
  – Alors (*manger*) ces sandwichs.
  – Maintenant j'ai soif.
  – Alors (*boire*) cette limonade.
2 – Pfff! J'ai chaud!
  – Alors (*ouvrir*) la fenêtre
  – Brr! Maintenant j'ai froid.
  – Si tu as froid, (*mettre*) ton sweat.
3 – Maman, je suis malade, j'ai de la fièvre.
  – Alors ne (*aller*) pas à l'école, (*rester*) à la maison.
  – Zut! Il y a une fête ce soir et je veux y aller!
  – Alors, (*aller*) au collège ce matin!

4 Chez le médecin

Travaillez à deux. Écoutez la conversation de Seyni chez le médecin, puis inventez d'autres conversations.

Médecin: Bonjour! Qu'est-ce qui ne va pas?
Seyni: **J'ai mal aux oreilles et à la gorge,** Docteur, et je **ne peux pas dormir.**
Médecin: **Ouvrez la bouche.** Ah, oui. Je vois. Ça vous fait mal là?
Seyni: Aïe! Oui, un peu!
Médecin: Voici une ordonnance. **Prenez ce médicament.** Et téléphonez si ça ne va pas mieux.
Seyni: Merci, Docteur.

Stratégies

The irregular verb **dormir** follows a similar pattern to **partir** and **sortir**. Look at task 5 and work out each part of this verb.

le client/la cliente

J'ai (un peu) mal	à la bouche/ gorge/ jambe/ main/tête	au bras/ cœur/ cou/dos/ pied/ ventre	aux yeux/ dents/ oreilles
	à l'œil/ l'oreille		
J'ai de la fièvre. Je ne peux pas dormir. J'ai très chaud / froid.		Je n'ai pas faim. J'ai tout le temps soif.	

le médecin

Ouvrez la bouche. Montrez-moi le bras/la jambe/ les pieds. Mettez-vous là.	Prenez ce médicament. Prenez de l'aspirine. Buvez beaucoup d'eau. Restez au lit.

5 Tout le monde dort

Il est deux heures de l'après-midi. Le docteur est en retard. Il fait très chaud.

Dans la salle d'attente du docteur Lemont, presque tout le monde dort. Corinne parle à sa mère.

– Est-ce que tu dors?
– Non, je ne dors pas, mais je suis très fatiguée.
– Et ce monsieur-là, est-ce qu'il dort?
– Je ne sais pas. Vous dormez, monsieur?
– Zzz.
– Oui, il dort.
– Ça alors! Tous les clients dorment.
– Oui, mais nous, comme nous ne dormons pas, entrons vite voir le docteur!

Lis l'histoire et les phrases. Écris **vrai** ou **faux**.

Exemple: 1 *faux*

1 Il est onze heures du matin.
2 Le docteur dort.
3 Il fait chaud.
4 Dans la salle d'attente, presque tout le monde parle.
5 La fille et sa mère dorment.
6 Quand le docteur arrive, ses premiers clients sont un homme et son fils.

6 Bonne santé

Voici une affiche dans la salle d'attente du médecin. Complète l'affiche avec des verbes à l'impératif.

Exemple: 1 *Mangez*

1 (Manger) bien …

… mais ne (manger) pas trop!

2 (Boire) beaucoup d'eau …

… mais pas trop de boissons sucrées!

3 (Dormir) bien …

… pour être en forme!

4 N'(oublier) pas de bien vous brosser les dents!

Voici une bonne idée: (écouter) une chanson favorite et (brosser)-vous les dents le temps qu'elle dure.

5 Tous les jours, (marcher) un peu en plein air …

… assez vite, mais pas trop!

6 Chaque week-end, (faire) un peu de «vrai» exercice!

… la natation est bonne pour la santé
… ou les promenades
… même la danse!

7 Ne (fumer) pas!

Fumer, ce n'est pas bon pour la santé!

Arrêter de fumer est très difficile, alors ne (commencer) pas!

8 Ne (rester) pas trop longtemps à la maison!

S'il fait beau, ne (regarder) pas la télé, ne (jouer) pas sur l'ordinateur, (faire) une randonnée à la campagne.

Les photos

Choisis photo **A**, **B** ou **C**. Écris des notes, puis fais une courte présentation.

A Qu'est-ce qu'on voit sur la photo? Tu vas à cette pharmacie, pourquoi? Qu'est-ce que tu dis? Qu'est-ce que tu achètes?

B C'est quand, le carnaval? Qu'est-ce qu'on fait? Qu'est-ce qu'il y a d'intéressant? Comment sont ces personnes? Qu'est-ce qu'elles portent? Il y a un carnaval chez toi?

C Où sont ces gens? Qu'est-ce qu'ils font? C'est bon pour la santé? Fais une description de ces gens. Qu'est-ce qu'ils portent? Et toi, tu aimes le sport en plein air?

Le Web et toi

Choisis **A**, **B** ou **C**.

A Qu'est-ce qu'on peut acheter dans une pharmacie? Est-ce qu'on peut acheter la même chose dans un autre magasin? Le pharmacien offre quels conseils aux clients? Tu veux savoir si des champignons vont t'empoisonner: est-ce que le pharmacien peut t'aider?

B Cherche des renseignements sur le carnaval dans une ville française (par exemple ta ville jumelle). C'est quand? Est-ce qu'on porte des vêtements particuliers? Qu'est-ce qu'on fait? Tu vas au carnaval ou à un bal masqué: choisis des vêtements, décris-les et fais un dessin de ton costume.

C Cherche le site d'un magasin de sports français (par exemple *Décathlon*) et compare les produits et les prix. Quelle sorte de chaussures est-ce qu'on porte pour les différents sports? Pourquoi est-ce que les baskets et les tennis s'appellent comme ça? Est-ce qu'il y a des marques françaises de baskets?

idée

Every day for a week say the French for
what you are wearing (for school and leisure). Then sing
(to yourself!) a version of 'heads and shoulders, knees
and toes' in French.

SOMMAIRE

Now I can ...

■ talk about clothes and what to wear

un anorak	anorak
des baskets (f pl)	trainers
des bottes (f pl)	boots
un casque	helmet (for cycling, etc.)
une casquette	baseball hat, cap
une chaussette	sock
une chaussure	shoe
une chemise	shirt
une cravate	tie
un jean	jeans
un jogging	track suit
un imper(méable)	mac(intosh)
une jupe	skirt
un logo	logo
des lunettes de soleil (f pl)	sunglasses
un maillot de bain	swimming costume
un pantalon	trousers
un pull	jumper
un pyjama	pyjamas
une robe	dress
des sandales (f pl)	sandals
un short	shorts
un sweat	sweatshirt
un t-shirt	T-shirt
une tenue	outfit
une veste	jacket

la mode	fashion
Je n'ai rien à me mettre.	I have nothing to wear.

■ describe people and things

carré(e)	square-shaped
content(e)	happy
court(e)	short
décontracté(e)	casual (clothes, etc.)
fort(e)	strong
grand(e)	big, tall
gros(se)	big, fat
haut(e)	high
jeune	young
long(ue)	long
lourd(e)	heavy
mince	slim
pauvre	poor
petit(e)	small
riche	rich
triste	sad
vieux (vieille)	old
de taille moyenne	medium height/build

■ describe appearance (see pages 104–105)

■ describe parts of the body (see page 108)

■ say that you feel ill

Je ne vais pas très bien.	I'm not very well.
Ça ne va pas très bien.	I'm not very well.
Ça ne va pas mieux.	I'm no better.
Je suis (un peu) malade.	I am ill (I am not very well).

■ explain what's wrong

J'ai mal au cœur.	I feel sick.
Je suis asthmatique.	I have asthma.
Je suis allergique à ...	I am allergic to ...
Je ne peux pas dormir.	I can't sleep.
J'ai mal à la tête.*	I have a headache./ My head hurts.
Il a mal au dos.*	He has backache./ His back hurts.
Elle a mal aux oreilles.*	She has earache.

* use a similar pattern for other parts of the body
(see page 108)

J'ai chaud.	I'm hot.
J'ai froid.	I'm cold.
J'ai de la fièvre.	I have a temperature.
J'ai faim.	I'm hungry.
J'ai soif.	I'm thirsty.

■ understand what the doctor asks you ...

Qu'est-ce qui ne va pas?	What's wrong?
Qu'est-ce qu'il y a?	What's the matter?
Ça vous fait mal là?	Does it hurt you there?

■ ... and what you are told

Ouvrez la bouche.	Open your mouth.
Montrez-moi la jambe.	Show me your leg.
Restez au lit.	Stay in bed.
Prenez ce médicament.	Take this medecine.
Prenez votre inhalateur.	Take your inhaler.
Voici une ordonnance.	Here's a prescription.

■ use direct object pronouns to avoid repetition (see page 106–107)

Où est mon sac?	Where's my bag?
Le voilà.	There it is.
Où est ma montre?	Where's my watch?
La voilà.	There it is.
Où sont mes baskets?	Where are my trainers?
Les voilà.	There they are.

■ use the imperative to give commands (see page 112)

Tips for communicating well

- **Question words**
  Make sure you understand the main question words. (See *Grammaire*, 7, p158.)
- **Use the same tense**
  Listen for the tense used (present, past, etc.) and any time marker words (*hier, demain*). You usually answer in the same tense.
- **Give detailed answers**
  – *Tu aimes le sport?*
  – *Non, je ne suis pas très sportif, mais j'aime l'informatique. J'ai un ordinateur dans ma chambre et j'aime beaucoup surfer sur Internet.*

- **Use connectives**
  These can make sentences longer and more interesting. (See *Grammaire*, 8, p158.)
- **Give opinions**
  C'est ... It is ...
  C'était ... It was ...
  À mon avis In my opinion
- **Give reasons**
  Je ne vais pas souvent à la piscine parce que je n'aime pas la natation.
  I don't go to the swimming pool much because I don't like swimming.

1 À la gare

Complète les mots avec des voyelles, puis écris l'anglais.

Exemple: 1 *la gare* – *station*

1 l_ g_r_
2 l_ q___
3 l_ g__ch_t
4 l_ b_ll_t
5 l'h_r___r_
6 l_ c_ns_gn_
7 l_ d_p_rt
8 l_ k__sq__

2 Deux conversations

a Complète les conversations avec les bonnes phrases (a–h).

Exemple: 1e

b À deux, lisez les conversations.

À la gare	
– On peut vous aider?	a Je suis rentrée en bus.
– (1 ___)	b Et c'est quel quai?
– Voilà.	
– (2 ___)	c Je suis rentré en voiture.
– À onze heures trente-cinq.	
– (3 ___)	d Merci. Le train part à quelle heure?
– Quai numéro deux.	
Samedi dernier	e Un aller simple pour Calais, s'il vous plaît.
– Tu es sortie à quelle heure, Alice?	
– (4 ___)	f Je suis allé à la piscine.
– Où es-tu allée?	
– (5 ___)	g Je suis sortie à deux heures.
– Tu es rentrée comment?	
– (6 ___)	h Je suis allée au centre sportif.
– Et toi, Léo, où es-tu allé?	
– (7 ___)	
– Tu es rentré comment?	
– (8 ___)	

3 Une carte postale de Londres

Choisis le mot correct pour compléter la carte postale.

Exemple: 1 *nous avons passé*

Salut d'Angleterre!

Hier, nous avons (1 *passé / passez / passer*) la journée à Londres. Le matin, nous avons (2 *vois / voir / vu*) les principaux monuments. À midi, nous avons (3 *fais / fait / faire*) un pique-nique dans un parc. L'après-midi, nous sommes (4 *aller / allés / allez*) à la tour de Londres en (5 *baguette / bateau / beurre*). Puis nous sommes (6 *rentrés / rentrez / rentrer*) à Canterbury en (7 *café / carte / car*). Le soir, j'ai (8 *jouent / jouons / joué*) sur l'ordinateur.

À bientôt, Alex

4 Ils sont allés où?

Complète les phrases. Écris la bonne forme du verbe **aller** au passé composé et le moyen de transport.

Exemple: 1 *Julie* *est allée* *à la plage* *à vélo*.

1 Julie ___ à la plage .

2 David ___ au cinéma .

3 Martine, tu ___ au marché ?

4 Nous ___ au stade .

5 Ma copine ___ au match de tennis .

6 Max et Léa, vous ___ aux magasins ?

7 Mes parents ___ à la gare .

8 Les filles ___ au théâtre .

5 Le week-end

Ce week-end, tout le monde fait quelque chose de
différent. Qu'est-ce qu'ils mettent? Trouve les paires.

Exemple: 1b

(1) Luc et Yannick jouent au football. Ils …

(2) Mireille et Sika jouent au tennis. Elles …

(3) Roseline va à la montagne. Elle …

(4) Hasan va à la piscine. Il …

(5) Samedi, c'est le mariage de ma nièce. Alors, je …

(6) Et toi, Albert, tu …

a … met un jogging, un chapeau et des gants.

b … mettent un short, un t-shirt et des chaussures de football.

c … mets ma robe très chic et un chapeau énorme.

d … met son maillot de bain.

e … mettent une jupe blanche, un t-shirt, des chaussettes blanches et des tennis blanches.

f … mets de nouveaux vêtements – et une fleur, bien sûr!

6 Chasse à l'intrus

Quel mot ne va pas avec les autres?

Exemple: 1 _matière (ce n'est pas un adjectif)_

1 mince, moderne, moyenne, matière

2 français, gris, choisis, anglais

3 thé, fatigué, frisé, carré

4 rond, vend, grand, blond

5 bleus, yeux, bruns, roux

6 billet, baskets, casquettes, chaussettes

8 Trouve la réponse!

Trouve la bonne réponse et écris la bonne
forme de l'impératif.

Exemple: 1d _Mets ton pull, alors!_

1 Brr! J'ai froid, Maman!	a (_boire_) ce verre de limonade!
2 J'ai soif!	
3 J'ai vraiment trop chaud ici. Qu'est-ce que je peux faire?	b Voilà, Martin, (_manger_) un de mes sandwichs!
4 J'ai faim, Jeannette.	c (_prendre_) de l'aspirine!
5 J'ai mal à la tête et je crois que j'ai de la fièvre!	d (_mettre_) ton pull, alors!
	e Voilà, (_choisir_) une pomme!
6 Est-ce qu'il y a des fruits, Maman? J'ai faim.	f Ne (_rester_) pas au soleil, va dans la maison!

7 Laura va en vacances

Complète les phrases pour répondre aux
questions. Utilise **le**, **la**, **l'** ou **les**.

Exemple: 1 _Oui, elle le prend._

1 – Est-ce que Laura prend son jean?
– Oui, elle ___ prend.

2 – Est-ce qu'elle prend ses lunettes de soleil?
– Oui, elle ___ prend.

3 – Elle prend sa robe noire?
– Non, elle ne ___ prend pas.

4 – Laura, tu prends ton maillot de bain?
– Bien sûr, je ___ prends!

5 – Est-ce que tu prends ton t-shirt bleu?
– Oui, je ___ aime bien, mon t-shirt bleu.

6 – Tu prends ta casquette rouge?
– Oui/Non, je ___ .

7 – Est-ce que tu prends tes baskets blanches?
– ___ .

8 – Et s'il fait mauvais, tu prends ton imperméable?
– ___ .

On va s'amuser

- *learn about Nîmes*
- *find out what's on*
- *discuss plans*
- *use the verb* voir

1 Nîmes – la ville avec un accent

Sophie et son frère, Bruno, visitent Nîmes, une ville dans le sud-est de la France.

Ils font une visite guidée.

a Écoute et lis les textes (1–6). Trouve la bonne photo (A–F).

Exemple: 1C

b Que sais-tu de Nîmes?

1 Où est la ville?
2 Quels bâtiments datent de l'époque romaine?
3 Le Carré d'Art, qu'est-ce que c'est?
4 Quel animal est le symbole de la ville?
5 Est-ce qu'il y a un club de football?
6 Comment s'appelle l'aqueduc qui se trouve près de Nîmes?

1 Bonjour et bienvenue à Nîmes. C'est une ville historique, avec des ruines romaines très importantes. Nous voyons ici les arènes de Nîmes. À l'époque romaine, il y avait des combats d'animaux et de gladiateurs dans ce grand amphithéâtre. De nos jours, on organise des spectacles et des concerts de musique ici.

2 Vous voyez là-bas les jardins de la Fontaine. Dans les jardins il y a une grande tour, la tour Magne. De son sommet, on voit tout Nîmes.

3 Maintenant vous voyez la Maison Carrée. Autrefois, c'était un temple romain et maintenant c'est un musée. On peut y voir un film en 3D qui s'appelle *Héros de Nîmes* et qui raconte l'histoire de la ville.

4 – Bruno, tu vois ce bâtiment en verre?
– Ah oui, c'est très moderne.

Ça, c'est le Carré d'Art, construit par l'architecte britannique, Norman Foster. C'est un complexe d'art avec une grande bibliothèque, un musée des beaux-arts et un café.

5 – Sophie, tu vois le crocodile?
– Aïe, un crocodile! Où ça? Je ne le vois pas.
– Calme-toi. C'est une statue, pas un vrai crocodile.

Le crocodile est le symbole de la ville qui commémore la conquête de l'Égypte par les Romains. On voit un crocodile enchaîné à un palmier partout dans la ville.

Les footballeurs du club de football de Nîmes (Nîmes Olympique) sont surnommés «les crocodiles».

6 À 25 km de la ville, vous pouvez voir le célèbre pont du Gard. C'est un énorme aqueduc à trois niveaux construit par les Romains. Les touristes viennent de loin pour le voir. C'est vraiment spectaculaire.

le niveau *level*

2 Des phrases

Choisis la bonne forme du verbe.

Exemple: 1 *Tu vois*

1 Tu (*vois/voit/voient*) le bâtiment blanc là-bas?
2 Non, je ne le (*voyons/voyez/vois*) pas.
3 Vous (*voyons/voyez/voient*) les autres?
4 Oui, je (*voit/voient/vois*) Luc et Marc devant le café.
5 Est-ce que les enfants (*voyons/voyez/voient*) bien?
6 On (*vois/voit/voyez*) bien d'ici.
7 Mon grand-père ne (*voit/voyons/voient*) pas bien sans ses lunettes.

3 Sortir à Nîmes

Lis les publicités. Vrai, faux ou pas mentionné?

Exemple: 1 *pas mentionné*

1 L'entrée à la piscine, c'est dix euros pour les étudiants.
2 La piscine est ouverte tous les jours à midi.
3 Le match de football commence à huit heures du soir.
4 La date du match est le vingt-six mai.
5 Pendant la nuit des musées, tous les musées sont ouverts toute la nuit.
6 L'entrée est gratuite cette nuit-là.
7 Il y a un feu d'artifice le quatorze juillet.
8 Les places coûtent cinq euros pour les adultes.

Piscine Aquatropic

◆ Bassins intérieurs et extérieurs
◆ Eau à 29°C
◆ Rivière rapide
◆ Canons à eau
◆ Bain bouillonnant géant

Horaires: 9h00 à 21h00
jours fériés 11h00 à 19h00

La nuit des musées

Les musées de la ville de Nîmes sont gratuits et ouverts à tous, le samedi 17 mai, de 20 heures à minuit. De nombreuses animations sont prévues.

Feu d'artifice

Feu d'artifice traditionnel, le 13 juillet au soir. Trente minutes de magie pyrotechnique pour célébrer la Fête Nationale. Un spectacle pour émerveiller toute la famille.

**Les jardins de la Fontaine
Vendredi 13 juillet 2007 à 22h30
Tarif: Gratuit**

Football

Nîmes Olympique reçoit Laval
◆ Stade des Costières
◆ 16 mai, 20h

Dossier-langue

The text about Nîmes contains several parts of the present tense of **voir** (to see). Copy and complete this table.

je vois	*nous* __
tu __	*vous* __
il/elle/on __	*ils/elles voient*

Voir is irregular but look at the endings. Are they similar to endings for regular verbs?

4 Des phrases utiles

Trouve les paires.   **Exemple: 1b**

1 Si on allait à …	a *What time does it start?*
2 Qu'est-ce qu'on va faire?	b *How about going to …?*
3 On y va?	c *What shall we do?*
4 Ça commence à quelle heure?	d *What time does it close?*
5 Ça ouvre à quelle heure?	e *What else is there to do?*
6 Ça ferme à quelle heure?	f *What time does it open?*
7 Qu'est-ce qu'il y a d'autre à faire?	g *Shall we go?*

5 Des conversations

a Écoute et choisis le bon mot.

1 – Qu'est-ce qu'on va faire aujourd'hui? On va visiter ___ (**a** *un musée* **b** *un château*)?
   – Ah non, il fait trop ___ (**a** *froid* **b** *chaud*). Qu'est-ce qu'il y a d'autre à faire?
   – Alors, il y a la piscine Aquatropic. On y va?
   – Bonne idée! J'aime bien (**a** *la natation* **b** *le sport*).

2 – Ça commence à quelle heure, ___ (**a** *le feu d'artifice* **b** *le film*)?
   – Ça commence à ___ (**a** *10h30* **b** *8h30*).
   – C'est bien. On y va?
   – Oui, d'accord. Et avant, on peut manger ___ (**a** *une pizza* **b** *une glace*).

3 Si on allait (**a** *au musée du Vieux Nîmes* **b** *au pont du Gard*) demain?
   – Oui je veux bien. Ça ouvre à quelle heure?
   – Ça ouvre à ___ (**a** *9h00* **b** *10h00*) et ça ferme à ___ (**a** *18h00* **b** *20h00*).
   – Et c'est ouvert tous les jours?
   – Tous les jours sauf (**a** *le lundi* **b** *le mardi*).

b À deux: inventez d'autres conversations.

8B | Tu aimes sortir?

- **talk about going out**
- **use the verb *sortir***

1 Isabelle ne sort jamais!

a Lis l'histoire d'Isabelle.

1. Je vous présente une nouvelle élève, Isabelle Lenoir.

2. Tu es contente ici? Tu sors souvent en ville?

Ça va. Mais je n'ai pas d'amis ici, donc je ne sors jamais.

3. La pauvre Isabelle ne sort jamais. Il faut l'inviter.

5 mardi soir

4. Salut, Isabelle. Ici Jean-Claude. Tu es libre samedi soir? Nous sortons en groupe à la nouvelle discothèque. Tu viens avec nous?

C'est Guy à l'appareil. On va à la campagne mercredi après-midi. Tu viens?

7 jeudi soir

Salut! Ici Magali. Jeudi soir, on va jouer au tennis. Tu viens?

6 mercredi après-midi

Bonjour, Isabelle. C'est Sophie. Tu viens à la piscine demain soir?

8 vendredi soir

C'est moi, Alexandre. Vendredi, j'organise une fête chez moi. Je t'invite!

9. Mais vous êtes tous fatigués! Vous sortez trop dans cette classe.

samedi matin

10 samedi soir

Isabelle, Jean-Claude et ses amis sortent. Ils vont à la nouvelle discothèque.

11 dimanche

Bonjour, madame. C'est David, un copain d'Isabelle. Est-ce qu'elle est libre ce soir? Nous allons sortir ...

12

C'est très gentil, David, mais le dimanche, elle ne sort jamais!

b Cette semaine, Isabelle sort beaucoup. Complète le résumé de la semaine d'Isabelle.

Exemple: 1 *Sophie*

1 Mardi soir, elle sort avec ___ .
2 Mercredi après-midi, elle sort avec ___ .
3 Jeudi soir, elle sort avec ___ .
4 Vendredi soir, elle sort avec ___ .
5 Samedi soir, elle sort avec ___ .
6 Mais le ___, elle ne sort pas. Elle reste à la maison!

Dossier-langue

Here is the present tense of ***sortir*** (to go out) in full. Can you find an example of each part in the story above?

singular	plural
je sors	*nous sortons*
tu sors	*vous sortez*
il/elle/on sort	*ils/elles sortent*

The verb ***sortir*** is similar to ***partir*** (to leave).

2 Qui dit cela?

Regarde les images et le texte. Écris 1–6 et écoute. Qui parle?

Exemple: 1 *C'est la mère d'Isabelle.*

| Alexandre | Guy | Isabelle | Jean-Claude | la mère d'Isabelle |
| le professeur |

3 Vous sortez souvent?

On a posé des questions à ces jeunes sur leurs sorties.
Écoute et choisis les bonnes réponses.

1 Sophie …
   a sort souvent.
   b sort une ou deux fois par semaine.
   c ne sort jamais.

2 Elle va …
   a au cinéma ou au théâtre.
   b au club des jeunes ou à la piscine.
   c au cinéma ou à la piscine.

3 Jean-Claude …
   a fait beaucoup de sport.
   b n'aime pas le sport.
   c va au club des jeunes.

4 **a** Il ne sort pas souvent.
   b Il sort assez souvent.
   c Il sort très souvent.

5 Magali et Chantal sortent …
   a une fois par semaine et plus souvent pendant les vacances.
   b seulement pendant les vacances.
   c très souvent, surtout pendant les vacances.

6 Elles aiment …
   a le sport.   **b** la musique.
   c l'informatique.

7 Guy et Stéphanie …
   a ne sortent pas souvent.
   b sortent assez souvent.
   c sortent très souvent.

8 Ils aiment …
   a le sport.   **b** la musique.
   c l'informatique.

4 À discuter

a Posez des questions et répondez.

1 Est-ce que tu sors souvent en famille ou avec des amis?

2 Où vas-tu normalement? (*Normalement/Quelquefois, nous allons …*)

3 Pour sortir le soir avec tes amis, qu'est-ce que tu mets?

4 Pendant la récréation, toi et tes amis, est-ce que vous sortez dans la cour? (*toujours/quand il fait beau/pas souvent*)

5 Qu'est-ce que tu fais quand il fait mauvais/chaud/très froid?

6 Tu joues d'un instrument?

7 Est-ce que tu pratiques un sport?

b Écris tes réponses dans ton dossier personnel.

Exemple: 1 *Je sors en famille le samedi.*

Pour t'aider

je		sors	(assez) souvent quelquefois le week-end seulement
	ne		pas	trop
nous		sortons	très souvent pendant les vacances une/deux/trois fois par semaine
je fais nous faisons	de la natation/du cyclisme/du roller du judo/de l'informatique		
je mets	un jean et un sweat/une jolie robe un pantalon et un pull		
je vais nous allons	au cinéma/au théâtre/au club des jeunes à un concert		
je joue nous jouons	du violon/de la guitare au football/au basket/aux échecs/aux cartes		

5 Isabelle écrit à sa cousine

Lis le message, puis lis le *Dossier-langue* et réponds aux questions.

Chère Hélène,

Tout va bien ici au nouveau collège. J'ai beaucoup d'amis et la semaine dernière, je suis sortie tous les soirs.

Mercredi après-midi aussi, nous sommes sortis, des copains et moi. Nous sommes allés à la campagne. Puis samedi soir, tous mes amis sont sortis ensemble – et moi aussi, bien sûr! Nous sommes allés à la nouvelle discothèque, c'était fantastique!

Dimanche, je ne suis pas sortie, j'ai dormi toute la journée!

À bientôt! Isabelle

Dossier-langue

rappel: sortir

Look at the verb **sortir** in Isabelle's message.

• Which tense is it in?
• Which auxiliary verb is used with **sortir**?
• What is the past participle?
• What is the rule about agreement of the past participle for the verb **sortir**?
• How many examples of this can you find in Isabelle's message?

- *exchange contact details*
- *arrange to go out with someone (or not)*

1 Quel est ton numéro de téléphone?

Sophie et Bruno sont allés à une soirée. Écoute et complète les conversations.

1 – Sophie, je peux prendre ton numéro de téléphone?
 – Oui, bien sûr. C'est le ___ .
 – Tu as un portable?
 – Oui, mon numéro de portable, c'est le ___ .
 – Et ton adresse e-mail?
 – C'est soph12@franadoo.fr.

2 – Bruno, quelle est ton adresse ici à Nîmes?
 – J'habite chez mon oncle, alors c'est ___ rue ___ .
 – Et ton numéro de portable?
 – Mon numéro de portable, c'est le ___ .
 – Et ton adresse e-mail?
 – C'est brunod14@chaudoo.fr

Stratégies

- @ c'est *arobase* en français
- websites in France have the suffix *.fr* (*point f r*)

How would you say you don't have email?

2 Es-tu libre ce soir?

Si tu es en France, on va peut-être t'inviter à sortir. Comment vas-tu répondre? Voici des réponses possibles (a–c).

Écris 1–8. Écoute les conversations et note la lettre et le symbole pour chaque réponse.

Exemple: 1A 😊

A Tu veux accepter.

Oui, avec plaisir!
Oui, je veux bien.
OK, super!
Bonne idée!
Oh oui – génial!
Oui, d'accord. 😊

B Tu n'es pas sûr(e).

Je ne sais pas encore.
Peut-être, je vais voir.
Ça dépend. ❓ 😐

C Tu ne veux pas ou tu ne peux pas accepter.

| Je regrette,
Désolé(e),
C'est très gentil, | mais | je ne peux pas.
je ne suis pas libre.
ce n'est pas possible. |

🙁

3 Qu'est-ce qu'on dit?

Sophie, et son frère, Bruno, rencontrent ces jeunes pendant leurs vacances en France et ils les invitent à sortir.

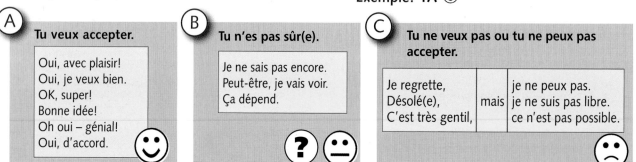

1 Charles
2 Julie
3 Luc
4 Élodie

a Voici quatre filles qui invitent Bruno et quatre garçons qui invitent Sophie.

Travaillez à deux. Personne A pose la question. Personne B répond pour Sophie ou Bruno (selon les symboles).

Exemple: A (Charles) *Tu es libre demain? Tu veux aller au cinéma avec moi?*
 B (Sophie) *Oui, oui. Bonne idée!*

1 Tu es libre demain? Tu veux aller au cinéma avec moi? 😊
2 Qu'est-ce que tu fais samedi? On peut sortir ensemble? 😊
3 Tu veux aller chez mes amis demain soir? ❓
4 Tu veux aller au feu d'artifice ce soir? 😐
5 On va écouter des CD chez moi ce soir. Tu viens? 🙁
6 Si on allait en ville demain matin? 🙁
7 Il y a un match de foot demain, on y va? 😊
8 On peut se revoir ce week-end? 😊

b Imagine que c'est toi qu'on invite. Tu acceptes quelle(s) invitation(s)?
- Qu'est-ce que tu dis pour accepter?
- Qu'est-ce que tu réponds aux autres invitations?

5 Nicolas
6 Roxane
7 Félix
8 Charlotte

4 Sophie et Bruno sont sortis

Sophie et Bruno ont accepté des invitations et ils sont sortis hier.
Aujourd'hui, ils écrivent un e-mail à des amis.

a Le message de Sophie
   Choisis les cinq phrases correctes.

Exemple: 1, …

1 Hier, je suis sortie avec un garçon qui s'appelle Charles.
2 Je vais sortir avec un garçon qui s'appelle Charles.
3 Nous sommes allés au cinéma.
4 Nous sommes restés à la maison.
5 Nous allons voir un film de science-fiction.
6 Nous avons vu un film de science-fiction.
7 J'ai aimé le film, mais Charles l'a trouvé un peu stupide.
8 Nous n'avons pas aimé le match.
9 Après le film, on va manger une pizza au restaurant.
10 Après le film, on a mangé une pizza au café.

b Le message de Bruno
   Complète son e-mail avec la bonne forme des verbes.

Exemple: 1 *je suis sorti*

Salut!
Hier, je (**1** *sortir*) avec une fille qui s'appelle Roxane. Elle est gentille, mais nous (**2** *passer*) une matinée très ennuyeuse, à mon avis!
D'abord, nous (**3** *aller*) dans un petit café, pas très intéressant. Moi, j'(**4** *prendre*) un chocolat chaud et j'(**5** *manger*) un croissant, mais elle (**6** *lire*) son magazine de mode.
Après ça, nous (**7** *entrer*) dans un grand magasin à onze heures et nous (**8** *sortir*) du magasin à midi et demi! Pendant tout ce temps, elle (**9** *acheter*) seulement une paire de chaussettes et elle (**10** *répondre*) à ses copines sur son téléphone portable. Le week-end prochain, je vais regarder la télé à la maison!
Bruno

5 Ton message

Tu as accepté une invitation d'une fille ou d'un garçon. Écris à un(e) ami(e) pour raconter ta sortie.

Exemple: *Hier, je suis sorti(e) avec …*
On a décidé de (d') …
Le concert (etc.) a commencé à …
J'ai rencontré … (où?) (quand?) (qui?)

6 Rendez-vous

a Écoute la conversation et lis le texte.

b Lisez la conversation à deux. Puis inventez d'autres conversations.

– Qu'est-ce qu'on va faire **cet après-midi? (1)**
– Si on allait **à la piscine? (2)**
– Ah non! **Je ne veux pas faire ça. (3)**
– Qu'est-ce qu'il y a d'autre à faire?
– Il y a **un concert de rock au stade. (4)** On y va?
– Bonne idée! Ça commence à quelle heure?
– **À deux heures et demie. (5)**
– Alors, rendez-vous **devant le stade (6)** à **deux heures. (5)**
– D'accord. À tout à l'heure.

On achète les tickets …
– **Deux tickets (7)**, s'il vous plaît, et est-ce qu'il y a un tarif réduit pour étudiants?
– Oui. Pour les étudiants, c'est **six euros. (8)** Vous avez vos cartes?
– Oui, voilà.
– Alors deux tickets tarif réduit… **douze euros (8)**, s'il vous plaît.

1 Quand?	
aujourd'hui	ce week-end
ce matin	cet après-midi
ce soir	demain

2 Où?	
au parc d'attractions	à la patinoire
au cinéma	à la piscine
au théâtre	à la plage

3 Pourquoi pas?
je ne veux pas faire ça
on fait toujours ça
ce n'est pas amusant
il fait trop chaud/froid

4 Qu'est-ce qu'il y a d'autre à faire?		
Il y a	un concert de rock/ de musique folklorique	au club
	un match de rugby/ de football	au stade
	un spectacle	en ville
	un bon film	au cinéma

5 À quelle heure?
à une heure et demie
à six heures et quart, etc.

6 Rendez-vous où?	
devant	la patinoire/la piscine le cinéma/le stade, etc.
en face	de la gare/ de l'hôtel de ville

7 Combien de places?	
une/deux, etc.	entrée(s)/place(s)
un/deux, etc.	ticket(s)

8 Ça coûte combien?
6€
7,50€, etc.

- *talk about a match*
- *discuss sport at school*
- *learn more about the comparative*

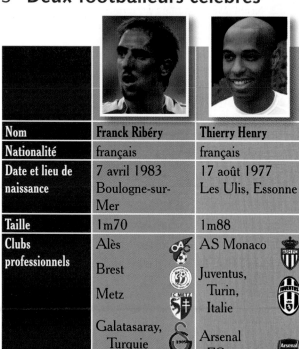

1 Le match de foot

Bruno et Sophie sont allés au match de foot avec leur oncle. Bruno parle avec un ami au téléphone. Écoute la conversation et note le score à la mi-temps et à la fin du match.

– Tu as vu le match hier soir?
– Non, c'était bien?
– Oui, très bien. C'était Nîmes contre Laval. C'était vraiment passionnant. D'abord, l'équipe de Laval a marqué un but. Mais cinq minutes plus tard, Nîmes a marqué un but, puis un deuxième. Alors à la mi-temps, le score était ___ .
– Et Laval? Ils ont marqué des buts dans la deuxième partie?
– Non, mais à la dernière minute, Nîmes a marqué un troisième but, alors Nîmes a gagné le match, ___ .
– Bravo les crocos!
– Oui, ils ont très bien joué.

a Lis le texte et trouve le français.

Exemple: *un but*

1 a goal
2 against
3 the team
4 at half-time
5 second half
6 they played very well

b Réponds aux questions en français.

1 Nîmes a joué contre quelle équipe?
2 Quelle équipe a marqué le premier but?
3 Nîmes a marqué combien de buts dans la première partie?
4 Qui a marqué un but dans la deuxième partie?
5 Qui a gagné le match?
6 C'était un bon match?

2 C'est quoi en anglais?

Voici d'autres mots pour parler d'un match. Devine le sens en anglais, puis vérifie dans le dictionnaire.

1 le gardien de but
2 match nul
3 passer le ballon
4 sauver un but
5 un championnat
6 la Coupe du monde
7 un joueur
8 un tournoi
9 un carton jaune
10 un carton rouge

3 Deux footballeurs célèbres

Nom	Franck Ribéry	Thierry Henry
Nationalité	français	français
Date et lieu de naissance	7 avril 1983 Boulogne-sur-Mer	17 août 1977 Les Ulis, Essonne
Taille	1m70	1m88
Clubs professionnels	Alès Brest Metz Galatasaray, Turquie Marseille Bayern Munich, Allemagne	AS Monaco Juventus, Turin, Italie Arsenal FC, Angleterre FC Barcelone, Espagne
Équipe de France	2006	1997 →

1 Qui est plus jeune?
2 Qui est plus grand?
3 Qui est né au printemps au bord de la mer?
4 Qui a joué pour un club anglais?
5 Qui a joué pour un club espagnol?
6 Qui a joué pour le plus grand nombre de clubs français?

4 Une fiche d'identité

a Prépare une fiche d'identité comme ça pour une personnalité que tu admires.

b Travaillez à deux. À tour de rôle, posez des questions pour identifier la personnalité.

5 À ton avis: le sport au collège

Au collège en France, on a environ trois heures obligatoires de sport par semaine. À ton avis, c'est trop ou pas assez?

À mon avis, ce n'est pas assez. Toute la journée, on travaille dans une salle de classe, c'est très fatigant et on risque de s'endormir. Mais si on sort un peu pour faire de l'exercice, ça fait du bien. Après les cours d'EPS, on a plus d'énergie, on peut se concentrer plus facilement.

En plus, c'est une bonne idée d'essayer des sports différents. Si on a plus de cours, on peut avoir un meilleur choix d'activités sportives. **Lucas Marchadier (Bordeaux)**

Moi, je trouve que c'est trop. Si on aime pratiquer un sport, on peut faire ça après les cours, le week-end ou pendant les vacances. C'est aussi facile de faire du sport dans un club qu'au collège.

En été, d'accord, sortir un peu en plein air quand il fait beau, ça va, mais en hiver ce n'est pas si amusant! Quand il fait froid, moi, je ne veux pas sortir! J'ai horreur de ça!

Je ne suis pas contre le sport, mais je préfère regarder les matchs à la télé. C'est plus facile et c'est moins fatigant! **Sarah Beauchamp (Grenoble)**

a Trouve les paires.
b C'est l'avis de quelle personne?

Exemple: 1c – *Lucas*

1 Il faut essayer des sports différents …	**a** on risque de s'endormir.
2 Quand il fait mauvais, moi, …	**b** je déteste faire du sport en plein air.
3 Si on travaille tout le temps dans une salle de classe, …	**c** quand on est au collège.
4 Si vous faites de l'exercice en plein air, …	**d** ça vous aide à vous concentrer plus tard.

À ton avis, quel est le sport le plus pratiqué en France? (Réponse à la page 147.)

6 Faites la comparaison

Complète ces phrases avec **plus**, **moins** ou **aussi**. Puis invente d'autres phrases.

Les loisirs: *Pour moi, …*
1 le sport est ___ important que les autres activités.
2 le football est ___ fatigant que la gymnastique.
3 les randonnées sont ___ agréables que les sports d'équipe.
4 les films de science-fiction sont ___ passionnants que les films historiques.

Dossier-langue

comparing things

In Unit 3 (page 41), you learnt to use ***plus*** + adjective/adverb to say 'more …'.

You can also use ***moins*** (less), ***aussi*** (as) and ***pas si*** (not as). Look at these expressions.

c'est moins fatigant (it's less tiring)	*c'est aussi facile* (it's as easy)	*ce n'est pas si amusant* (it's not as much fun)

Mon oncle est plus âgé que mon père. (m sing)
Ma mère est moins âgée que ma tante. (f sing)
Mes frères sont plus âgés que moi. (m pl)
Mes sœurs sont moins âgées que moi. (f pl)
Ma sœur jumelle est aussi âgée que moi. (f sing)

The adjectives have to be masculine or feminine, singular or plural to agree with the person/thing being described.

Which word is used to say 'than' when comparing two different people or things?

An important exception:
• The comparative of ***bon/bonne/bons/bonnes*** (good) is irregular.
• The word for 'better' is ***meilleur/meilleure/meilleurs/meilleures***.
*un **bon choix*** (a good choice)
*un **meilleur** choix* (a better choice)

Chic, voici le nouveau CD de Frédie! Il est bon!

À mon avis, son dernier CD est meilleur!

Au collège: *À mon avis …*
5 l'informatique est ___ difficile que la technologie.
6 l'histoire est ___ intéressante que la géographie.
7 l'allemand est ___ utile que le français.
8 les langues sont ___ faciles que les sciences.

Chez des amis

- *practise using different tenses*
- *describe a recent weekend*
- *talk about reading*

1 Des questions et des réponses

Voici des questions qu'on va peut-être te poser en France.

a Trouve deux réponses possibles pour chaque question.
b Écoute les conversations et note la réponse.
c Réponds aux questions pour toi.

1 Tu viens d'où?

2 Tu aimes le sport?

3 Est-ce que tu es sorti(e) hier?

4 Tu vas sortir demain?

A Demain nous allons sortir en voiture. Nous allons voir le pont du Gard et nous allons faire un pique-nique.

F Le matin je suis sorti(e) avec mes amis. Nous sommes allés aux magasins. L'après-midi, je suis resté(e) à la maison. J'ai lu un magazine et j'ai envoyé des textos à mes amis.

B J'adore le sport. Je joue au football dans l'équipe du collège et j'aime aussi regarder le sport à la télé.

G Le sport, ça va. Je joue quelquefois au badminton et je vais à la piscine, mais je préfère la lecture. Je lis les livres de Harry Potter en ce moment.

C Je suis de Cardiff, au pays de Galles.

D Demain soir nous allons voir un spectacle en ville. Ça va être amusant.

H Non, je ne suis pas sorti(e), je suis resté(e) à la maison. J'ai surfé sur Internet et j'ai trouvé un site très intéressant sur le ski.

E Je viens de Londres en Angleterre.

2 Le jeu des questions

Travaillez à deux. Faites une conversation: posez les trois questions à tour de rôle et jetez un dé pour donner la réponse.

Exemple: A

B

A Qu'est-ce que tu as fait?
B Je suis allé(e) au bowling.
Et toi? Qu'est-ce que tu as fait?
A Je suis allé(e) au parc d'attractions.

B Tu y es allé(e) avec qui?
A Avec la famille de mon ami, Marc. **Et toi? Tu y es allé(e) avec qui?**
B Avec mes parents.

A C'était bien?
B Oui, c'était excellent. Et toi? C'était bien?
A Oui, c'était très bien.

> **Stratégies**
>
> Can you work out what **y** means in these sentences?
>
> *J'y suis allée avec mes amis.*
>
> Find another example in the questions. Why do you think *J'* is used instead of *Je*?
>
> Can you think of some expressions with **y**, where it has no particular meaning?

Qu'est-ce que tu as fait?	Tu y es allé(e) avec qui?	C'était bien?	
Je suis allé(e) …	*Avec …*	*Oui, c'était …*	*Non, c'était …*
1 à la piscine	1 mes parents	1 excellent	5 ennuyeux
2 au concert de musique	2 mes amis	2 très bien	6 nul!
3 au parc d'attractions	3 le club des jeunes	3 intéressant	
4 au feu d'artifice	4 la famille de mon ami(e)	4 amusant	
5 au bowling	5 ma classe au collège		
6 au cinéma	6 mon (ma) meilleur(e) ami(e)		

3 Des cartes postales

a Complète la carte avec la bonne forme des verbes.

Exemple: 1 *Nous __sommes arrivés__*

b Écris une carte comme ça.
- Écris deux phrases au **passé composé**.
- Écris deux phrases avec **aller + infinitif**.

> Nîmes, le 17 mai
>
> Nous (1 *arriver*) ici samedi dernier. Un jour, nous (2 *faire*) une visite guidée de la ville. Nous (3 *voir*) beaucoup de monuments romains.
>
> Hier soir, nous (4 *aller*) au match de football. C'était Nîmes contre Laval. Nîmes (5 *gagner*) 3 à 1. Bravo, Nîmes!
>
> Demain matin nous (6 *visiter*) les arènes, et l'après-midi on (7 *aller*) au pont du Gard.
>
> Bises, Sophie et Bruno

Toile de Nîmes

The word 'denim' comes from the cloth produced in Nîmes for workers' overalls. There are samples of the original 'toile **de Nîm**es' in the musée du Vieux Nîmes.

5 Tu aimes lire?

Lis la discussion, puis continue la discussion avec un(e) partenaire.
- Es-tu d'accord avec Amandine ou avec Clément?
- Est-ce que tu aimes lire?
- Quels sont tes livres préférés?

Lexique

- article (m) *article*
- auteur (m) *author*
- BD (bande dessinée) (f) *cartoon strip*
- blog (m) *blog*
- de temps en temps *now and again*
- J'ai lu ... *I've read ...*
- Je suis abonné(e) au ... *I'm a subscriber to ...*
- journal (m) *diary, newspaper*
- lecture (f) *reading*
- lire *to read*
- livre (m) *book*
- magazine (m) *magazine*
- série (f) *series*
- titre (m) *title*

4 Les livres bien connus

Les meilleurs livres sont traduits dans beaucoup de langues.

Jean-François Ménard est un écrivain français qui a traduit des livres écrits en langue anglaise, comme *Le Bon Gros Géant* (*BGG*) de Roald Dahl et la série *Harry Potter*.

Quels sont ces titres en anglais?

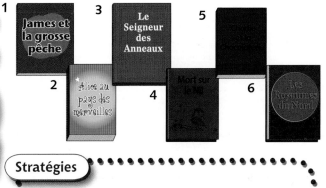

Stratégies

- How do you say a book is 'by' an author?
- Which different word is used to say 'by train'?

In the following sentences, which other word is used to mean 'by'?

On va commencer par lire une histoire.
La mère a pris l'enfant par la main.

Moi, normalement, je déteste lire, mais J'ADORE Harry Potter. J'ai lu quelques pages d'un de ces livres et je ne le lâche plus. C'est une sorte de drogue! **Amandine (13 ans)**

Salut! J'ai lu les trois premiers livres de Harry Potter et ils sont incroyables! Il y a de l'émotion, du suspense et de l'humour. Je vais commencer tout de suite à lire le prochain livre. J'adore!!!!!!! **Nicolas (14 ans)**

J'ai lu *Le journal d'Anne Frank* et je l'ai trouvé triste mais très émouvant. Ça se passe en 1942 quand l'Allemagne nazie a envahi l'Europe. À Amsterdam Anne Frank (13 ans) et sa famille, qui sont juifs, se cachent. **Lucie (14 ans)**

Moi, je lis surtout pendant les vacances quand j'ai plus de temps. J'aime beaucoup les BD, comme par exemple les livres de Tintin et d'Astérix. **Clément (13 ans)**

Je ne lis pas de livres, mais je regarde des magazines de temps en temps, par exemple des magazines sur le football ou sur l'informatique. **Martin (13 ans)**

Moi aussi, je lis des magazines. Je suis abonnée au magazine Okapi. Ça sort deux fois par mois et c'est plein d'articles intéressants, de jeu-tests, de BD, de dossiers, etc. **Léa (13 ans)**

Moi, je lis surtout des articles sur le sport et des blogs sur Internet. **Franck (14 ans)**

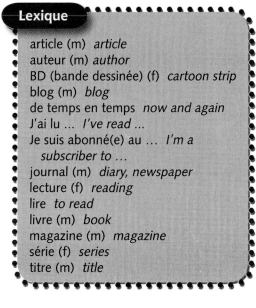

8F | À toi la parole!

Les photos

Choisis photo **A**, **B** ou **C** et écris des notes.
Qu'est-ce qu'on voit sur la photo?

Le Web et toi

Choisis **A**, **B** ou **C**.

A Trouve un site sur Nîmes et note des renseignements sur la ville. Comment est-ce qu'on peut y aller de ta ville?

B Trouve un site sur le 14 juillet ou une autre fête en France. Qu'est-ce qui se passe?

C Trouve le site d'un magazine en français pour les jeunes. Qu'est-ce qu'il y a comme articles dans le numéro actuel?

Une journée de vacances

• Décris une journée, dans le passé ou à l'avenir, ou bien une journée idéale.

• Parle de tes activités, tes impressions, etc.

• Essaie d'écrire des phrases au passé et au présent.

Trois phrases
Each day for a fortnight say three sentences:
one using **aller** + infinitive, one in the present
tense, one in the past.

SOMMAIRE

Now I can ...

■ understand information about events

une entrée	entrance (ticket)
fermé	closed
un feu d'artifice	firework display
gratuit	free of charge
un horaire	schedule, opening hours
les jours fériés	public holidays
ouvert	open
une place	place, seat
sauf	except
un spectacle	show
tous les jours	every day

■ make plans

Si on allait à ...	Shall we go to ...?
Qu'est-ce qu'on va faire?	What are we going to do?
On y va?	Shall we go?
Ça commence à quelle heure?	What time does it start?
Qu'est-ce qu'il y a d'autre à faire?	What else is there to do?
Il y a un match au stade.	There's a match at the stadium.
Tu veux faire ça?	Do you want to do that?

■ discuss what's on

Qu'est-ce qu'il y a à faire ce week-end?	What is there to do this weekend?
Qu'est-ce qu'il y a au cinéma?	What's on at the cinema?
C'est à quelle heure, le match?	What time is the match?

■ exchange contact details

Quel est ton numéro de téléphone?	What's your phone number?
Tu as un portable?	Do you have a mobile?
Quelle est ton adresse e-mail?	What's your email address?
Je n'ai pas d'adresse e-mail.	I don't have email.
l'arobase (m)	@ (e.g. in an email address)

■ accept or decline invitations (see page 122)

■ buy tickets

Ça coûte combien?	How much is it?
Deux tickets, s'il vous plaît.	Two tickets, please.
Deux entrées/places, s'il vous plaît.	Two places, please.
Il y a un tarif réduit pour les étudiants?	Is there a reduction for students?

■ talk about football and other sports

un but	goal
le championnat	championship
la Coupe du monde	World Cup
une équipe	team
un(e) gardien(ne) de but	goalkeeper
un(e) joueur (joueuse)	player
marquer un but	to score a goal
un match	match
match nul	a draw
la mi-temps	half-time
passer le ballon	to pass the ball
première/deuxième partie	first/second half
sauver un but	to save a goal
le tournoi	tournament

■ make comparisons

Il est plus grand que moi.	He's taller than me.
Elle est moins grande.	She's less tall.
Les jumeaux sont aussi grands que moi.	The twins are as tall as me.
Mes sœurs ne sont pas si grandes que moi.	My sisters are not as tall as me.
Avez-vous quelque chose de moins cher?	Do you have something cheaper?
Parlez plus lentement, s'il vous plaît.	Speak more slowly, please.
C'est un meilleur joueur.	He is a better player.
C'est une meilleure chanteuse.	She's a better singer.

■ describe a recent weekend (see page 126)

Qu'est-ce que tu as fait?	What did you do?
Je suis allé(e) ...	I went to ...
C'était bien?	Was it good?
Oui, c'était cool.	Yes, it was cool.
Non, c'était nul.	No, it was rubbish.

■ talk about reading (see page 127)

■ use the verb voir (to see)

present tense		perfect tense
je vois	nous voyons	
tu vois	vous voyez	j'ai vu, etc.
il/elle/on voit	ils/elles voient	

■ use the verb sortir (to go out)

present tense		perfect tense
je sors	nous sortons	
tu sors	vous sortez	je suis sorti(e), etc.
il/elle/on sort	ils/elles sortent	

1 C'est quel magasin?

Où est-ce qu'on vend tout ça?

Exemple: 1 *à la boulangerie*

1 un croissant

2 une quiche aux champignons

3 du poulet

4 des livres et des magazines

5 une baguette

6 de l'eau minérale

7 une glace à la vanille et au chocolat

8 des chocolats et des pâtisseries

2 Tu fais des courses

Tu fais du camping en France et chaque jour, tu fais des courses. Voici tes listes. Complète les listes avec **du**, **de la**, **de l'** ou **des** et dis où tu vas.

Exemple: *Mardi, je vais à l'épicerie et à la boulangerie. J'achète du beurre et des baguettes.*

mardi	*d__ beurre, d__ baguettes*
mercredi	*__ jambon, __ limonade, __ carottes*
jeudi	*__ viande, __ timbres*
vendredi	*__ salade de tomates, __ livres*
samedi	*__ poulet, __ fraises, __ eau minérale gazeuse*
dimanche	*__ croissants, __ glace à la vanille*
lundi	*Les magasins sont fermés!*

3 J'aime ça!

Trouve les paires.

Exemple: 1b

1 Comme fruit, je …
2 Quand nous sommes en vacances, nous …
3 Qu'est-ce que tu …
4 Qu'est-ce que vous …
5 Mes amis …
6 Pour la récré, j'…
7 Ma sœur n'aime pas les fruits ni les gâteaux. Elle …

a achetons beaucoup de glaces.
b préfère une banane ou une pomme.
c achètent souvent des frites, ils aiment ça!
d préférez pour la récré, des fruits ou des chips?
e préfère les chips ou les bonbons.
f achète souvent un pain au chocolat.
g préfères comme boisson?

4 Des listes à faire

a Complète les listes.

Exemple:
250 grammes de fromage

b Après chaque liste, écris le nom du magasin où on peut acheter ces choses. Attention! Le supermarché est fermé aujourd'hui.

1
250 grammes ___ fromage
une b___ de thon
un k___ de pêches
un d___-k___ de haricots verts
100 g___ de bonbons
un pot ___ confiture
un paquet ___ chips
un l___ de lait
une bouteille ___ vin rouge

Le magasin = ___

2
200 g___ de pâté
6 tranches ___ jambon
une p___ de salade de tomates
deux morceaux ___ quiche

Le magasin = ___

5 Invente des listes

Maintenant, à toi d'écrire des listes.

a Tu vas acheter …
- une chose à la boulangerie
- une portion de quelque chose à la charcuterie
- une chose à la librairie-papeterie.
- une boîte, un paquet ou une bouteille de quelque chose à l'épicerie.

6 Je n'ai pas de lait

a Choisis la bonne phrase pour chaque bulle.

Exemple: 1c

b Tu prépares un repas pour deux amis. Le garçon ne mange pas de viande et la fille n'aime pas les haricots verts et les petits pois.

Écris une liste des magasins où tu vas aller et tout ce que tu vas acheter, par exemple:
- quelque chose pour commencer
- un plat principal et des légumes
- quelque chose pour le dessert
- des boissons et du pain.

a   Ils n'ont pas de pêches, alors je prends des pommes.
b   Voilà, c'est tout. C'est combien?
c   Je n'ai pas de lait.
d   Je ne trouve pas de magazines sur l'informatique, alors je prends ce magazine sur le sport.
e   Zut alors, je n'ai pas de lait!
f   Voilà le supermarché.
g   Ils n'ont pas de pains au chocolat, alors je prends une baguette.
h   Ici, on vend de tout.

b Complète le résumé.

Exemple: 1 *pas de lait*

> Dani regarde dans le frigo, mais il n'y a **(1)** ___ .
>
> Alors, il va au **(2)** ___ .
>
> Dani aime les fruits, mais il n'y a **(3)** ___ p___ .
>
> Il achète un magazine, mais il n'y a **(4)** ___ m___ sur l'informatique.
>
> Il ne trouve **(5)** ___ p___ , mais il achète une baguette.
>
> Quand il rentre à la maison, il n'a toujours **(6)** ___ l___ .

Au marché

Travaillez à deux. Une personne regarde cette page, l'autre regarde la page 14, activité 3.

1 Chez le marchand de légumes

Tu vas chez le/la marchand(e) de légumes, mais il est 16h00. Tu trouves seulement deux des choses qui sont sur ta liste. Demande ces choses, puis écris ce que tu as acheté.

Exemple: – Avez-vous …?
– Désolé(e), je n'ai pas de … Voilà un/une/des …

1kg carottes	2kg pommes de terre
1 concombre	500g champignons
1kg haricots verts	un chou-fleur

2 Chez la marchande de fruits

Changez de rôle. Tu es le/la marchand(e) de fruits. Il est 16h00. Il ne reste pas beaucoup de fruits, mais il y a encore des clients. Réponds au client/à la cliente.

Exemple: – Je voudrais …
– Désolé(e), il n'y a pas de … Voilà un/une/des …

unité 2   Au choix

1 C'est dans quel pays?

Complète les phrases avec le nom des pays.
Pour t'aider, regarde la carte à la page 22.

Exemple: 1 *J'habite à Cardiff, au pays de Galles.*

1 J'habite à Cardiff, au ___ . (*Wales*)
2 Mes grands-parents vont à Glasgow, en ___ . (*Scotland*)
3 Mon frère travaille à Dublin, en ___ . (*Ireland*)
4 Nous passons le week-end à Birmingham, en ___ . (*England*)
5 Mon correspondant habite à Berlin, en ___ . (*Germany*)
6 Le collège organise un voyage à Paris, en ___ . (*France*)
7 Mon père va à Genève, en ___ . (*Switzerland*)
8 Notre prof d'espagnol vient de Barcelone, en ___ . (*Spain*)

Dossier-langue

the infinitive

When there are two verbs in a sentence, the second verb is often in the infinitive, e.g.
Je déteste faire du shopping.
I hate shopping.
Nous allons organiser un pique-nique.
We're going to organise a picnic.
To find the infinitive (*l'infinitif*) of a regular verb, you need first to find the stem, by taking off any present tense ending. Then add the following:
habite → ***habit-*** → ***habiter***
Add **-er** for a regular **-er** verb
(most verbs are regular **-er** verbs)
vendons → ***vend-*** → ***vendre***
Add **-re** for a regular **-re** verb.
finissez → ***fin-*** → ***finir***
Add **-ir** for a regular **-ir** verb.

With irregular verbs, you need to know the different parts of the verb well, or you can check the infinitive in *Les verbes* (page 160). Often the ***vous*** form can help you to recognise the verb, e.g. ***vous allez (aller)*, *vous avez (avoir)*.**

2 Pour aller au collège

Écris 1–6 et écoute les conversations.
À chaque fois, note …
a l'heure de départ
b le moyen de transport utilisé.

Exemple: 1a *7h30*, **b** *en bus*

3 On y va comment?

Complète les phrases avec la forme correcte du verbe **aller**, la destination et le moyen de transport. (Pour t'aider, regarde la page 26.)

Exemple: 1 *Lucie va* <u>*au cinéma*</u> <u>*en bus*</u>.

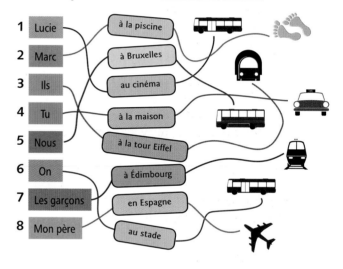

1	Lucie	à la piscine
2	Marc	à Bruxelles
3	Ils	au cinéma
4	Tu	à la maison
5	Nous	à la tour Eiffel
6	On	à Édimbourg
7	Les garçons	en Espagne
8	Mon père	au stade

4 Des phrases complètes

Trouve les paires.

1 Comment viens-…	**a** vient à mobylette.
2 Normalement, je …	**b** viennent de Québec.
3 Ta sœur, comment vient-…	**c** viens en bus.
4 Elle …	**d** venez souvent en France?
5 Est-ce que vous …	**e** ils?
6 Nous …	**f** tu au collège?
7 Les garçons là-bas, d'où viennent-…	**g** venons assez souvent pour voir des amis.
8 Ils …	**h** elle en ville?

5 Trouve l'infinitif

a regular **-er** verbs   **b** regular **-ir** verbs   **c** regular **-re** verbs   **d** irregular verbs

Exemple: 1 *jouer*   **Exemple: 1** *choisir*   **Exemple: 1** *vendre*   **Exemple: 1** *aller*

1 je joue	1 je choisis	1 je vends	1 je vais
2 tu écoutes	2 tu finis	2 tu réponds	2 tu es
3 il chante	3 elle réussit	3 elle rend	3 on va
4 nous regardons	4 nous remplissons	4 nous attendons	4 nous avons
5 vous demandez	5 vous choisissez	5 vous entendez	5 vous venez
6 elles visitent	6 ils obéissent	6 ils vendent	6 ils font

6 Les vacances idéales

a Complète les phrases avec la bonne forme du verbe **pouvoir**.

Exemple: 1 *on peut*

1 Il y a des monuments qu'on ___ visiter.
2 Il y a un snack, ou un restaurant fast-food où nous ___ manger.
3 Il y a beaucoup de boîtes où les jeunes ___ aller le soir.
4 Il y a des activités où on ___ retrouver d'autres jeunes.
5 Il y a un grand choix d'excursions que les visiteurs ___ faire.
6 Vous ___ faire beaucoup de sports différents, par exemple de l'équitation et de la planche à voile.
7 La mer est tout près et nous ___ aller directement sur la plage.
8 On mange bien et on ___ choisir des plats au restaurant.

b Choisis les trois phrases qui sont les plus importantes pour tes vacances idéales.

7 Ça dépend du temps

Regarde le temps et propose une activité intérieure ou de plein air.

Exemple: 1 *Il fait mauvais, alors on peut jouer sur l'ordinateur.*

1 il fait mauvais
2 il pleut
3 il neige
4 il fait beau
5 il fait chaud
6 il y a du soleil
7 il fait très froid
8 il y a du brouillard

Les activités de plein air

1 2 3 4 5 6

Les activités intérieures

1 2 3 4 5 6

Pour t'aider

jouer	au golf/au tennis/sur l'ordinateur
faire	du vélo/une promenade
aller	au cinéma/au musée
	à la pêche/à la piscine
écouter	de la musique
regarder	la télé/un DVD

8 Ce n'est pas possible

Écoute et choisis la bonne excuse.

Exemple: 1b

a Il va jouer un match.
b Elle va rendre visite à sa tante.
c Ils travaillent tard à l'hôpital.
d Ils vont au théâtre.
e Ils vont rentrer à la maison.
f Elle va faire de l'équitation.

9 Désolé

Invente des excuses.

Exemple: 1 *Je ne peux pas aller au cinéma avec toi parce que … je vais jouer au tennis.*

1 Je ne peux pas aller au cinéma avec toi parce que je …
2 Je ne peux pas aller au concert, parce que je …
3 Mon frère ne peut pas sortir parce qu'il …
4 Ma mère ne peut pas aller en ville parce qu'elle …
5 Nous ne pouvons pas venir au collège parce que nous …
6 Mes amis ne peuvent pas jouer le match parce qu'ils …

Voici des idées:

jouer au golf/au football
travailler dans le jardin
rendre visite à mes grands-parents
faire de l'équitation
aller à la piscine
préparer le dîner
faire du vélo

Qu'est-ce qu'on peut faire?

Une personne regarde cette page. L'autre regarde la page 30. Ton/Ta partenaire commence.
Il/Elle pose des questions sur Sancerre.
Consulte le guide pour répondre.
Après quatre questions, changez de rôle.
Exemple: *Oui, on peut faire de la voile.*

Oui, on peut	faire du ski/du camping/de la voile/de l'équitation
	visiter un château/un musée
	aller à la piscine/à la patinoire/au cinéma/au parc
	jouer au tennis/golf/football
Non, ce n'est pas possible./On ne peut pas faire ça.	

Guide touristique

Sancerre

Amboise

unité 3 Au choix

1 Trouve les paires

Exemple: 1d

1 Il y a environ …	**a** on va dans un laboratoire.
2 On ne porte pas …	**b** mangent à la cantine à midi.
3 Les cours commencent …	**c** d'uniforme scolaire.
4 Pour les sciences, …	**d** 700 élèves dans notre collège.
5 Dans la salle de technologie, …	**e** à huit heures.
6 Les demi-pensionnaires …	**f** dans le gymnase.
7 Pour l'EPS, on va …	**g** à cinq heures.
8 Les cours finissent …	**h** il y a des ordinateurs.

2 Des questions et des réponses

a Complète les questions avec la bonne forme du verbe **apprendre** ou **comprendre**.

Exemple: 1 *Est-ce que tous les élèves* __comprennent__ *le français?*

1 Est-ce que tous les élèves c___ le français?
2 Est-ce que ta sœur a___ à jouer du piano?
3 Est-ce que ton grand-père c___ l'italien?
4 Tu a___ à jouer de quel instrument de musique?
5 Qu'est-ce que vous a___ comme langues au collège?

b Complète les réponses.

Exemple: a *Moi, j'*__apprends__ *à jouer du violon.*

a Moi, j'a___ à jouer du violon.
b Non, mon grand-père ne c___ pas l'italien.
c Nous a___ le français, l'allemand et l'espagnol.
d Oui, tous les élèves dans notre classe c___ le français.
e Oui, elle a___ à jouer du piano.

c Trouve les paires.

Exemple: 1d

3 Ça commence mal

Complète les phrases.

Exemple: 1 *Claude se lève*

1 Claude ___ souvent tard et il arrive tard au bureau. Son chef n'est pas content.
(se lever)

2 Alors, aujourd'hui, Claude ___ à six heures.
(se réveiller)

3 Il ___ tout de suite.
(se lever)

4 Il ___ très vite.
(s'habiller)

   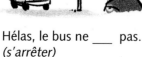

5 Il prend sa moto, mais le moteur ___ .
(s'arrêter)

6 Il voit un autobus qui arrive. Il ___ .
(se dépêcher)

7 Hélas, le bus ne ___ pas.
(s'arrêter)

8 Enfin, il arrive, mais c'est un jour de congé!

4 Aujourd'hui, c'est différent

Écris ces phrases à la forme négative.

Exemple: 1 *Je ne me réveille pas avant sept heures.*

1 Je me réveille avant sept heures.
2 Je me lève tout de suite.
3 Je m'habille très vite.
4 Mon frère se lave dans la salle de bains.
5 Nous nous dépêchons.
6 Le bus s'arrête au coin de la rue.
7 Mes parents s'occupent de leur travail.
8 On se couche tôt. Pourquoi? C'est les vacances!

5 Qu'est-ce qu'ils veulent?

a Complète les questions avec la bonne forme du verbe **vouloir**.

Exemple: 1 *vous voulez*

1 Qu'est-ce que vous ___ faire aujourd'hui?
2 Est-ce que tu ___ du fromage?
3 Tu ___ venir ici ce matin?
4 Qu'est-ce que les autres ___ faire cet après-midi?
5 Qu'est-ce que ta sœur ___ surtout faire à Paris?
6 Où est-ce que ton frère ___ aller?

b Complète les réponses.

Exemple: a *je veux*

a Oui, je ___ bien aller chez toi.
b Elle ___ surtout monter à la tour Eiffel.
c Nous ___ aller à la piscine ce matin et visiter la ville cet après-midi.
d Il ___ aller en Allemagne.
e Les adultes ___ visiter le jardin botanique et les enfants ___ aller à l'aquarium.
f Oui, je ___ bien. J'aime beaucoup le camembert.

c Trouve les paires.

Exemple: 1c

6 Inventez des conversations

Travaillez à deux pour faire des conversations.

Exemple: 1 – *Est-ce que tu veux visiter le château cet après-midi?*
– *Non, je ne peux pas parce que je vais aller à la piscine.*

1 – Est-ce que tu veux 🏰 cet après-midi?
– Non, je ne peux pas parce que je vais 🏊 .
2 – Vous voulez 🎥 ce soir?
– Non, nous ne pouvons pas parce que nous allons 🍴 .
3 – Est-ce que vos amis veulent 🎾 ?
– Non, ils ne peuvent pas parce qu'ils vont ⚽ .
4 – Tu veux ♟ après les cours?
– Non, je ne peux pas parce que je vais 🛍 .

Pour t'aider

aller	à la piscine au cinéma
faire manger	des courses au restaurant
jouer	au tennis football aux échecs
visiter	le château

7 Des conversations

Complète les conversations avec la bonne forme des verbes.

1 *lire*
– Qu'est-ce que tu **(a)** ___?
– Je **(b)** ___ une bande dessinée. C'est très amusant.
– Et tes amis, qu'est-ce qu'ils **(c)** ___?
– Hasan **(d)** ___ un livre de Tintin et Magali **(e)** ___ une lettre de sa correspondante.

2 *écrire*
– Est-ce que tu **(a)** ___ souvent à ta correspondante?
– Bof! J'**(b)** ___ quand j'ai le temps.
– Elle **(c)** ___ en anglais?
– Oui, et moi, j'**(d)** ___ en français.

3 *dire*
– On **(a)** ___ qu'il y a un nouveau prof de biologie.
– Qu'est-ce que tu **(b)** ___?
– Il y a un nouveau prof de biologie. On **(c)** ___ qu'il est assez sévère.

1 Une description

Choisis une personne à la page 54 et écris une petite description.

2 J'adore ranger ma chambre!

a Écris des phrases complètes.

Exemple: 1 *J'adore ranger ma chambre. C'est intéressant.*

1 J'adore _____ . C'est intéressant.

2 Je n'aime pas _____ . C'est ennuyeux.

3 J'aime _____ . C'est amusant.

4 Je déteste _____ . C'est fatigant.

5 Je n'aime pas beaucoup _____ , mais ça va.

6 J'aime beaucoup _____ , mais ce n'est pas facile.

b Qu'est-ce que tu aimes (ou n'aimes pas) faire pour aider à la maison? Pourquoi? Écris des phrases dans ton dossier personnel.

Exemple: *Le samedi après-midi, je n'aime pas ranger ma chambre. C'est fatigant!*

3 Présent ou passé?

Choisis la réponse au passé composé.

Exemple: 1b

1 Est-ce que tu as travaillé hier?
   a Normalement, je travaille le jeudi.
   b Oui, j'ai travaillé toute la journée.
2 Tu as joué au tennis la semaine dernière?
   a Vendredi dernier, j'ai joué au tennis.
   b En été, je joue au tennis tous les soirs.
3 Qu'est-ce que vous avez acheté en ville?
   a Mon frère a acheté un CD hier.
   b Ma sœur achète un magazine chaque mois.
4 Tu as mangé à la cantine à midi?
   a Oui, j'ai mangé de la pizza.
   b Normalement, on mange du poisson.
5 Tu as regardé le film hier soir?
   a Je regarde souvent la télé.
   b Non, j'ai écouté la radio.

4 Un écrivain anglais

Trouve les phrases au passé composé.

Exemple: 4, …

1 Mon frère adore les livres de Philip Pullman.
2 Philip Pullman est un écrivain anglais qui habite à Oxford.
3 Son anniversaire est le 19 octobre.
4 Quand il était enfant, il a habité en Australie et au Zimbabwe.
5 Il a travaillé comme professeur pendant douze ans.
6 En 1995, il a gagné un prix pour le livre *Les Royaumes du Nord* ('Northern Lights').
7 On a tourné un film inspiré de cette histoire.
8 Le film s'appelle *À la croisée des mondes: La Boussole d'Or* ('The Golden Compass').
9 Nous avons bien aimé ce film.
10 Philip Pullman aime beaucoup les BD.

5 Hier

Écris les phrases au passé composé (**avoir** + participe passé).

Exemple: 1 *j'ai aidé*

1 Le matin, moi, j'___ à la cuisine. (*aider*)
2 Et toi, tu ___ de la musique. (*écouter*)
3 Puis moi, j'___ ma chambre. (*ranger*)
4 Et toi, tu ___ sur l'ordinateur. (*jouer*)
5 L'après-midi, moi, j'___ l'aspirateur. (*passer*)
6 Et toi, tu ___ la télé. (*regarder*)
7 Puis moi, j'___ la voiture. (*laver*)
8 Et toi, tu ___ à des amis. (*téléphoner*)
9 Enfin, moi, j'___ dans ma chambre. (*travailler*)
10 Et toi, tu ___ une bonne journée! (*passer*)

6 Des questions et des réponses

a Complète les questions avec le bon participe passé.

Exemple: 1 *Tu as __fini__ ...*

1 Tu as ___ tes devoirs de français? (*finir*)
2 Elles ont ___ de manger? (*finir*)
3 Il a ___ une carte pour Thomas? (*choisir*)
4 Vous avez ___ le jeu? (*finir*)
5 Qu'est-ce que tu as ___ comme DVD? (*choisir*)
6 Le match a ___ à quelle heure? (*finir*)

b Complète les réponses avec la bonne forme d'**avoir**.

Exemple: 1 *Il __a__ fini*

a Il ___ fini à quatre heures.
b Oui, il ___ choisi une carte amusante.
c Non, je n'___ pas encore fini.
d Oui, elles ___ fini de manger.
e Oui, nous ___ fini.
f J'___ choisi un film d'Astérix.

c Trouve les paires.

Exemple: 1c

7 Un e-mail

Voici le début d'un message.
Écris au moins trois autres phrases.

Voici des idées:
acheter – un CD/des cartes postales/un magazine
midi – déjeuner au café/dans un fast-food
choisir – une pizza/un sandwich au fromage
rencontrer – le prof/un ami/ma grand-mère

Salut!
Samedi dernier, j'ai décidé d'aller en ville.
Au grand magasin, j'ai acheté …

8 Une journée récente

a Le matin
Complète le texte avec le participe passé du verbe.

Exemple: 1 *j'ai __quitté__*

Lundi dernier, j'ai (**1** *quitter*) la maison à sept heures et demie. J'ai (**2** *attendre*) l'autobus pendant dix minutes. Au collège, les cours ont (**3** *commencer*) à huit heures dix. Nous avons bien (**4** *travailler*). Pendant la récréation, on a (**5** *vendre*) des pains au chocolat. J'ai (**6** *retrouver*) mes copains dans la cour.

b L'après-midi et le soir
Complète le texte avec la bonne forme d'**avoir** + le participe passé.

Exemple: 1 *j'ai __mangé__*

À midi, j'(**1** *manger*) à la cantine. J'(**2** *choisir*) du poulet et des frites. L'après-midi, les cours (**3** *finir*) à cinq heures. Le soir, j'(**4** *travailler*) pendant une heure. Puis, j'(**5** *regarder*) la télé. Et à sept heures et demie, nous (**6** *dîner*).

9 Un message

a Complète le message avec des mots de la case. Attention! Il y a des mots en trop.

b Avec les mots supplémentaires, fais une phrase complète.

attendu   beaucoup   bons   cher   dormi   super
la montagne   les légumes   merci   musique
passé   pour   la santé   sœur   sont   voyage

(1) ___ Luc,

Merci pour tout. J'ai (2) ___ une semaine
(3) ___ en France. J'ai (4) ___ aimé l'excursion
à (5) ___ .

Ma (6) ___ a bien aimé le CD. Elle adore la
(7) ___ .

J'ai fait très bon (8) ___ . Je n'ai pas
(9) ___ longtemps à la gare. J'ai (10) ___ dans
le train, alors le voyage est passé vite.

(11) ___ encore, Alex

1 Qu'est-ce qu'on boit?

Trouve les paires.

Exemple: 1b

1 Au goûter, Jean …
2 Les enfants …
3 Est-ce que vous …
4 Le dimanche, nous …
5 Qu'est-ce que tu …
6 Au petit déjeuner, je …
7 Ma sœur adore la menthe. Au café, elle …

a boivent de l'Orangina.
b boit du chocolat chaud.
c buvons du vin avec le déjeuner.
d bois un bol de café au lait.
e buvez du vin avec les repas?
f boit toujours une menthe à l'eau.
g bois au petit déjeuner?

2 Conversations au choix

Travaillez à deux. Jetez un dé à tour de rôle (ou choisissez des nombres entre 1 et 6) pour faire des conversations.

Exemple:

– *Qu'est-ce que tu bois normalement* **(A1)** *au petit déjeuner?*
– *Je bois souvent* **(B1)** *du jus de fruits. J'adore ça! Et toi, qu'est-ce que tu bois* **(A3)** *le soir?*
– *Je bois surtout* **(B3)** *de l'eau minérale.*
– *Ah bon, et* **(A6)** *à une fête, qu'est-ce que vous buvez, tes amis et toi?*
– *Ça dépend, mais nous buvons souvent* **(B6)** *du coca ou de la limonade.*

A Quand?
1 au petit déjeuner
2 au café
3 le soir
4 quand il fait froid
5 quand il fait chaud
6 à une fête

B Quelle boisson?
1 du jus de fruits
2 de l'Orangina
3 de l'eau minérale
4 du café, du thé ou du chocolat chaud
5 du champagne
6 du coca ou de la limonade

3 On a mangé ça

Regarde la liste des spécialités. Qu'est-ce qu'ils ont commandé?

Exemple: 1 *Marc a commandé une omelette aux champignons.*

1 Marc est végétarien, mais il adore les œufs.
2 Claire adore les saucisses et elle aime aussi le pain.
3 Élise adore le fromage et le jambon.
4 Jean-Pierre préfère les choses sucrées.
5 Paul a choisi un sandwich, mais pas au jambon.
6 Toi. (Moi, j'ai …)

Nos spécialités
Sandwichs (au jambon, au pâté)
Croque-monsieur
Omelettes aux champignons
Hot-dogs
Frites
Crêpes

4 Fais des phrases
Combien de phrases peux-tu faire?

Hier,	j'ai	écrit	un livre de cuisine.
Hier matin/soir,	il a	découvert	une nouvelle page web.
Lundi dernier,	elle a	vu	un nouveau jeu vidéo.
Vendredi matin,	on a	reçu	une nouvelle recette.
Samedi soir,	ils ont	lu	un magazine intéressant.
Samedi dernier,	elles ont	fait	une BD fantastique.

une recette   *a recipe*

5 M. Corot – un résumé

Mets les phrases dans l'ordre pour faire un résumé de l'histoire à la page 76.

Exemple: b, …

a Elle a téléphoné à M. Corot.
b Lundi soir, les Corot ont préparé des sandwichs.
c Le chat a mangé des sardines.
d Comme il a mangé ses sandwichs aux sardines, M. Corot a décidé de téléphoner à son médecin.
e Plus tard, Mme Corot a découvert que le chat était malade.
f Le médecin a envoyé M. Corot à l'hôpital.
g Finalement, l'épicier a tout expliqué.

6 Réponds sans dire oui ou non

Travaillez à deux. Posez cinq questions à l'autre personne. On peut répondre par des phrases vraies ou fausses, mais il ne faut pas dire **oui** ou **non**. Puis changez de rôle.

Voici des idées:

• As-tu passé tes vacances en France?

Exemple: *J'ai passé mes vacances à Skegness.*

ou   *Je n'ai pas passé mes vacances en France.*

• As-tu passé des vacances à Paris?
• As-tu visité l'Espagne ou l'Italie?
• As-tu regardé la télévision hier?
• Qu'est-ce que tu as mangé à midi? As-tu aimé ça?
• Est-ce que tu as joué au tennis samedi?
• As-tu acheté quelque chose aux magasins?
• Est-ce que tu as joué sur l'ordinateur?

7 Invente une définition

Invente une définition. Ton/Ta partenaire devine la réponse, puis il/elle invente une définition pour toi.

Exemple:
1 *(un fruit):* **Il est rond et rouge ou vert. On mange ça souvent. (= une pomme)**

1 un fruit
2 un légume
3 un plat
4 des légumes
5 un dessert
6 une boisson froide
7 une boisson chaude

8 Voici le menu

Complète le menu avec les bonnes voyelles.

Exemple: 1 *du pâté*

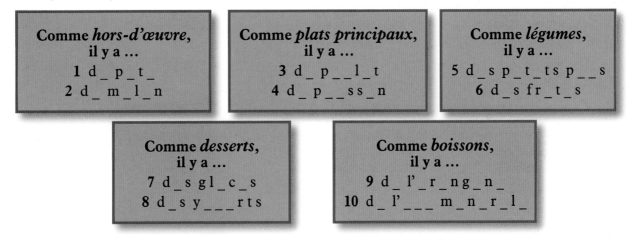

Comme *hors-d'œuvre*, il y a …
1 d _ p _ t _
2 d _ m _ l _ n

Comme *plats principaux*, il y a …
3 d _ p _ _ l _ t
4 d _ p _ _ ss _ n

Comme *légumes*, il y a …
5 d _ s p _ t _ ts p _ _ s
6 d _ s fr _ t _ s

Comme *desserts*, il y a …
7 d _ s gl _ c _ s
8 d _ s y _ _ _ r t s

Comme *boissons*, il y a …
9 d _ l' _ r _ ng _ n _
10 d _ l' _ _ _ m _ n _ r _ l _

9 On a mangé à la cantine

Ces cinq élèves ont mangé à la cantine aujourd'hui. Ils ont mangé des choses différentes et ils ont pris des boissons différentes.

1 Marc n'aime pas beaucoup la viande et il préfère un repas froid, mais avec une boisson chaude.
2 Claire et Tiffaine aiment le steak haché, mais Tiffaine préfère le poulet.
3 Jean-Pierre est végétarien. Il n'aime pas le poisson et il n'aime pas la viande, mais il adore boire du lait.
4 Élise adore le poulet, comme Tiffaine, mais aujourd'hui, elle a décidé de manger du poisson. Elle n'aime pas l'Orangina.
5 Tiffaine et Claire aiment les boissons sucrées. Tiffaine adore surtout la limonade.

Copie et complète la grille dans ton cahier pour faire ce jeu de logique. Décide ce que chaque personne a choisi comme plat principal et comme boisson.

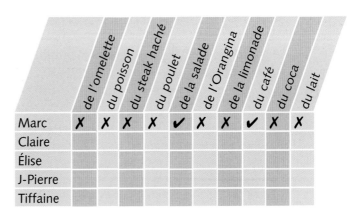

	de l'omelette	du poisson	du steak haché	du poulet	de la salade	de l'Orangina	de la limonade	du café	du coca	du lait
Marc	X	X	X	X	✔	X	X	✔	X	X
Claire										
Élise										
J-Pierre										
Tiffaine										

unité 6 Au choix

1 Des questions et des réponses

Complète les phrases avec la bonne forme du verbe **partir**, puis trouve les paires.

Exemple: 1 *tu pars ...* **b** *Je pars ...*

Des questions

1 Quand est-ce que tu ___ pour le Canada?
2 Est-ce que vous ___ en vacances cet été?
3 Quand est-ce que les garçons ___ au match de football?
4 Le bus pour la gare ___ à quelle heure?
5 Quand est-ce que Nicole et Sophie ___ à Paris?

Des réponses

a Elles ___ jeudi à midi.
b Je ___ le 18 mai.
c Oui, nous ___ le 7 juillet pour la Belgique.
d Le prochain bus ___ à quatorze heures.
e Ils ___ après le déjeuner.

2 Voyager sans problème

Choisis la bonne réponse.

1 Pour aller de la France au Canada, il faut traverser
   a la rue b l'Atlantique c la Seine.

2 Pour aller de Paris à Montréal, il faut prendre
   a l'avion b le vélo c la voiture.

3 Pour prendre l'avion, il faut aller
   a à la gare b à la piscine c à l'aéroport.

4 Pour connaître l'heure de départ, il faut consulter
   a un médecin b l'horaire c l'hôpital.

5 Pour aller de la France à l'Angleterre, il faut traverser
   a les Alpes b le pont c la Manche.

6 Pour voyager dans un autre pays, il ne faut pas oublier
   a son livre b son passeport c son chapeau.

3 Qu'est-ce qu'il faut faire?

Complète les phrases avec **il faut** ou **il ne faut pas**.

Exemple: 1 ..., *il faut aller à la gare.*

1 Pour prendre le train, ___ aller à la gare.
2 Pour laisser sa valise, ___ chercher la consigne.
3 Pour connaître l'heure du départ, ___ consulter l'horaire.
4 ___ mettre les pieds (*feet*) sur le siège.
5 Avant de monter dans le train, ___ composter son billet.
6 Pour être sûr d'avoir une place, ___ prendre une réservation.
7 Pour acheter un billet,
   (a) ___ aller au restaurant;
   (b) ___ aller au guichet.
8 Pour prendre le train qu'on veut,
   (a) ___ arriver à l'heure;
   (b) ___ arriver en retard.

4 Au grand magasin

Ce matin, Luc est allé à un grand magasin.
Mets les phrases dans le bon ordre (1–10).

Exemple: 1c, ... 10f

a Au sixième étage, il est allé au café.
b Il est sorti du magasin à neuf heures et demie.
c Luc est parti à neuf heures.
d À neuf heures dix, il est entré dans le magasin.
e Il est resté dix minutes au café.
f À dix heures moins vingt, Luc est rentré à la maison.
g Il est arrivé au magasin à neuf heures cinq.
h Il est tombé dans la rue à dix heures moins vingt-cinq.
i À neuf heures et quart, Luc est monté au sixième étage.
j À neuf heures vingt-cinq, il est descendu du café.

5 Je suis enfin arrivé(e)

Écris ce résumé pour toi.

a Complète les phrases avec le bon participe passé des verbes.

Exemples: *Si tu es un garçon:* **1** *Je suis <u>sorti</u> de la maison à midi.*
    Si tu es une fille: **1** *Je suis <u>sorti</u> de la maison à midi.*

1 Je suis (*sortir*) de la maison à midi.
2 Je suis (*aller*) à l'arrêt d'autobus.
3 Après trente minutes, le bus est (*arriver*).
4 Je suis (*monter*) dans le bus.
5 Vingt minutes après, le bus est (*tomber*) en panne.

b Complète les phrases avec le verbe au passé composé.

Exemple: 6 *Je <u>suis resté(e)</u> ...*

6 Je __ ___ (*rester*) dans le bus pendant dix minutes.
7 Puis le bus __ ___ (*repartir*).
8 Après vingt minutes, il __ ___ (*arriver*) au terminus.
9 Je __ ___ (*descendre*) du bus.
10 Je __ ___ (*entrer*) dans la patinoire où j'ai retrouvé mes amis.

6 Ils sont allés en ville

Écris la forme correcte du verbe **aller** au passé composé, puis
suis les lignes pour compléter les phrases. C'est Nathalie qui parle.

Exemple: 1 *Moi, je suis allée au marché.*

1 Moi, je __ ___ ——————— à la patinoire.
2 Toi, Pierre, tu __ ___ ——— au magasin de sports.
3 Thomas __ ___ à la campagne.
4 Cécile, elle __ ___ au marché.
5 Hélène et moi, nous __ ___ au bowling, non?
6 Paul et Luc, vous __ ___ au café.
7 Les garçons __ ___ au match de tennis.
8 Anne et Sophie __ ___ ——————— au théâtre?

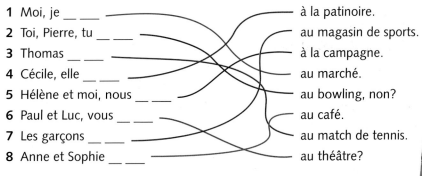

7 Un coup de téléphone

André téléphone à Bruno, un copain en France.
Écoute la conversation et choisis le bon mot pour compléter les phrases.

1 L'autre soir, André et Daniel sont (**a** *tombés dans la rue* **b** *restés à la maison* **c** *sortis avec Claire et Katy*).
2 Ils sont allés au (**a** *musée* **b** *cinéma* **c** *bowling*).
3 Emma, une fille qui est venue à la soirée, est (**a** *la cousine* **b** *la nièce* **c** *la sœur*) de Daniel.
4 Elle est (**a** *assez gentille* **b** *pas très gentille* **c** *très gentille*).
5 La soirée a fini à (**a** *dix heures* **b** *dix heures et demie* **c** *onze heures*).
6 Après la soirée, ils sont rentrés en (**a** *bus* **b** *voiture* **c** *train*)

8 Une carte postale

Tu as visité une ville récemment, par exemple Paris, Londres, Cardiff.
Écris une carte postale à un(e) ami(e) français(e).

Pour t'aider, relis **Deux cartes postales** (activité 2), à la page 92.

1 Choisis tes vêtements!

Complète les phrases avec la bonne forme du verbe et le nom des vêtements.

Exemple: 1 *Pour jouer au tennis, on <u>met</u> un <u>t-shirt</u> et un short.*

1 Pour jouer au tennis, on m___ un ___ et un short.
2 Pour faire du skate, mon frère m___ ___ .
3 Pour aller au mariage de ma sœur, mes parents et moi, nous m___ nos vêtements de fête.
4 Il fait froid, les enfants. Est-ce que vous ___ ___ ?
5 Pour aller à la plage, les enfants ___ ___ .
6 Quand il pleut, on ___ ___ .

3 À discuter

a Travaillez à deux. À tour de rôle, posez des questions et répondez. Chaque personne donne son avis personnel.

Exemple: *—Comment trouves-tu la musique classique?*
—Je l'aime beaucoup. Je la trouve intéressante.

Est-ce que tu aimes	le skate?
	le cyclisme?
	le sport?
	les sciences?
	l'informatique (f)?
	la musique classique?
	la musique pop?
Comment trouves-tu	les films de science-fiction?
	les bandes dessinées?
	les vêtements de marque?
	les vêtements décontractés?
	l'uniforme (m) du collège?

b Écris tes réponses dans ton dossier personnel.

Exemple: *J'aime beaucoup le skate. Je le trouve fantastique.*

Pour t'aider

Je l'aime bien/Je les aime (beaucoup).	
Je ne l'aime pas/Je ne les aime pas (beaucoup/du tout).	
Je le/la/les trouve	intéressant(e)(s)/ amusant(e)(s)/cool/ fantastique(s)/
Je ne le/la/les trouve pas …	ennuyeux(-euse)(s).

2 Qui est le voleur?

Samedi, Mlle Maigreton a vu un voleur quitter une boutique. Voilà sa description de l'homme.

> Il a environ quarante ans. Il est assez grand, mais pas très grand. Il a les cheveux noirs et frisés et les yeux gris. Il a une petite barbe, mais il n'a pas de moustache. Il porte des lunettes.

la barbe *beard*

| Michel | Pierre | Claude | Daniel | Victor |
| Malheur | Poison | Cruel | Désastre | Voleur |

Voilà cinq hommes, mais qui est le voleur? Que dit Mlle Maigreton?

Exemple: *Ce n'est pas Michel Malheur. Il est trop petit et il n'a pas de barbe.*

4 Mots et images

Écris le bon mot pour chaque image.

Exemple: 1 *le bras*

> le bras   les dents   la bouche   les épaules
> les doigts   une oreille   le cou   le pied

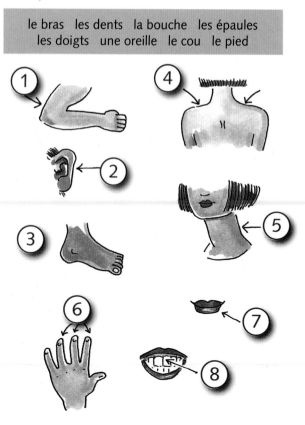

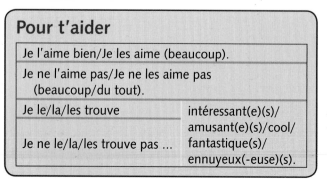

5 Ils sont malades!

Toutes ces personnes (et le petit chat aussi) sont malades, mais qu'est-ce qu'elles ont? Trouve les paires.

Exemple: 1h

a Elle a mal au dos.
b Elle a mal aux oreilles.
c Il a mal à l'œil.
d Il a mal à la jambe.
e Le bébé et sa maman ont mal à la main.
f Ils ont mal à la tête.
g Il a mal à la queue.
h Il a mal au ventre.
i Ils ont mal aux pieds.
j Elle a mal au cœur.

7 Mamie va voir le médecin

Choisis des mots dans la case pour compléter le texte.

6 La girafe

Lis l'article et complète les phrases.

1 La girafe a une ___ extensible.
2 La girafe peut ___ 50 litres d'eau.
3 La girafe ne ___ pas très souvent.
4 La girafe peut ___ très vite.
5 La girafe ___ pendant la moitié du jour.

> boire   dort   mange   courir   langue

La girafe

- La girafe a une langue extensible qu'elle peut enrouler autour d'une branche pour la tirer dans sa bouche.
- La girafe peut vivre avec très peu d'eau qu'elle trouve sur les feuilles. Mais quand elle a soif, elle boit entre 40 et 50 litres d'eau.
- La girafe dort très rarement. Elle dort profondément pendant environ 20 minutes toutes les 24 heures.
- La girafe passe environ 12 heures chaque jour à manger.
- La girafe peut courir à 60 km/heure – comme ça, elle peut échapper à ses ennemis, les hyènes, par exemple.

la langue *tongue*

> allez   prenez   restez   ouvrez   demandez   venez

unité 8   Au choix

1 Vrai ou faux ?

Lis l'article et écris **V** (vrai) ou **F** (faux).

1 Quand il y a du soleil, les chiens voient bien les couleurs.

2 Les chiens voient facilement le mouvement.

3 Un chien peut voir les choses devant et derrière lui.

4 La nuit, les chiens voient moins bien que les humains.

5 Pour un berger, avoir un bon chien, c'est très important.

2 On sort

Trouve les paires.

Exemple: 1d

1 Le week-end, je …	**a** sortons en famille.
2 Est-ce que vous …	**b** ne sort jamais.
3 Quelquefois, nous …	**c** sortent tous les samedis.
4 Mon frère adore le sport; il …	**d** sors, normalement.
5 Ma grand-mère déteste le temps froid. En hiver, elle …	**e** sortez souvent?
6 Mes amis …	**f** sort souvent.

Les chiens, est-ce qu'ils voient bien?

Oui et non! Pendant la journée, ils ne voient pas bien les couleurs, mais le soir, quand il commence à faire noir, les yeux des chiens sont plus forts que nos yeux humains.

Les chiens voient bien quelque chose qui bouge, même à une grande distance. Par exemple, si un berger fait signe à son chien, il peut voir son maître à une distance d'un kilomètre.

Une chose amusante – comme les yeux d'un chien sont sur les côtés de la tête, il peut voir devant, à côté et derrière lui!

bouger *to move*
un berger *shepherd*

3 Isabelle et sa mère

Complète les conversations entre Isabelle et sa mère avec la bonne forme du verbe **sortir**.

Exemple: 1 *je* sors

– Maman, ce soir je (**1**) ___ .
– Tu (**2**) ___ encore ce soir? Mais non, Isabelle. Tu (**3**) ___ trop. Ça fait quatre fois que tu (**4**) ___ cette semaine.
– Mais maman, ce soir je (**5**) ___ avec Jean-Claude. Nous allons à la nouvelle discothèque.
– Eh bien, d'accord. Mais demain, tu restes à la maison!

Une semaine plus tard …

– Isabelle, ce soir, papa et moi, nous (**6**) ___ .
– Vous (**7**) ___ ? Où allez-vous?
– Nous allons au nouveau restaurant italien en ville.
– Alors, comme vous (**8**) ___ , est-ce que je peux inviter Magali ou Sophie à la maison?
– Bon, d'accord.

Au téléphone …

– Écoute, Magali, papa et maman (**9**) ___ ce soir. Alors, est-ce que tu veux venir à la maison?

4 La semaine d'Isabelle

Tu as une bonne mémoire? Isabelle est beaucoup sortie mais où, et avec qui? Complète les phrases. (Pour t'aider, regarde la page 120.)

1 Mardi soir, elle est ___ avec ___ .

2 Elles __ ___ à la ___ . (*aller*)

3 Mercredi après-midi, elle __ ___. avec ___ et ses amis.

4 Ils __ ___ à la ___ . (*aller*)

5 Jeudi soir, elle __ ___ avec ___ .

6 Elles __ ___ au tennis. (*jouer*)

7 Vendredi soir, elle __ ___ chez Alexandre. (*aller*)

8 Samedi soir, elle __ ___ avec ___ .

9 Dimanche, David __ ___ à Isabelle. (*téléphoner*)

10 Mais le dimanche, elle n'__ pas ___ .

5 Trois élèves

Lis les descriptions et écris **vrai** ou **faux**.

Exemple: 1 *faux*

	Charles	Roxanne	Mohammed
âge:	12 ans	13 ans	12 ans 6 mois
taille	1 m 40	1 m 50	1 m 40
aime:	tous les sports	le cinéma, la musique	la lecture, le football (surtout les Crocos)

1 Charles est plus âgé que Mohammed.
2 Roxanne est plus âgée que Charles et Mohammed.
3 Charles est moins sportif que Roxanne et Mohammed.
4 Charles est aussi grand que Mohammed.
5 Charles est plus jeune que Mohammed.
6 Roxanne est moins grande que Charles.
7 Mohammed est aussi grand que Roxanne.
8 Roxanne n'est pas si sportive que Charles.

6 L'hippo et le croco

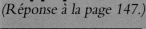

Quel animal est plus dangereux, l'hippopotame ou le crocodile?

(Réponse à la page 147.)

L'hippopotame est un mammifère énorme (1,5 tonnes). Il a une bouche gigantesque et des dents d'un mètre de long, mais il ne mange pas de viande.
Il est herbivore – il mange seulement des plantes fraîches.

Au contraire, le crocodile – un très grand reptile – est très dangereux. Il est carnivore et il mange de la viande, des antilopes, par exemple, et du poisson – et même les hommes, s'ils tombent dans l'eau!

Un grand crocodile peut mesurer cinq mètres, mais il se cache sous l'eau (à part ses petits yeux) et attend ses victimes avec patience.

Choisis le mot correct.   **Exemple: 1b**

L'hippotame
1 L'hippotame est …
   a carnivore **b** herbivore **c** un reptile.
2 Il a des dents …
   a très longues **b** très petites.
3 Il mange …
   a du poisson **b** des plantes **c** des antilopes.

Le crocodile
4 Le crocodile est …
   a un mammifère **b** carnivore **c** herbivore.
5 Il peut mesurer …
   a 1 mètre **b** 5 mètres **c** 1,5 mètres.
6 Ses yeux sont …
   a grands **b** bleus **c** petits.

7 Sport pour tous

Complète le message.

Exemple: 1 *passé*

> Samedi dernier, j'ai (**1** *passer*) une excellente journée. J'ai (**2** *faire*) un stage au centre sportif près d'ici. Pour commencer, nous sommes (**3** *sortir*) dans le parc pour faire du jogging.
>
> Puis il y avait le choix entre le volley, le basket et le hockey. Moi, j'ai (**4** *choisir*) le basket. Après la pause, on a (**5** *jouer*) au badminton.
>
> Pour le déjeuner, nous sommes (**6** *aller*) à la cantine et j'ai (**7** *manger*) des raviolis et j'ai (**8** *boire*) un jus d'orange.
>
> L'après-midi, on a (**9** *avoir*) un cours de gymnastique. Puis nous sommes (**10** *retourner*) au parc pour un tournoi de tennis.
>
> Moi, j'ai (**11** *finir*) en troisième place et j'ai (**12** *gagner*) un tube de balles de tennis.

8 La semaine dernière

Complète les questions et écris tes réponses.

Exemple: 1 *Est-ce que tu* **es sorti(e)** *pendant la semaine?*

1 Est-ce que tu __ ___ pendant la semaine? (*sortir*)
2 Où es-tu ___ ? (*aller*)
3 Tu __ ___ avec ta famille samedi dernier? (*sortir*)
4 Est-ce que tu __ ___ à la maison dimanche soir? (*rester*)

Pour 5–8, utilise **avoir** comme verbe auxiliaire.

5 Qu'est-ce que tu __ ___ à la télé? (*regarder*)
6 Est-ce que tu __ ___ à la maison? (*aider*)
7 Est-ce que tu __ ___ du sport? (*faire*)
8 Est-ce que tu __ ___ des textos? (*envoyer*)

Au choix extra: **Perfect tense practice**

The perfect tense with *avoir*

1 Qu'est-ce qu'ils ont commandé?

Plus tard, les six jeunes ont commandé quelque chose à manger. Qu'est-ce qu'elles ont commandé?

Exemple: 1 *Marc a commandé une glace au chocolat.*

1 Marc a commandé
2 Claire a commandé
3 Jean-Pierre a mangé
4 Tiffaine a choisi
5 Paul a mangé
6 Élise a choisi

une crêpe

un sandwich au jambon

une glace à la fraise

une glace au chocolat

un hot-dog

une portion de frites

2 Hier au café

Suis les lignes pour faire des phrases.

Exemple: *Marc a mangé un sandwich.*

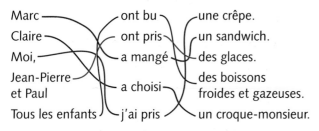

Marc — ont bu — une crêpe.
Claire — ont pris — un sandwich.
Moi, — a mangé — des glaces.
Jean-Pierre et Paul — a choisi — des boissons froides et gazeuses.
Tous les enfants — j'ai pris — un croque-monsieur.

3 Huit phrases sur M. Corot

Relis l'histoire de M. Corot à la page 76.

a Complète les phrases avec le verbe au passé composé.

b Mets les phrases dans l'ordre de l'histoire.

Exemple: 3 *Lundi soir, les Corot __ont préparé__ ...*

1 M. Corot ___ (faire) des sandwichs aux sardines et il ___ (donner) des sardines au chat.
2 Mardi matin, M. et Mme Corot ___ (quitter) la maison à huit heures et quart.
3 Lundi soir, les Corot ___ (préparer) des sandwichs.
4 À son retour, Mme Corot ___ (trouver) le chat dans le garage. Il était malade et Mme Corot ___ (penser) qu'il avait été empoisonné par les sardines.
5 Mais mercredi matin, l'épicier __ tout ___ . (expliquer)
6 Pendant leur absence, l'épicier ___ (apporter) des provisions à la maison.
7 M. Corot ___ (manger) ses sandwichs aux sardines, alors le médecin, par précaution, ___ (envoyer) M. Corot à l'hôpital.
8 M. Corot __ très bien ___ (dormir) à l'hôpital.

4 En classe

Trouve les paires.   **Exemple: 1f**

1 Ça	a n'as pas entendu?
2 Tu	b n'avons pas fini.
3 Il	c n'ont pas fait leurs devoirs.
4 Nous	d n'ai pas compris la question.
5 Vous	e n'a pas trouvé son stylo.
6 Ils	f n'a pas marché.
7 Je	g n'avez pas vérifié ça?

5 Présent ou passé?

a Est-ce que ces questions sont au présent ou au passé composé (*perfect tense*)? Écris **PR** (présent) ou **P** (passé).

Exemple: 1 *PR*

1 Tu fais des courses le samedi normalement?
2 Est-ce que tu as fait des courses samedi dernier?
3 Est-ce que tu joues au football?
4 Est-ce que tu as joué au football le week-end dernier?
5 Tu manges des sandwichs à midi?
6 Tu as mangé des sandwichs hier?
7 As-tu fait tes devoirs sur l'ordinateur récemment?
8 Fais-tu quelquefois tes devoirs sur l'ordinateur?
9 Est-ce que tu lis des magazines sur l'informatique?
10 As-tu lu un magazine sur l'informatique cette semaine?

b Écris tes réponses. Attention! Si la question est au présent, réponds au présent.

Exemple: 1 *Je fais (Je ne fais pas) ...*

Si la question est au passé composé, réponds au passé composé.

Exemple: 2 *J'ai fait (Je n'ai pas fait) ...*

The perfect tense with *être* and both auxiliary verbs

6 En ville

Trouve les paires.

Exemple: 1h *Je suis allé à la piscine.*

1 Je	a sommes allés à la plage.
2 Toi, Léa, tu	b es allée au cinéma.
3 Mon père	c est allée au match de football.
4 Ma mère	d est allé au supermarché.
5 Nous	e êtes allés au parc?
6 Est-ce que vous	f sont allées aux magasins.
7 Mes amis	g sont allés au musée.
8 Les filles	h suis allé à la piscine.

7 Un long voyage

Jacques et Suzanne sont allés au Québec. Complète la description de leur voyage.

Exemple: 1 *sortis*

1 Ils sont ___ de la maison à huit heures. (*sortir*)
2 Ils sont ___ à la gare routière en taxi. (*aller*)
3 Ils sont ___ en car à huit heures et demie. (*partir*)
4 Ils sont ___ à l'aéroport à dix heures. (*arriver*)
5 Ils sont ___ dans l'avion à midi. (*monter*)
6 Ils sont ___ de l'avion six heures plus tard. (*descendre*)
7 Ils sont ___ au centre-ville en bus. (*aller*)
8 Ils sont ___ à leur hôtel à Montréal à quatorze heures, heure locale. (*arriver*)

8 À la campagne

André raconte une journée à la campagne. Trouve la bonne phrase pour chaque image.

Exemple: 1d *Nous sommes partis à la campagne à vélo.*

a Après une heure, nous sommes arrivés dans une forêt.
b Le lendemain matin, nous sommes descendus tard pour le petit déjeuner.
c Nous sommes montés dans les arbres.
d Nous sommes partis à la campagne à vélo.
e Nous sommes rentrés à la maison assez tard.
f Nous sommes restés à la campagne tout l'après-midi.

9 Au bord de la mer

Complète les conversations.

Exemple: 1 *je suis allé*

a Utilise le passé composé avec **être**.

– Tu as passé un bon week-end?
– Oui, je (**1** *aller*) au bord de la mer avec ma famille.
– Ah bon? Vous (**2** *partir*) très tôt?
– Oui, nous (**3** *partir*) à sept heures.
– Et vous (**4** *aller*) où exactement?
– Nous (**5** *aller*) à Saint-Pierre.
– Qu'est-ce que vous avez fait?
– Mon frère et moi, nous (**6** *aller*) à la plage. Mes parents (**7** *aller*) en ville.
– Et ta sœur?
– Elle (**8** *rester*) à la maison.
– Vous (**9** *sortir*) le soir?
– Oui, nous (**10** *aller*) au restaurant.
– Et vous (**11** *rentrer*) à quelle heure?
– Nous (**12** *rentrer*) tard, vers dix heures du soir.

b Utilise le passé composé avec **être** ou **avoir**.

– Et toi, qu'est-ce que tu (**1** *faire*)?
– Je (**2** *aller*) chez mes grands-parents en Normandie. Nous (**3** *aller*) aussi à la plage. Nous (**4** *jouer*) au volley et après, nous (**5** *acheter*) une glace.
– Et vous (**6** *sortir*) le soir?
– Non, le soir, nous (**7** *rester*) à la maison et nous (**8** *jouer*) aux cartes.

Réponses (*page 125, activité 5*):
Le sport le plus pratiqué en France est la natation.
(*page 145, activité 6*):
Le crocodile est plus dangereux.

Chantez!

Les matières

1 Les maths, je n'aime pas ça,
L'anglais, c'est pas pour moi,
C'est difficile, l'informatique,
Ce que j'aime, c'est la musique.
 J'aime bien mon collège
 Surtout le vendredi,
 Le jour où on fait de la
  musique
 Tout l'après-midi.

2 Ce que j'aime le moins,
C'est sûr, c'est le latin.
C'est fatigant, la gymnastique,
Ce que j'aime, c'est la musique.
 J'aime bien mon collège
 Surtout le vendredi,
 Le jour où on fait de la musique
 Tout l'après-midi.
  Lundi – l'allemand et la physique,
  Mardi – beurk! l'instruction civique,
  Mercredi et jeudi, beaucoup de devoirs,
  Mais vendredi, me semble moins noir!

3 Eh oui, les sciences nat.,
C'est plus facile que les maths,
Mais c'est loin d'être fantastique,
Ce que j'aime, c'est la musique.
 J'aime bien mon collège
 Surtout le vendredi,
 Le jour où on fait de la musique
 Tout l'après-midi.

Que désirez-vous?

1 Bien, messieurs, mesdemoiselles,
Que désirez-vous?
Mon frère va prendre une menthe à
l'eau,
Et pour moi un chocolat chaud.
Mais monsieur, je suis désolée,
Paul et Marc et Anne et Claire
N'ont pas encore décidé.

2 Bien, messieurs, mesdemoiselles,
Que désirez-vous?
Paul désire un verre de lait,
Mon frère va prendre une menthe à
l'eau,
Et pour moi un chocolat chaud.
Mais monsieur, je suis désolée,
o o Marc et Anne et Claire
N'ont pas encore décidé.

3 Bien, messieurs, mesdemoiselles,
Que désirez-vous?
Marc voudrait un Orangina,
Paul désire un verre de lait,
Mon frère va prendre une menthe à
l'eau,
Et pour moi un chocolat chaud.
Mais monsieur, je suis désolée,
o o o o Anne et Claire
N'ont pas encore décidé.

4 Bien, messieurs, mesdemoiselles,
Que désirez-vous?
Anne prend un citron pressé,
Marc voudrait un Orangina,
Paul désire un verre de lait,
Mon frère va prendre une menthe à
l'eau,
Et pour moi un chocolat chaud.
Mais monsieur, je suis désolée,
o o o o o o Claire
N'a pas encore décidé.

5 Bien, messieurs, mesdemoiselles,
Que désirez-vous?
Claire a choisi un coca,
Anne prend un citron pressé,
Marc voudrait un Orangina,
Paul désire un verre de lait,
Mon frère va prendre une menthe à
l'eau,
Et pour moi un chocolat chaud.
o o o o o o o
Tout le monde a décidé!

6 Bien, messieurs, mesdemoiselles,
Vous mangez quelque chose?
Mon frère prend une portion de
frites,
Et pour moi une tranche de quiche.
Mais monsieur, je suis désolée …
Ne dites rien, déjà j'ai deviné.
Paul et Marc et Anne et Claire
N'ont pas encore décidé.

Paris–Genève

1 Moi, j'y vais en TGV,
J'ai mon billet, faut le
composter.
Départ pour Genève à dix
heures trente,
Encore cinq minutes dans
la salle d'attente.
*(Paris–Genève, Paris–
Genève)*
J'ai juste le temps d'aller
aux toilettes,
On arrive bientôt à
Bourg-en-Bresse.

2 Moi, j'y vais en TGV,
J'ai mon billet, faut le
composter.
Départ pour Genève à
douze heures vingt,
Pardon monsieur, de quel
quai part le train?
*(Paris–Genève, Paris–
Genève)*
Je prends du pain, bois
une limonade,
Le train est rapide, voilà
Bellegarde!

3 Moi, j'y vais en TGV,
Rendre visite à mon cher
Pépé,
À treize heures trente,
départ pour la Suisse,
Oh ben, dis donc! Où est
ma valise?
*(Paris–Genève, Paris–
Genève)*
J'ai presque fini mon
magazine,
La fille en face – c'est une
copine!

4 Nous y allons en TGV,
Nos billets, ils sont
compostés.
Nous arrivons à Genève
en Suisse.
Quelle heure est-il?
Quatorze heures six.

Alouette

Alouette, gentille alouette,
Alouette, je te plumerai.
Je te plumerai la tête,
Je te plumerai la tête,
Et la tête, et la tête,
Alouette, Alouette,
Oh ...

Alouette, gentille alouette,
Alouette, je te plumerai.
Je te plumerai le bec,
Je te plumerai le bec,
Et le bec, et le bec,
Et la tête, et la tête,
Alouette, Alouette,
Oh ...

Alouette, gentille alouette,
Alouette, je te plumerai.
Je te plumerai le cou,
Je te plumerai le cou,
Et le cou, et le cou,
Et le bec, et le bec,
Et la tête, et la tête,
Alouette, Alouette,
Oh ...

Alouette, gentille alouette,
Alouette, je te plumerai.
Je te plumerai le dos,
Je te plumerai le dos,
Et le dos, et le dos,
Et le cou, et le cou,
Et le bec, et le bec,
Et la tête, et la tête,
Alouette, Alouette,
Oh ...

Alouette, gentille alouette,
Alouette, je te plumerai.
Je te plumerai les ailes,
Je te plumerai les ailes,
Et les ailes, et les ailes,
Et le dos, et le dos,
Et le cou, et le cou,
Et le bec, et le bec,
Et la tête, et la tête,
Alouette, Alouette,
Oh ...

Alouette, gentille alouette,
Alouette, je te plumerai.
Je te plumerai la queue,
Je te plumerai la queue,
Et la queue, et la queue,
Et les ailes, et les ailes,
Et le dos, et le dos,
Et le cou, et le cou,
Et le bec, et le bec,
Et la tête, et la tête,
Alouette, Alouette,
Oh ...

Alouette, gentille alouette,
Alouette, je te plumerai.
Je te plumerai les pattes,
Je te plumerai les pattes,
Et les pattes, et les pattes,
Et la queue, et la queue,
Et les ailes, et les ailes,
Et le dos, et le dos,
Et le cou, et le cou,
Et le bec, et le bec,
Et la tête, et la tête,
Alouette, Alouette,
Oh ...

Alouette, gentille alouette,
Alouette, je te plumerai.

Sabine, ce n'est pas grave ...

1 Allô, Fabien? C'est Séverine.
Est-ce que tu veux sortir avec moi?
Viens à la discothèque à huit heures et quart!
Il y a de la bonne musique là-bas ce soir.
Tu ne viens pas?   *Je ne peux pas venir ...*
Pourquoi pas?   *C'est que je suis malade ...*
Qu'est-ce qui ne va pas?   *J'ai mal à la gorge.*
Pourquoi est-ce que tu ne téléphones pas?
Je préfère sortir avec toi, Sabine.

2 Allô, Fabien? Ici Hélène.
Est-ce que tu veux sortir avec moi?
Viens au cinéma à sept heures moins le quart!
Il y a un bon film qui passe ce soir.
Tu ne viens pas?   *Je ne peux pas venir ...*
Pourquoi pas?   *C'est que je suis malade ...*
Qu'est-ce qui ne va pas?   *J'ai mal au ventre.*
Pourquoi est-ce que tu ne téléphones pas?
Je préfère sortir avec toi, Sabine.

3 Allô, Fabien? Ici Delphine.
Est-ce que tu veux sortir avec moi?
Viens au théâtre à huit heures moins le quart!
Il y a une bonne pièce qui se joue ce soir.
Tu ne viens pas?   *Je ne peux pas venir ...*
Pourquoi pas?   *C'est que je suis malade ...*
Qu'est-ce qui ne va pas?   *J'ai mal aux oreilles.*
Pourquoi est-ce que tu ne téléphones pas?
Je préfère sortir avec toi, Sabine.

4 *Salut, Delphine, Hélène, ça va Séverine?*
Tiens, bonjour, comment vas-tu Sabine?
Bonjour, Fabien.   *Salut, Sabine.*
Est-ce que tu veux sortir avec moi?
Viens au club des jeunes à sept heures et quart!
Il y a une surprise-partie là-bas ce soir.
Tu ne viens pas?   Il ne peut pas venir ...
Pourquoi pas?   C'est qu'il est malade ...
Qu'est-ce qui ne va pas?   Il a mal à la gorge!
Il a mal au ventre!   Il a mal aux oreilles!
Comment ça?   *Oh, ce n'est pas grave ...*

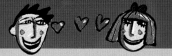

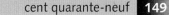

En français

⌕ Prononciation

Understanding and pronouncing words in French

- There are many words which sound almost the same in English and in French and have the same meaning:
  la classe (class), *le film* (film), *le groupe* (group), *le week-end* (weekend).

  However, in French, each syllable of a word is normally stressed equally, whereas in English, there is often a stronger emphasis on one syllable:
  l'animal (animal), *une catastrophe* (catastrophe), *la direction* (direction), *la table* (table), *impossible* (impossible).

- Other words look the same, but they are pronounced differently. If you know something about French sounds, it will help you to understand spoken French and to speak French better.

General points

- You rarely hear a consonant if it is the last letter of a French word:
  l'art, un camp, le concert, content, le riz, le sport.

- If you do hear a consonant, then it is probably followed by the letter *-e*:
  une liste, une rose, la salade, la tente, un vase.

- You rarely hear the final *-s* in a plural word:
  des melons, des sandwichs, des tables, des trains

  But if the following word begins with a vowel, there may be a 'z' sound. This is called a liaison.
  mes‿amis; les‿enfants; des‿oiseaux; ses‿insectes

- The letters *-cial, -ciel, -tiel* (which often come at the end of a word) have a softer 'hissing' sound:
  spécial, officiel, essentiel.

- The endings *-sion* and *-tion* sound like 'see-on':
  la destination, l'excursion, la solution.

French sounds

As you read through these notes, say the sentences and words to practise the different sounds.

- The letter *c* is soft before *e* and *i* and if it has a cedilla (*ç*).
  Cent cinquante citrons descendent du ciel. Ça alors!

- When the letter *c* (without a cedilla) is followed by *a, o* or *u*, it is pronounced like a 'k'.
  Le curé compte les cartes dans un coin de la cathédrale.

  > When is a cedilla like a diver?

  > When it's under the c (sea).

- The letters *ch* have a softer sound in French, like *sh* as in 'shoe'.
  Charles cherche le chat dans la chambre du château.

- The letters *é, -et, -er* and *-ez* are all pronounced like an 'ay' sound, as in 'play'.
  Pépé et son bébé ont préféré le papier et les jouets au café.

- The letter *g* is soft (like the *j* in *jouer*) before *e, i* and *y*.
  Le gentil général fait de la gymnastique dans le gîte. C'est génial!

- When the letter *g* is followed by *a, o* and *u*, it is a hard sound like the 'g' in 'goggles'.
  Le garçon du guichet à la gare gagne un gâteau pour le goûter.

  Here's a rhyme to help you remember the rule:

  > Soft is c
  > before i and e
  > and so is g

- The letter *h* is not normally pronounced in French.
  Henri, le héros heureux, arrive à l'hôpital à huit heures.

- The letter *i* is pronounced like an 'ee' sound, as in 'speed'.
  En visite ici, Fifi dit mille fois merci.

- The letter *j* is soft in French.
  Jonathan et Julie jouent au judo.

- The letters *qu* are pronounced like a 'k' sound, as in 'kind'.
  Quinze cuisiniers qualifiés quittent le quartier.

- The letters *th* are pronounced like 't', as in 'time'.
  Thierry prend du thé et parle à la télé de ses théories.

- The letter *r* is pronounced much more strongly in French. It is produced at the back of the throat by producing a vibrating sound.
  Roland, le rat, refuse de rendre la rose rouge.

- The letter *u* on its own or between consonants is a very special sound in French. Say it with rounded lips (as though you are going to whistle).
  Dans la rue, Hercule a vu la statue d'une tortue.

- It is different from the sound of the letters *ou*, which is like 'oo', as in 'boot'.
  En août, tout le groupe joue aux boules sur la pelouse à Toulouse.

Nasal vowels

When a vowel (*a, e, i, o, u*) is followed by *m* or *n*, the vowel is pronounced slightly differently. These are called 'nasal vowels' and there are four different sounds:

- *-am, -an, -em, -en*
  Cent enfants chantent en même temps.

- *-im, -in, -ain*
  Cinq trains américains apportent du vin au magasin.

- *-on*
  Le cochon de mon oncle Léon adore le melon.

- *-um, -un*
  J'adore le parfum brun de Verdun.

Vocabulaire de classe

What your teacher might say

■ *In general*

Assieds-toi/Asseyez-vous.	Sit down.
Ce n'est pas difficile/facile.	It's not difficult/easy.
Distribue/Distribuez les cahiers/livres.	Give out the exercise books/books.
Encore une fois.	Once more, again.
Levez-vous.	Stand up.
Lis/Lisez le texte à haute voix.	Read the text aloud.
Ne parlez pas anglais.	Don't speak English.
Qu'est-ce que tu veux?	What do you want?
Qu'est-ce qu'il y a?	What's the matter?
Qui va commencer?	Who is going to begin?
Rangez vos affaires.	Put away your things.
Tu comprends/Vous comprenez?	Do you understand?
Tu as compris/Vous avez compris?	Did you understand?
Tu as fini/Vous avez fini?	Have you finished?
Vérifiez votre travail.	Check your work.

■ *When talking about homework*

Pour vos devoirs …	For your homework …
Apprenez le vocabulaire à la page …	Learn the vocabulary on page …
C'est pour lundi.	It's for Monday.
C'est pour un contrôle, vendredi.	It's for a test on Friday.
Copiez vos devoirs/ ces mots	Copy your homework/ these words.
Faites l'exercice à la page …	Do the exercise on page …
Lisez «X» à la page …	Read "X" on page …

■ *When commenting on work*

Assez bien.	Quite good.
(Très) Bien.	(Very) Good.
Bon effort.	Good effort.
C'est ça.	That's right.
C'est correct/juste.	That's correct.
Ce n'est pas correct.	That's not right.
Pas tout à fait.	Not quite.

■ *What you might want to say*

Ça s'écrit comment?	How is it spelt?
C'est masculin ou féminin?	Is it masculine or feminine?
C'est quoi en français?	What is it in French?
Comment dit-on en français «pencil»?	How do you say 'pencil' in French?
Est-ce que je peux …	Can I …
avoir un livre/ une feuille?	have a book/ a piece of paper?
travailler avec X?	work with X?
J'ai fini.	I've finished.

J'ai oublié mon cahier.	I have forgotten my exercise book.
Je n'ai pas de stylo/ mon livre.	I haven't got a pen/ my book.
Je n'ai pas fait mes devoirs.	I haven't done my homework.
Je n'ai pas compris.	I didn't understand.
Je n'ai pas fini.	I haven't finished.
Je ne comprends pas le mot «Tricolore» /ce mot.	I don't understand the word 'Tricolore'/ this word.
Je ne sais pas.	I don't know.
Je ne trouve pas mon cahier.	I can't find my exercise book.
Qu'est-ce que c'est en anglais?	What is it in English?
Qu'est-ce que ça veut dire?	What does that mean?
Répétez la question, s'il vous plaît.	Repeat the question, please.

■ *When talking about computers*

Allumer l'ordinateur.	To switch on the computer.
Connecter.	To log on.
Déconnecter.	To log off.
Fermer un fichier.	To close a file.
Sauvegarder le fichier.	To save the file.
Je ne trouve pas mon fichier.	I can't find my file.
Sauvegarde ton travail et envoie le document au prof.	Save your work and send it to the teacher.
Choisis la bonne traduction.	Choose the best translation.
Taper le texte.	To type the text.
On est tombé en panne.	It's crashed.
(L'imprimante) ne marche pas.	(The printer) isn't working.

Un ordinateur

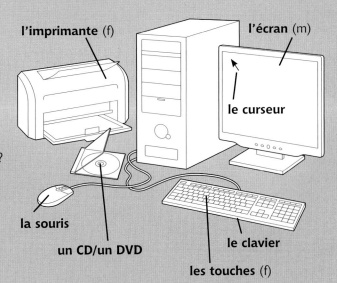

l'imprimante (f)   l'écran (m)

le curseur

la souris

un CD/un DVD   le clavier

les touches (f)

Vocabulaire par thèmes

This section lists the main topic vocabulary taught in *Tricolore Total 1*.
Topic vocabulary taught in *Tricolore Total 2* is listed in the Sommaire for each unit, as shown below.

Unité 1 (page 19)
les magasins	shops
les quantités	quantities
l'argent	money

Unité 2 (page 35)
les pays et les continents	countries and continents
les transports	means of transport

Unité 3 (page 51)
les matières scolaires	school subjects
la vie au collège	school life
la routine journalière	daily routine
(à) mon avis	(in) my opinion

Unité 4 (page 67)
la famille	the family
aider à la maison	helping at home
chez une famille	staying with a family
le temps passé	expressions of past time

Unité 5 (page 83)
les boissons	drinks
des choses à manger	things to eat
les glaces (+ page 72)	ice cream
les plats d'un repas	courses of a meal
un repas au restaurant	a meal in a restaurant

Unité 6 (page 99)
à la gare	at the station
en voyage	travel in general
une excursion	a day out

Unité 7 (page 115)
les vêtements	clothes
les descriptions	descriptions
la santé	health
les parties du corps (page 108)	parts of the body

Unité 8 (page 129)
les distractions	leisure events
on sort	going out
le football et le sport	football and other sports
la lecture (page 127)	reading

When you look up a noun in a dictionary, you will notice some letters after the word:
- *nm* tells you that it is a noun and it is masculine (*le* or *un*).
- *nf* tells you that it is a noun and it is feminine (*la* or *une*).
The nouns on these pages have *m* (masculine) or *f* (feminine) after them and *pl* if they are plural.
- *inv* (invariable) after an adjective means the form doesn't change for masculine, feminine or plural.

en classe	in school
apprendre	to learn
(par cœur)	(by heart)
chercher dans le dictionnaire	to look up in a dictionary
choisir	to choose
commencer	to begin
corriger	to correct
dessiner	to draw, design
deviner	to guess
distribuer	to give out
écouter	to listen
écrire	to write
effacer	to rub out
encore une fois	once more
essayer	to try
expliquer	to explain
finir	to finish
gagner	to win
mettre dans le bon ordre	to put in the right order
noter	to make a note of
oublier	to forget
ouvrir	to open
parler	to speak
penser	to think
poser une question	to ask a question
ranger	to tidy up, put away
répéter	to repeat
répondre	to reply
savoir	to know
souligner	to underline
tourner	to turn
travailler (en équipes)	to work (in teams)

trouver	to find
vérifier	to check
le matériel scolaire	school materials
baladeur (m)	personal stereo
baladeur MP3 (m)	MP3 player
bic (m)	biro
CD (m)	CD
cahier (m)	exercise book
calculatrice (f)	calculator
cartable (m)	school bag
carte (f)	card
chaise (f)	chair
classeur (m)	file
DVD (m)	DVD
feutre (m)	felt-tip pen
gomme (f)	rubber
iPod (m)	iPod
lecteur CD (m)	CD player
ordinateur (m)	computer
règle (f)	ruler
sac à dos (m)	backpack
sac de sports (m)	sports bag
stylo à bille (m)	ballpoint pen
table (f)	table
tableau (m)	board
tableau interactif (m)	interactive whiteboard
taille-crayon (m)	pencil sharpener
télévision (f)	television
trousse (f)	pencil case
l'informatique (f)	ICT
allumer	to switch on
brancher	to plug in

CD-ROM/ cédérom (m)	CD-ROM
charger	to load
clavier (m)	keyboard
clé USB (f)	memory stick
cliquer sur la souris	to click on the mouse
couper-coller	to cut and paste
curseur (m)	cursor
décharger	to download
écran (m)	screen
effacer	to delete
en ligne	on line
envoi	return (key)
fermer	to shut down
fichier (m)	file
imprimante (f)	printer
lien (m)	link
marquer	to highlight
menu (m)	menu
message (m)	message
moniteur (m)	monitor
mot de passe (m)	password
ordinateur (m)	computer
ouvrir	to open
sauvegarder/sauver	to save
site web (m)	website
souris (f)	mouse
surfer sur Internet	to surf the net
taper	to type
tchatcher	to chat (online)
touche (f)	key
visualiser	to display
à la maison	at home
chambre (f)	bedroom

cuisine (f)	kitchen
fenêtre (f)	window
garage (m)	garage
jardin (m)	garden
lit (m)	bed
porte (f)	door
réfrigérateur (m)	fridge
salle à manger (f)	dining room
salle de bains (f)	bathroom
salon (m)	lounge

la famille	**the family**
beau-frère (m)	brother-in-law
belle-sœur (f)	sister-in-law
cousin(e) (m/f)	cousin
demi-frère (m)	half-/stepbrother
demi-sœur (f)	half-/stepsister
enfant (m/f)	child
fille (unique) (f)	(only) daughter
fils (unique) (m)	(only) son
frère (m)	brother
grand-mère (f)	grandmother
grand-père (m)	grandfather
mère (f)	mother
oncle (m)	uncle
père (m)	father
sœur (f)	sister
tante (f)	aunt

les animaux (m pl)	**animals, pets**
chat (m)	cat
chatte (f)	female cat
cheval (m)	horse
chien (m)	dog
cochon d'Inde (m)	guinea pig
hamster (m)	hamster
lapin (m)	rabbit
oiseau (m)	bird
perroquet (m)	parrot
perruche (f)	budgerigar
poisson rouge (m)	goldfish
serpent (m)	snake
souris (f)	mouse
tarentule (f)	tarantula

le temps	**weather**
il fait beau	it's fine
il fait chaud	it's hot
il fait froid	it's cold
il fait mauvais	it's bad weather
il y a du brouillard	it's foggy
il y a du soleil	it's sunny
il y a du vent	it's windy
il neige	it's snowing
il pleut	it's raining

les saisons (f pl)	**seasons**
en hiver (m)	in winter
au printemps (m)	in spring
en été (m)	in summer
en automne (m)	in autumn

en ville	**in town**
auberge de jeunesse (f)	youth hostel
banque (f)	bank
camping (m)	campsite
centre sportif (m)	sports centre
centre-ville (m)	town centre

collège (m)	comprehensive/ secondary school
école (f)	school (in general)
gare (f)	station
hôpital (m)	hospital
hôtel (m)	hotel
hôtel de ville (m)	town hall
marché (m)	market
musée (m)	museum
office de tourisme (m)	tourist office
parc (m)	park
parking (m)	car park
patinoire (f)	skating rink
piscine (f)	swimming pool
place (f)	square
poste (f)	post office
restaurant (m)	restaurant
rue (principale) (f)	(high, main) street
stade (m)	stadium

des bâtiments religieux (m pl)	*religious buildings*
cathédrale (f)	cathedral
église (f)	church
mosquée (f)	mosque
synagogue (f)	synagogue
temple (m)	temple

À quelle distance?	**How far?**
loin de	far from
près de	near
près d'ici	near here
tout près	very close
à … kilomètres de	… kilometres from
à … milles de	… miles from

Quelle direction?	**Which direction?**
à droite	(on the) right
à gauche	(on the) left
tout droit	straight ahead

les points cardinaux	**points of the compass**
le nord	north
le sud	south
l'est	east
l'ouest	west

les sports (m pl)	**sport**
athlétisme (m)	athletics
badminton (m)	badminton
cricket (m)	cricket
cyclisme (m)	cycling
équitation (f)	horse-riding
football (m)	football
golf (m)	golf
gymnastique (f)	gymnastics
planche à voile (f)	windsurfing
roller (m)	rollerblading/ -skating
rugby (m)	rugby
skate (m)	skateboarding
ski (m)	skiing
tennis (m)	tennis
voile (f)	sailing

VTT (vélo tout terrain) (m)	mountain biking

la musique	**music**
batterie (f)	drums
chorale (f)	choir
clarinette (f)	clarinet
clavier (m)	keyboard
flûte (f)	flute
flûte à bec (f)	recorder
guitare (f)	guitar
orchestre (m)	orchestra
piano (m)	piano
saxophone (m)	saxophone
trombone (m)	trombone
trompette (f)	trumpet
violon (m)	violin
violoncelle (m)	cello
jouer de	to play a musical instrument
(e.g. **jouer du piano**	to play the piano)

d'autres loisirs	**other leisure activities**
concert (m)	concert
aller en discothèque/boîte (f)	to go to a disco/ club
exposition (f)	exhibition
fête (f)	party, festival
fête foraine (f)	funfair
feu d'artifice (m)	firework display
soirée (f)	party, celebration
faire du dessin	to do drawing
de la peinture	painting
du théâtre	drama
des photos	to take photos
jouer sur l'ordinateur	to play on the computer
aux cartes	cards
aux échecs	chess
aux jeux vidéo	computer games

à mon avis	**in my opinion**
C'est amusant	It's fun
difficile	difficult
ennuyeux	boring
facile	easy
intéressant	interesting
nul	useless, rubbish
super (inv)	great
sympa (inv)	nice, good
utile	useful
très	very
assez	quite
un peu	a bit
je suis d'accord	I agree
je ne suis pas d'accord	I disagree
je suis pour/contre	I'm for/against

la nourriture	**food**
fromage (m)	cheese
jambon (m)	ham
omelette (f)	omelette
pâté (m)	pâté
pizza (f)	pizza
poisson (m)	fish
potage (m)	soup

Vocabulaire par thèmes

poulet (m)	chicken
viande (f)	meat
des légumes (m pl)	**vegetables**
carotte (f)	carrot
champignon (m)	mushroom
chou (m)	cabbage
chou-fleur (m)	cauliflower
frites (f pl)	chips
haricots verts (m pl)	French beans
petits pois (m pl)	peas
pommes de terre (f pl)	potatoes
salade (f)	lettuce salad
tomate (f)	tomato
des fruits (m pl)	**fruit**
banane (f)	banana
citron (m)	lemon
fraise (f)	strawberry
kiwi (m)	kiwi fruit
melon (m)	melon
orange (f)	orange
pêche (f)	peach
poire (f)	pear
pomme (f)	apple
raisin (m)	grapes
des desserts (m pl)	**desserts**
gâteau (m)	cake
tarte aux pommes (f)	apple tart
yaourt (m)	yoghurt
des boissons chaudes (f pl)	**hot drinks**
café (m)	coffee
thé (m)	tea
chocolat chaud (m)	hot chocolate
des boissons froides (f pl)	**cold drinks**
eau (f)	water
eau minérale (f)	mineral water
limonade (f)	lemonade
jus de fruit (m)	fruit juice
lait (m)	milk
coca (m)	Coke
vin (m)	wine
le petit déjeuner	**breakfast**
beurre (m)	butter
céréales (f pl)	cereal
confiture (f)	jam
confiture d'oranges (f)	marmalade
croissants (m pl)	croissants
œuf (m)	egg
œufs au bacon (m pl)	bacon and egg
pain (m)	bread
sucre (m)	sugar
toasts (m pl)	toast
les couleurs (f pl)	**colours**
blanc (blanche)	white
bleu	blue
blond	blond
brun	brown
châtain	(chestnut) brown
gris	grey
jaune	yellow

marron (inv)	brown
noir	black
orange (inv)	orange
rose	pink
rouge	red
roux	red (hair)
turquoise	turquoise
vert	green
(bleu) clair (inv)	light (blue)
(vert) foncé (inv)	dark (green)
les fêtes et les vœux	**festivals and greetings**
le jour de l'An	New Year's Day
la fête du 14 juillet/ la fête nationale	Bastille Day (14th July)
Pâques	Easter
Noël	Christmas
Mardi gras	Shrove Tuesday
Bonne année	Happy New Year
Joyeuses Pâques	Happy Easter
Joyeux Noël	Happy Christmas
Bon anniversaire	Happy Birthday
Bonne fête	Best wishes on your Saint's Day

l'heure (f) — **time**

Il est une heure/deux heures/trois heures …

... moins cinq 11 12 1 ... cinq
... moins dix 10 ... 2 ... dix
... moins le quart 9 Quelle heure est-il? 3 ... et quart
... moins vingt 8 ... 4 ... vingt
... moins vingt-cinq 7 6 5 ... vingt-cinq
... et demie

12:30 Il est midi et demi.
Il est minuit et demi.

les nombres (m pl) — **numbers**

0	zéro	22	vingt-deux
1	un	23	vingt-trois
2	deux	30	trente
3	trois	31	trente et un
4	quatre	40	quarante
5	cinq	41	quarante et un
6	six	50	cinquante
7	sept	51	cinquante et un
8	huit	60	soixante
9	neuf	61	soixante et un
10	dix	70	soixante-dix
11	onze	71	soixante et onze
12	douze	72	soixante-douze
13	treize	80	quatre-vingts
14	quatorze	81	quatre-vingt-un
15	quinze	82	quatre-vingt-deux
16	seize	90	quatre-vingt-dix
17	dix-sept	91	quatre-vingt-onze
18	dix-huit	100	cent
19	dix-neuf	200	deux cents
20	vingt	250	deux cent cinquante
21	vingt et un	1000	mille

les jours de la semaine — **days of the week**

lundi	Monday
mardi	Tuesday
mercredi	Wednesday

jeudi	Thursday
vendredi	Friday
samedi	Saturday
dimanche	Sunday
les mois de l'année	**months of the year**
janvier	January
février	February
mars	March
avril	April
mai	May
juin	June
juillet	July
août	August
septembre	September
octobre	October
novembre	November
décembre	December
dans l'ordre	**in order**
premier (première)	first
deuxième	second
troisième	third
quatrième	fourth
cinquième	fifth
vingtième	twentieth
vingt et unième	twenty-first
le passé	**past**
hier	yesterday
hier matin/ après-midi	yesterday morning/ afternoon
hier soir	last night
dimanche dernier	last Sunday
samedi matin	(on) Saturday morning
la semaine dernière	last week
le week-end dernier	last weekend
le présent	**present**
aujourd'hui	today
ce matin	this morning
en ce moment	at the moment
maintenant	now
l'avenir	**future**
demain	tomorrow
cet après-midi	this afternoon
ce soir	this evening
lundi prochain	next Monday
la semaine prochaine	next week
plus tard	later
bientôt	soon
des conjonctions	**connectives**
aussi	also
d'abord	first of all
donc	then, so
ensuite	next
et	and
mais	but
ou	or
parce que	because
puis	then
si	if

1 Nouns and articles

A noun is the name of someone or something or the word for a thing, e.g. Melanie, Mr James, a book, a pen, work.

The definite article is the word for 'the' (*le, la, l', les*) used with a noun, when referring to a particular person or thing.

The indefinite article is the word for 'a', 'an', 'some' (*un, une, des*) used with a noun.

In French, the article indicates whether the noun is masculine (*le, un*), feminine (*la, une*) or plural (*les, des*). Articles are often missed out in English, but not in French.

1.1 Masculine and feminine

All nouns in French are either masculine or feminine.

masculine singular	feminine singular
le garçon	**la** fille
un village	**une** ville
before a vowel	
l'appartement	**l'**épicerie

Nouns which refer to people often have a special feminine form, which usually ends in -*e*.

masculine	feminine
un ami	une ami**e**
un Français	une Français**e**
un client	une client**e**

But sometimes there is no special feminine form.

un touriste	une touriste
un élève	une élève
un enfant	une enfant

1.2 Is it masculine or feminine?

Sometimes the ending of a word can give you a clue as to whether it's masculine or feminine.

endings normally masculine	exceptions	endings normally feminine	exceptions
-age	une image	-ade	
-aire		-ance	
-é		-ation	
-eau	l'eau (f)	-ée	un lycée
-eur		-ère	
-ier		-erie	
-in	la fin	-ette	
-ing		-que	le plastique
-isme			un moustique
-ment			un kiosque
-o	la météo	-rice	
		-sse	
		-ure	

1.3 Singular and plural

Nouns can be singular (referring to just one thing or person) or plural (referring to more than one thing or person):

Most nouns form the plural by adding an -*s*. This is not usually sounded, so the word may sound the same when you hear or say it.

The words *le, la* and *l'* become *les* in the plural and this does sound different. The words *un* and *une* become *des*.

singular	plural
le chat	**les** chats
la maison	**les** maisons
l'ami	**les** amis
un livre	**des** livres
une table	**des** tables

However, a few words have a plural ending in -*x*. This is not sounded either.

un oiseau	**des** oiseaux
un jeu	**des** jeux
un chou	**des** choux

Nouns which already end in -*s*, -*x* or -*z* don't change in the plural.

un repas	**des** repas
le prix	**les** prix

1.4 Some or any (the partitive article)

The word for 'some' or 'any' changes according to the noun it is used with.

	singular		plural
masculine	feminine	before a vowel	(all forms)
du pain	de la viande	de l'eau	des poires

To say 'not a', 'not any' or 'no', use *ne … pas de*.

Il n'y a pas de piscine.	There isn't a swimming pool.
Il n'y a pas de poires.	There aren't any pears.
Je n'ai pas d'argent.	I have no money.

1.5 *Ce, cet, cette, ces*

The different forms of ce are used instead of *le, l', la, les* when you want to point out a particular thing or person:

	singular		plural
masculine	before a vowel (masculine only)	feminine	(all forms)
ce chapeau	cet appareil	cette jupe	ces chaussures

Ce, cet or *cette* before a singular noun can mean either 'this' or 'that'.

Ce livre n'est pas cher.	This/That book isn't expensive.
Cette carte postale est jolie.	This/That postcard is pretty.

Ces before a plural noun can mean either 'these' or 'those'.

Ces chaussures sont noires.	These/Those shoes are smart.

2 Adjectives

An adjective is a word which tells you more about a noun. In French, adjectives agree with the noun, which means that they are masculine, feminine, singular or plural to match the noun.

Grammaire

Look at the patterns in the tables below to see how adjectives agree.

2.1 Regular adjectives

singular		plural	
masculine	feminine	masculine	feminine

Many adjectives follow this pattern.

grand	grande	grands	grandes
intelligent	intelligente	intelligents	intelligentes
petit	petite	petits	petites

Adjectives which end in -u, -i or -é follow this pattern, but although the spelling changes, they don't sound any different when you say them:

bleu	bleue	bleus	bleues
joli	jolie	jolis	jolies

Adjectives which already end in -e (with no accent) have no different feminine form:

jaune	jaune	jaunes	jaunes
mince	mince	minces	minces

Adjectives which already end in -s have no different masculine plural form:

français	française	français	françaises

Adjectives which end in -er follow this pattern:

cher	chère	chers	chères

Adjectives which end in -eux follow this pattern:

délicieux	délicieuse	délicieux	délicieuses

Some adjectives double the last letter before adding an -e for the feminine form:

mignon	mignonne	mignons	mignonnes
gros	grosse	gros	grosses
bon	bonne	bons	bonnes

2.2 Irregular adjectives

Many common adjectives are irregular, and you need to learn each one separately. Here are two common ones:

blanc	blanche	blancs	blanches
long	longue	longs	longues

A few adjectives (known as 'invariable') do not change at all:

marron	marron	marron	marron

2.3 Word order

In most cases adjectives and words which describe nouns follow the noun. This is different from English.

Je lis un livre intéressant.   I'm reading an interesting book.

All colours, and adjectives describing nationality, follow the noun.

Regarde ce pull noir.   Look at this black jumper.
C'est un film français ou américain? Is it a French or American film?

However, some common adjectives go before the noun. The most common ones are: grand, petit, bon, mauvais, beau, jeune, vieux, joli, gros, premier, court, long, autre.

C'est un petit chat noir.   It's a small black cat.
Il prend le premier train.   He's taking the first train.

2.4 Comparisons

To compare one person or thing with another, you use plus (more), moins (less) or aussi (as) before the adjective. You need to make the adjective agree in the usual way.

Il est plus âgé que sa sœur.   He is older than his sister.
Elle est plus âgée que son cousin. She is older than her cousin.
Les jumeaux sont plus âgés que nous. The twins are older than us.

There is a special comparative form for bon (good):
  meilleur(e)(s) (better)

Ce livre est meilleur que l'autre. This book is better than the other one.

3 Pronouns

A pronoun (e.g. 'he', 'she', 'it') is used in place of a noun.

3.1 Subject pronouns

These are used to replace a noun which is the subject of the verb (the person doing the action).

Claire n'est pas à la maison.   Claire isn't at home.
Elle est au cinéma.   She's at the cinema.
Son père est coiffeur.   His father is a hairdresser.
Il travaille en ville.   He works in town.

3.2 moi (me), toi (you)

These words are used to add emphasis and after prepositions.

Moi, je préfère le badminton au tennis.   (Me,) I prefer badminton to tennis.

They are also used after prepositions.

Tu as ta raquette avec toi?   Do you have your racket with you?

3.3 Object pronouns

These pronouns replace a noun, or a phrase containing a noun, which is not the subject of the verb.

– Tu prends ton vélo?   Are you taking your bike?
– Oui, je le prends.   Yes, I'm taking it.
– Vous prenez votre écharpe?   Are you taking your scarf?
– Oui, je la prends.   Yes, I'm taking it.
– N'oubliez pas vos gants!   Don't forget your gloves!
– Ça va, je les porte.   It's OK, I'm wearing them.
– Tu as vu Philippe en ville?   Did you see Philippe in town?
– Oui, je l'ai vu au café.   Yes, I saw him in the café.

Le, la (or l') can mean 'it', 'him' or 'her'. Les means 'them'. The pronoun goes immediately before the verb, even when the sentence is a question or in the negative.

– Tu le vois?   Can you see him?
– Non, je ne le vois pas.   No, I can't see him.

If a verb is used with an infinitive, the pronoun goes before the infinitive.

Quand est-ce que vous allez les voir?   When are you going to see them?
Elle veut l'acheter.   She wants to buy it.

In the perfect tense, the object pronoun goes before the auxiliary verb (avoir or être).

C'est un bon film. Tu l'as vu?   It's a good film. Have you seen it?

These pronouns can also be used with voici and voilà.

– Tu as ta carte?   Have you got your card?
– La voilà.   Here it is.
– Vous avez votre billet?   Have you got your ticket?
– Le voilà.   Here it is.

– *Où sont les autres?*   Where are the others?
– *Les voilà.*   There they are.

3.4 *qui*

When talking about people, *qui* means 'who'.
Voici l'infirmière qui travaille à la clinique à La Rochelle.
Here's the nurse who works in the clinic in La Rochelle.

When talking about things or places, *qui* means 'which' or 'that'.
C'est une ville française qui est très célèbre.
It's a French town which is very famous.

Qui links two parts of a sentence or joins two short sentences to make a longer one. It is never shortened before a vowel.

4 Possession

4.1 Possessive adjectives

Possessive adjectives are words like 'my', 'your', 'his', 'her', 'its', 'our', 'their'. They show who something belongs to. In French, the possessive adjective agrees with the noun that follows (the possession) and **not** with the owner. Be careful when using *son*, *sa* and *ses*.

Sa mère can mean his mother, her mother or its mother, depending on the context.

| | singular | | | plural |
	masculine	feminine	before a vowel	(all forms)
my	*mon*	*ma*	*mon*	*mes*
your	*ton*	*ta*	*ton*	*tes*
his/her/its	*son*	*sa*	*son*	*ses*
our	*notre*	*notre*	*notre*	*nos*
your	*votre*	*votre*	*votre*	*vos*
their	*leur*	*leur*	*leur*	*leurs*

Son, *sa*, *ses* can mean 'his', 'her' or 'its'. The meaning is usually clear from the context.

Paul mange son déjeuner.   Paul is eating his lunch.
Marie mange son déjeuner.   Marie is eating her lunch.
Le chien mange son déjeuner.   The dog is eating its lunch.

Before a feminine noun beginning with a vowel, you use *mon*, *ton* or *son*:

Mon amie habite ici   My (girl)friend lives here.
Où habite ton amie?   Where does your friend live?
Son école est fermée.   His/Her school is closed.

4.2 *de* + noun

There is no use of apostrophe 's' in French, so to say Lucie's bag or Marc's book, you have to use *de* + the name of the owner.

C'est le sac de Lucie.   It's Lucie's bag.
C'est le cahier de Marc.   It's Marc's exercise book.

If you don't use a person's name, you have to use the correct form of *de*.

C'est le livre du professeur.   It's the teacher's book.
C'est la voiture de la famille française.   It's the French family's car.

4.3 *à* + name

Another way of saying who something belongs to is to use *C'est à* + the name of the owner or an emphatic pronoun (*moi*, *toi*, etc.).

C'est à qui, ce livre?   Whose book is this?
C'est à toi?   Is it yours?
Non, c'est à Théo.   No, it's Théo's.
Ah oui, c'est à moi.   Oh yes, it's mine.

5 Prepositions

A preposition is a word like 'to', 'at' or 'from'. It often tells you where a person or thing is located.

5.1 *à* (to, at)

The word *à* can mean 'to' or 'at'. When it is used with *le*, *la*, *l'* and *les* to mean 'to the …' or 'at the …', it takes the following forms:

| singular | | | plural |
masculine	feminine	before a vowel	(all forms)
au parc	*à la piscine*	*à l'hôtel* *à l'épicerie*	*aux magasins*

On va au parc?   Shall we go to the park?
Luc va à la piscine.   Luc is going to the pool.
Ma mère va à l'hôtel.   My mother's going to the hotel.
Moi, je vais aux magasins.   I'm going to the shops.

The word *à* can be used on its own with nouns which do not have an article (*le*, *la*, *les*):

Il va à Paris.   He is going to Paris.

5.2 *de* (of, from)

The word *de* can mean 'of' or 'from'. When it is used with *le*, *la*, *l'* and *les* to mean 'of the …' or 'from the …', it takes the same forms as when it means 'some' or 'any' (see section **1.4**):

| singular | | | plural |
masculine	feminine	before a vowel	(all forms)
du parc	*de la piscine*	*de l'hôtel* *de l'épicerie*	*des magasins*

The word *de* is often used together with other words, e.g. *en face de* (opposite), *à côté de* (next to), *près de* (near).

La poste est en face des magasins.   The post office is opposite the shops.
La piscine est près du camping.   The swimming pool is near the campsite.

De can be used on its own with nouns which do not have an article (*le*, *la*, *les*):

Il arrive de Paris aujourd'hui.   He is arriving from Paris today.

5.3 *en* (by, in, to, made of)

En is used with most means of transport:

en bus   by bus
en voiture   by car

You use *en* with dates, months and seasons (except *le printemps*):

en 1900   in 1900
en janvier   in January
en hiver   in winter (but *au printemps* – in spring)

5.4 *chez* (to, at the house of)

Rendez-vous chez moi à six heures.   Let's meet at 6.00 at my house.
On va chez mes grands-parents pendant les vacances.   We go to my grandparents' during the holidays.

5.5 Other prepositions

à côté de	beside	*loin de*	far from
avec	with	*pour*	for, in order to
dans	in	*pendant*	during
derrière	behind	*près de*	near to
devant	in front of	*sans*	without
en face de	opposite	*sur*	on
entre	between	*sous*	under, below

Grammaire

La poste est à côté de la banque.	The post office is next to the bank.
L'auberge de jeunesse est assez loin de la gare.	The youth hostel is quite a long way from the station.
Mon village est près de Dieppe.	My village is near Dieppe.

5.6 Prepositions with countries and towns

You use à (or au) with the names of towns.

| Je vais à Paris. | I go/am going to Paris. |
| Je passe mes vacances au Havre. | I spend/am spending the holidays in Le Havre. |

You use en (or au or aux) with the names of countries.

Elle va en France (f).	She goes/is going to France.
Il passe ses vacances au Canada (m).	He spends his holidays in Canada.
Je vais aux États-Unis (pl) en avion.	I'm flying to the USA.

To say which country someone or something comes from you use de, d', du or des.

Je viens de France (f).	I come from France.
Nous venons d'Angleterre (f).	We're from England.
Ils viennent du Canada (m).	They're from Canada.
Elle vient des États-Unis (pl).	She's from the USA.

6 The negative

6.1 ne ... pas

To say what is **not** happening or **doesn't** happen (in other words to make a sentence negative), you put ne (n' before a vowel) and pas round the verb.

Il n'y a **pas** de cinéma.	There is no cinema.
Je **ne** joue **pas** au badminton.	I don't play badminton.
Il n'aime **pas** le football.	He doesn't like football.

In reflexive verbs, the ne goes before the reflexive pronoun.

| Il ne se lève pas. | He isn't getting up/does not get up. |

To tell someone not to do something, put ne and pas round the command.

| N'oublie **pas** ton argent. | Don't forget your money. |
| **Ne** regardez pas! | Don't look! |

If two verbs are used together, ne and pas usually go round the first verb.

| Je **ne** veux **pas** faire ça. | I don't want to do that. |
| Nous **ne** pouvons **pas** partir ce soir. | We can't leave this evening. |

In the perfect tense, ne and pas go round the auxiliary verb.

| Elle n'a **pas** vu le film. | She did not see/has not seen the film. |

Remember to use de after the negative instead of du, de la, des, un or une (except with the verb être):

| – Avez-vous du lait? | Do you have any milk? |
| – Non, je ne vends pas de lait. | No, I don't sell milk. |

6.2 Other negative expressions

Ne ... plus means 'no more' or 'no longer'. It works in the same way as ne ... pas.

| Il n'y a **plus** de lait. | There's no more milk. |
| Je n'ai **plus** d'argent. | I no longer have any money. |

7 Questions

7.1 Question words

Qui est-ce?	Who is it?
Quand arrivez-vous?	When are you arriving?
Comment est-il?	What is it/he like?
Comment ça va?	How are you?
Il y a **combien** d'élèves dans votre classe?	How many pupils are there in your class?
Quel temps fait-il?	What's the weather like?
C'est à **quelle** heure, le concert?	What time is the concert?
De **quelle** couleur est ton sac?	What colour is your bag?
Où est le chat?	Where's the cat?
Pourquoi?	Why?
Qu'est-ce que c'est?	What is it?
Qu'est-ce qu'il y a à la télé?	What's on TV?

7.2 Asking questions

There are several ways of asking a question in French.

- You can just raise your voice in a questioning way:

| Tu as des frères et sœurs? | Do you have brothers and sisters? |

- You can add Est-ce que ... to the beginning of the sentence:

| Est-ce que tu as un animal? | Do you have a pet? |

- You can turn subject and the verb around (inversion):

| Allez-vous à la piscine? | Are you going to the pool? |
| Jouez-vous au golf? | Do you play golf? |

Note that if the verb ends in a vowel in the third person (il/elle/on form) you have to add -t- when you turn it around:

| Joue-t-il au football? | Does he play football? |
| Lucie a-t-elle ton adresse? | Has Lucie got your address? |

In the perfect tense you only turn the auxiliary verb and the subject around:

As-tu écrit à Paul?	Did you write/Have you written to Paul?
Jean et Pierre, sont-ils allés au match hier?	Did Jean and Pierre go to the match yesterday?
Sophie, a-t-elle téléphoné?	Did Sophie phone/Has Sophie phoned?

- You can use Qu'est-ce que/qu'...?, 'What ...?':

| Qu'est-ce qu'il fait? | What is he doing? |
| Qu'est-ce que tu veux? | What do you want? |

- You can use a question word:

| Comment vas-tu au collège? | How do you get to school? |
| Où sont mes lunettes? | Where are my glasses? |

7.3 Pourquoi? Parce que ...

The question Pourquoi? (Why?) is often answered by the phrase Parce que (qu') ... (Because ...).

| Ton frère ne va pas au match. Pourquoi? | Your brother isn't going to the match. Why? |
| Parce qu'il a beaucoup de travail. | Because he has a lot of work. |

8 Conjunctions

Conjunctions (a type of connective) link two parts of a sentence and enable you to write more complex sentences.

et	and	où	where
mais	but	quand	when
ou	or	comme	as
parce que (qu')	because		

9 Adverbs

Adverbs are words which add more meaning to verbs. They usually tell you how, when, how often or where something happened or how much something is done.

There are different kinds of adverbs:

Adverbs of time:

aujourd'hui	today
ce matin	this morning
bientôt	soon

Adverbs of frequency:

de temps en temps	from time to time
normalement	normally
quelquefois	sometimes
souvent	often

Adverbs of place:

ici	here
là-bas	over there
loin	far
près (de)	near

Adverbs of manner:

bien	well	mal	badly
lentement	slowly	vite	quickly

Adverbs of degree:

These are sometimes called qualifiers or intensifiers and tell you more about another adverb.

assez	quite	très	very
plus	more		

Je joue assez souvent	I play quite often.
Parlez plus lentement.	Speak more slowly.
Il fait très froid ici.	It's very cold here.

10 Verbs

Most verbs describe what people or things do or what is happening. If you look up a verb in a dictionary, it will be listed under the infinitive, e.g. jouer – to play. From the infinitive you have to choose the correct form to go with the **person** you are talking about.

Je joue au tennis.	I play/am playing tennis.
Nous jouons au basket.	We play/are playing basketball.
Ils jouent aux cartes.	They play/are playing cards.

There are three main types of regular verb in French. They are grouped according to the last two letters of the infinitive:

-er verbs, e.g. jouer – to play
-re verbs, e.g. vendre – to sell
-ir verbs, e.g. choisir – to choose.

However, many common French verbs are irregular. The regular and irregular verbs are listed in **Les verbes**, section **12**.

The **tense** of the verb tells you when something is happening.

Each verb has several tenses. In this book, the present tense and the perfect tense are used. You can also use aller + the infinitive to talk about what is going to happen in the future (see section **11.2**).

10.1 The present tense

The present tense describes what is happening now, what generally happens or what happens regularly.

Je travaille ce matin.	I am working this morning.
On vend des timbres ici.	They sell stamps here.
Elle joue au tennis tous les week-ends.	She plays tennis every weekend.

10.2 Reflexive verbs

Reflexive verbs are listed in a dictionary with the pronoun se in front of the infinitive, e.g. se lever. The se means 'self' and you use these when you want to talk about something you are doing to yourself.

Many common reflexive verbs are regular -er verbs:

se laver	to wash (oneself) (see section **12.4**)
s'amuser	to enjoy oneself
se coucher	to go to bed
s'habiller	to get (oneself) dressed

10.3 Imperative

To tell a person or people to do something, you use the imperative or command form.

Attends!	Wait! (to someone you call tu)
Regardez ça!	Look at that! (to someone you call vous or to more than one person)

It is often used in the negative.

Ne fais pas ça!	Don't do that!
Ne criez pas!	Don't shout!

To suggest doing something, use the imperative form of nous.

Allons au cinéma!	Let's go to the cinema!

To form the imperative of regular verbs, leave out tu, vous or nous and use the verb by itself. With -er verbs, take the final -s off the tu form of the verb.

(See **Les verbes**, section **12**, for regular and irregular forms.)

10.4 The perfect tense

The perfect tense describes what happened in the past, an action which is completed and is no longer happening.

It is made up of two parts: an auxiliary verb (either avoir or être) and a past participle.

J'ai chanté dans un concert.	I sang in a concert.
Ils sont allés à Paris.	They went/have gone to Paris.

Regular verbs form the past participle as follows:

-er verbs change to -é, e.g. travailler becomes travaillé
-re verbs change to -u, e.g. attendre becomes attendu
-ir verbs change to -i, e.g. finir becomes fini.
Many verbs have irregular past participles. See section **12.5**.

10.5 avoir as the auxiliary verb

Most verbs form the perfect tense with avoir. With avoir, the past participle does not change to agree with the subject (the person doing the action). (See section **12.5** for the present tense of avoir.)

10.6 être as the auxiliary verb

Thirteen common verbs, mostly verbs of movement, form the perfect tense with être as their auxiliary. Most of their compounds (e.g. revenir and rentrer) and all reflexive verbs also form the perfect tense with être. (See section **12.5** for the present tense of être.)

Here are three ways to remember which verbs use être:

1 Learn them in pairs of opposites according to their meaning. Here are 12 of them in pairs:

aller	to go	venir	to come
entrer	to go in	sortir	to go out
arriver	to arrive	partir	to leave, depart
descendre	to go down	monter	to go up
rester	to stay, remain	tomber	to fall
naître	to be born	mourir	to die

and one odd one: retourner to return*
* Sometimes, revenir or rentrer are used instead.

2 Memorise the mnemonic 'Mrs van de Tramp', in which each letter stands for one of the verbs. Can you work them out?

3 If you have a visual memory, this picture may help you:

When you form the perfect tense with *être*, the past participle agrees with the subject of the verb (the person doing the action). This means that you need to add an *-e* if the subject is feminine, and to add an *-s* if the subject is plural. Often the past participle does not sound different with an added *-e* or *-s*.

je suis allé(e)	nous sommes allé(e)s
tu es allé(e)	vous êtes allé(e)(s)
il est allé	ils sont allés
elle est allée	elles sont allées
on est allé(e)(s)	

11 Verbs – some special uses

11.1 Verb + infinitive

Some verbs are nearly always used with the infinitive of another verb, e.g. *pouvoir*, *vouloir* and *savoir*.

Je peux vous **aider**?	Can I help you?
Voulez-vous **jouer** au tennis?	Do you want to play tennis?

11.2 *aller* + infinitive

You can use the present tense of the verb *aller* followed by an infinitive to talk about the future and describe what you are going to do.

Qu'est-ce que vous allez faire ce week-end?	What are you going to do this weekend?
Je vais passer le week-end à Paris.	I'm going to spend the weekend in Paris

11.3 Uses of *avoir*

In French, *avoir* is used for certain expressions where the verb 'to be' is used in English:

J'ai quatorze ans.	I am fourteen.
Tu as quel âge?	How old are you?
Il a froid.	He is cold.
Elle a chaud.	She is hot.
Nous avons faim.	We are hungry.
Vous avez soif?	Are you thirsty?
Ils ont mal aux dents.	They have (got) toothache.
Elles ont peur.	They are afraid.

11.4 Uses of *faire*

The verb *faire* is used to describe the weather.

Il fait beau.	The weather is fine.
Il fait mauvais.	The weather is bad.
Il fait chaud.	It is hot.
Il fait froid.	It is cold.

It is also used to describe some activities and sports.

faire des courses	to go shopping
faire du vélo	to go cycling
faire de la voile	to go sailing
faire de l'équitation	to go horse-riding

12 Les verbes

12.1 Regular *-er* verbs

infinitive imperative!	present	perfect
jouer	je joue	j'ai joué
to play	tu joues	tu as joué
	il/elle/on joue	il/elle/on a joué
joue!	nous jouons	nous avons joué
jouons!	vous jouez	vous avez joué
jouez!	ils/elles jouent	ils/elles ont joué

Some verbs are only slightly different, e.g. *acheter* and *préférer* (watch the accents!):

acheter	j'achète	j'ai acheté
to buy	tu achètes	etc.
	il/elle/on achète	
achète!	nous achetons	
achetons!	vous achetez	
achetez!	ils/elles achètent	

préférer	je préfère	j'ai préféré
to prefer	tu préfères	etc.
	il/elle/on préfère	
préfère!	nous préférons	
préférons!	vous préférez	
préférez!	ils/elles préfèrent	

Verbs ending *-ger* have an extra *-e* in the nous form of the present tense:

manger	je mange	j'ai mangé
to eat	tu manges	etc.
	il/elle/on mange	
mange!	nous mangeons	
mangeons!	vous mangez	
mangez!	ils/elles mangent	

12.2 Regular *-re* verbs

vendre	je vends	j'ai vendu
to sell	tu vends	tu as vendu
	il/elle/on vend	il/elle/on a vendu
vends!	nous vendons	nous avons vendu
vendons!	vous vendez	vous avez vendu
vendez!	ils/elles vendent	ils/elles ont vendu

12.3 Regular *-ir* verbs

finir	je finis	j'ai fini
to finish	tu finis	tu as fini
	il/elle/on finit	il/elle/on a fini
finis!	nous finissons	nous avons fini
finissons!	vous finissez	vous avez fini
finissez!	ils/elles finissent	ils/elles ont fini

12.4 Reflexive verbs

infinitive imperative!	present	perfect
se laver	je me lave	je me suis lavé(e)
to wash	tu te laves	tu t'es lavé(e)
(oneself)	il se lave	il s'est lavé
	elle se lave	elle s'est lavée
	on se lave	on s'est lavé(e)(s)
	nous nous lavons	nous nous sommes lavé(e)s
lave-toi!	vous vous lavez	vous vous êtes lavé(e)(s)
lavons-nous!	ils se lavent	ils se sont lavés
lavez-vous!	elles se lavent	elles se sont lavées
se promener		
to go for a walk	je me promène	je me suis promené(e)
	tu te promènes	tu t'es promené(e)
	il se promène	il s'est promené(e)
	nous nous promenons	nous nous sommes promené(e)s
	vous vous promenez	vous vous êtes promené(e)s
promène-toi!		
promenons-nous!	ils se promènent	ils se sont promenés
promenez-vous!	elles se promènent	elles se sont promenées

12.5 Irregular verbs

In the following verbs the *il* form is used. The **elle** and **on** forms follow the same pattern unless shown separately. The same applies to **ils** and **elles**.

aller	je vais	je suis allé(e)
to go	tu vas	tu es allé(e)
	il va	il est allé
		elle est allée
va!	nous allons	nous sommes allé(e)s
allons!	vous allez	vous êtes allé(e)(s)
allez!	ils vont	ils sont allés
		elles sont allées

apprendre *see* **prendre**		
to learn		

avoir	j'ai	j'ai eu
to have	tu as	tu as eu
	il a	il a eu
aie!	nous avons	nous avons eu
ayons!	vous avez	vous avez eu
ayez!	ils ont	ils ont eu

boire	je bois	j'ai bu
to drink	tu bois	tu as bu
	il boit	il a bu
bois!	nous buvons	nous avons bu
buvons!	vous buvez	vous avez bu
buvez!	ils boivent	ils ont bu

comprendre *see* prendre		
to understand		

devoir	je dois	j'ai dû
to have to,	tu dois	tu as dû
'must'	il doit	il a dû
	nous devons	nous avons dû
	vous devez	vous avez dû
	ils doivent	ils ont dû

infinitive imperative!	present	perfect
dire	je dis	j'ai dit
to say	tu dis	tu as dit
	il dit	il a dit
dis!	nous disons	nous avons dit
disons!	vous dites	vous avez dit
dites!	ils disent	ils ont dit

dormir	je dors	j'ai dormi
to sleep	tu dors	tu as dormi
	il dort	il a dormi
dors!	nous dormons	nous avons dormi
dormons!	vous dormez	vous avez dormi
dormez!	ils dorment	ils ont dormi

écrire	j'écris	j'ai écrit
to write	tu écris	tu as écrit
	il écrit	il a écrit
écris!	nous écrivons	nous avons écrit
écrivons!	vous écrivez	vous avez écrit
écrivez	ils écrivent	ils ont écrit

être	je suis	j'ai été
to be	tu es	tu as été
	il est	il a été
sois!	nous sommes	nous avons été
soyons!	vous êtes	vous avez été
soyez!	ils sont	ils ont été

faire	je fais	j'ai fait
to do, make	tu fais	tu as fait
	il fait	il a fait
fais!	nous faisons	nous avons fait
faisons!	vous faites	vous avez fait
faites!	ils font	ils ont fait

lire	je lis	j'ai lu
to read	tu lis	tu as lu
	il lit	il a lu
lis!	nous lisons	nous avons lu
lisons!	vous lisez	vous avez lu
lisez!	ils lisent	ils ont lu

mettre	je mets	j'ai mis
to put (on)	tu mets	tu as mis
	il met	il a mis
mets!	nous mettons	nous avons mis
mettons!	vous mettez	vous avez mis
mettez!	ils mettent	ils ont mis

ouvrir	j'ouvre	j'ai ouvert
to open	tu ouvres	tu as ouvert
	il ouvre	il a ouvert
ouvre!	nous ouvrons	nous avons ouvert
ouvrons!	vous ouvrez	vous avez ouvert
ouvrez!	ils ouvrent	ils ont ouvert

partir	je pars	je suis parti(e)
to leave	tu pars	tu es parti(e)
	il part	il est parti
		elle est partie
	nous partons	nous sommes parti(e)s
pars!	vous partez	vous êtes parti(e)(s)
partons!	ils partent	ils sont partis
partez!		elles sont parties

Grammaire

infinitive imperative!	present	perfect
pouvoir	je peux	j'ai pu
to be able,	tu peux	tu as pu
'can'	il peut	il a pu
	nous pouvons	nous avons pu
	vous pouvez	vous avez pu
	ils peuvent	ils ont pu

infinitive imperative!	present	perfect
prendre	je prends	j'ai pris
to take	tu prends	tu as pris
	il prend	il a pris
prends!	nous prenons	nous avons pris
prenons!	vous prenez	vous avez pris
prenez!	ils prennent	ils ont pris

infinitive imperative!	present	perfect
recevoir	je reçois	j'ai reçu
to receive	tu reçois	tu as reçu
	il reçoit	il a reçu
	nous recevons	nous avons reçu
	vous recevez	vous avez reçu
	ils reçoivent	ils ont reçu

sortir see **partir**
to go out

infinitive imperative!	present	perfect
venir	je viens	je suis venu(e)
to come	tu viens	tu es venu(e)
	il vient	il est venu
		elle est venue
	nous venons	nous sommes venu(e)s
viens!	vous venez	vous êtes venu(e)(s)
venons!	ils viennent	ils sont venus
venez!		elles sont venues

infinitive imperative!	present	perfect
voir	je vois	j'ai vu
to see	tu vois	tu as vu
	il voit	il a vu
vois!	nous voyons	nous avons vu
voyons!	vous voyez	vous avez vu
voyez!	ils voient	ils ont vu

infinitive imperative!	present	perfect
vouloir	je veux	j'ai voulu
to want,	tu veux	tu as voulu
wish	il veut	il a voulu
	nous voulons	nous avons voulu
	vous voulez	vous avez voulu
	ils veulent	ils ont voulu

Rappel: Verbs

| **infinitive:** | jouer | *to play* |
| | aller | *to go* |

| **present tense:** | je joue | *I play, I am playing, I do play* |
| | je vais | *I go, I am going, I do go* |

| **perfect tense:** | j'ai joué | *I played, I have played, I did play* |
| | je suis allé(e) | *I went, I have gone, I did go* |

| **imperative:** | joue! jouez! | *play!* |
| | va! allez! | *go!* |

Titles, tasks and instructions

The title and any pictures may give you a clue to the subject matter. Note any names of people or places. Listening and reading are usually tested by a range of different tasks, e.g. questions in French or in English, completing a grid, choosing the correct visual or word, etc.

Read the instructions and questions carefully. They will tell you how to give your answer, e.g.

Coche la case.	Tick the box.
Écoute et écris.	Listen and write.
Lis le message.	Read the message.
Pour chaque phrase, écris vrai ou faux.	For each sentence, write true or false.
Réponds aux questions.	Reply to the questions.
Trouve les paires.	Find the pairs.

The question word may indicate what to look for, e.g. *Combien?* (look for a number); *Où?* (look for a place); *Qui?* (look for a person).

Mark scheme

Look at the mark scheme. This will help you work out how much information to give. If there are two marks, you usually need to give two details. When you have finished, check that the answers correspond to the instructions. Make sure you have ticked the correct number of boxes. If you left a blank, make a reasonable guess.

Coping with unknown vocabulary

Both in tests and in real life you will sometimes come across words which you don't know, but don't panic.

- Use your knowledge of English. Many French words are the same or similar and have the same meaning, e.g. *l'électricité, le gaz.* These are called cognates.
- There are a few *faux amis* (false friends). These are words which look the same as an English word but have a different meaning, e.g. *le car* (coach), *le pain* (bread), *la veste* (jacket).
- Use the words that you already know to help you guess the meaning, e.g. if you know *vendre* (to sell), you could guess *un vendeur* or *une vendeuse* (sales assistant).
- Look out for prefixes and suffixes (see page 52).
- Use your knowledge of grammar.
- Spot the nouns: look out for *un, une, des, le, la, l', les* in front of the word. Is the word singular or plural? Does it end in *-s* or *-x*? Can you see *les, des, mes,* etc.?
- Find the verbs and look out for the endings. Are they in the present or perfect tense?
- Look out for negatives, e.g. *ne ... pas* (not); *ne ... plus* (no more, no longer).

Listening

In a test you will usually listen to the passage twice. The first time, listen to get the gist. Note the tone of voice to get an idea of the mood. You could jot down a few points, e.g. a number or a date, but be careful not to miss the next point.

When you do make notes, you may find it easier to jot down the French, particularly of numbers and then work out the exact meaning later. Use abbreviations or symbols so long as you can understand them later. Remember that some words look the same in French and in English, but they are pronounced differently, e.g. accident, ticket, portion, instrument, fruit.

Reading

It is useful to skim through the whole text first to get a general idea of the main points. Sometimes you need to find out key information. You do not need to read through the whole passage. Look quickly through the text until you spot what you need.

Speaking

- Before the test, practise reading aloud and trying to sound French. You often get extra marks for good pronunciation. You could record yourself and listen to the recording.
- Prepare as much material in advance of a test as you can, e.g. a description of yourself, interests, family, home, town.
- Speak clearly so your listener can hear you easily.
- If appropriate, try to use two or more tenses (present, past, future) and time marker words, e.g. *hier* (yesterday); *samedi dernier* (last Saturday); *demain* (tomorrow).

Conversation

Listen carefully to the person asking questions and try to give detailed answers. Try to do most of the talking in a test – always expand on *Oui/Non* answers.

- *Qu'est-ce que tu as fait le week-end dernier?*
- *J'ai vu «Le seigneur des anneaux». J'ai beaucoup aimé le film. C'était vraiment excellent.*

Try to stick to what you know. Avoid getting into complicated explanations. But do try to vary your sentences and use connecting words like *mais* (but) and *parce que* (because), e.g. *Je suis enfant unique mais j'ai trois cousins. Je vois mes cousins assez souvent parce qu'ils habitent à Londres aussi.*

- For role play tasks, read the notes carefully and do all the tasks required.
- Be polite. Use *bonjour, au revoir, s'il vous plaît* and *merci,* when appropriate.
- Remember to use the correct form of address: *tu* or *vous.*

Writing

- Read the instructions and notes carefully. You may be able to adapt some of the language used in your answer.
- If you do use any text from the question, double-check that you have spelt it correctly.
- Make sure that you answer any questions required, e.g. *Comment est ta ville?* Give a full description of your town.
- For most questions, accuracy and spelling is important, so pay careful attention to these.
- Use some longer sentences with connecting words (see page 158).

Checking your work

Allow time at the end to check what you have written. It's a good idea to have a set procedure for this and to check for one thing at a time, e.g.

- Check that you have answered all the questions and that your answers are neat and clear.
- Check verb endings.
- With the perfect tense, check that you have used the correct auxiliary verb (*avoir* or *être*); check the past participles, especially irregular ones. With verbs taking *être*, check that the past participle agrees (has an extra *-e* or *-s*) with feminine or plural subjects.
- Check that adjectives agree with the words described. Check that any plural words have a final *-s* or *-x*, if needed.

A

A + (À plus tard) CU (used in email)
à (au, à la, à l', aux) in, at, to
l' **abbaye** (f) abbey
abolir to abolish
d' **abord** first, at first
absolument absolutely
d' **accord** okay, all right
un **abricot** apricot
abriter to shelter
accepter to accept
l' **accès** (m) access
un **accessoire** accessory
acheter to buy
une **activité** activity
l' **addition** (f) bill
adorer to love
une **adresse** address
une **adresse e-mail** email address
un(e) **adulte** adult
un **aéroport** airport
les **affaires** (f pl) things, belongings
une **affiche** notice, poster
affronter to face
l' **Afrique** (f) Africa
âgé old
agréable pleasant
j' **ai** I have
j'ai … ans I am … years old
aider to help
aimer to like
aîné older, oldest
un **aire de jeu** play area
ajouter to add
alcoolisé alcoholic
l' **Allemagne** (f) Germany
allemand German
aller to go
aller à la pêche to go fishing
allergique allergic
un **aller simple** single ticket
un **aller-retour** return ticket
s' **allonger** to lie down
allons-y let's go
alors so
les **Alpes** (f pl) the Alps
une **amande** almond
amener to take
américain American
l' **Amérique** (f) **du Nord/du Sud** North/South America
un(e) **ami(e)** friend
amical friendly
un match amical friendly (game)
amitiés (at end of letter) best wishes
amusant enjoyable
s' **amuser** to enjoy yourself, to have a good time
un **ananas** pineapple
anglais English
l' **Angleterre** (f) England
un **animal (pl animaux)** animal
un **anneau (pl anneaux)** ring
une **année** year
un **anniversaire** birthday
un **anorak** anorak
l' **Antarctique** (m) Antarctic
août August
à l' **appareil** on the phone
un **appareil photo** camera
un **appartement** flat, apartment
appeler to call
s' **appeler** to be called
je m'appelle … my name is …
bon **appétit!** enjoy your meal
apporter to bring
apprendre to learn
s' **approcher de** to approach
après after
un **après-midi** afternoon
un **aquarium** aquarium
aquatique aquatic, water
arabe Arab
un **arbitre** referee
un **arbre** tree
une **arène** arena
l' **argent** (m) money
une **armoire** wardrobe
un **arrêt (d'autobus)** (bus) stop
s' **arrêter** to stop
l' **arrivée** (f) arrival

arriver to arrive
un **arobase** @ ('at' sign)
l' **art** (m) art
un **article** article
un **ascenseur** lift
l' **Asie** (f) Asia
des **asperges** (f pl) asparagus
un **aspirateur** vacuum cleaner
l' **aspirine** (f) aspirin
s' **asseoir** to sit down
assez quite
assis sitting (down)
une **assiette** plate
assiette de charcuterie plate of cold meats
assuré guaranteed
asthmatique asthmatic
un(e) **astronaute** astronaut
l' **athlétisme** (m) athletics
atroce awful, atrocious
attendre to wait (for)
atterrir to land
attraper to catch
aujourd'hui today
au revoir goodbye
aussi also, as well
l' **Australie** (f) Australia
un **auteur** author
l' **automne** (m) autumn
en automne in autumn
une **autoroute** motorway
autre other
autrement otherwise
l' **Autriche** (f) Austria
en **avance** in advance
avant before
un **avantage** advantage
avec with
avez-vous …? do you have …? (from **avoir**)
l' **avenir** (m) future
une **aventure** adventure
un **avion** plane
un **avis** opinion
à mon avis in my opinion
avoir to have
avril April

B

le **bac(calauréat)** school leaving certificate for university entrance
le **badminton** badminton
les **bagages** (m pl) luggage
bagages à main hand luggage
une **baguette** French loaf
se **baigner** to go swimming, to bathe
baisser to lower
un **bal** dance
une **balade** ride, walk
une **baleine** whale
une **balle** (small) ball
un **ballon** ball
une **banane** banana
un **banc** bench, seat
une **bande dessinée (BD)** cartoon strip, comic (book)
une **banque** bank
la **barbe à papa** candyfloss
une **barquette** punnet, pack
bas (basse) low
à voix basse quietly
le **basket** basketball
les **baskets** (f pl) trainers
un **bassin** pool, pond
une **bataille** battle
un **bateau** boat
en bateau by boat
un **bâtiment** building
un **bâtonnet** (ice) lolly
une **BD (bande dessinée)** cartoon strip, comic (book)
beau (bel, belle, beaux, belles) beautiful
beaucoup a lot, many
beaucoup de … a lot of …
un **beau-frère** brother-in-law
un **beau-père** father-in-law
un **bébé** baby
belge Belgian
la **Belgique** Belgium
une **belle-mère** stepmother; mother-in-law

une **belle-sœur** sister-in-law
un **berger** shepherd
beurk! yuck!
le **beurre** butter
la **bibliothèque** library
bien fine, well
bien sûr of course
bientôt soon
à bientôt see you soon
une **bière** beer
une **bille** marble
un **billet** ticket, banknote
la **biologie** biology
un **biscuit** plain biscuit
blanc (blanche) white
blessé hurt, injured
bleu blue
bleu marine (inv. does not change form) navy blue
un **blog** (m) blog
boire to drink
une **boisson** drink
une **boîte** tin, box
une boîte aux lettres letterbox
un **bol** bowl
bon (bonne) good
bon appétit enjoy your meal
bon voyage have a good journey
un **bonbon** sweet
bondir to leap
un **bonhomme de neige** snowman
bonjour hello, good morning
de **bonne heure** early
à **bord** on board
au **bord de la mer** at the seaside
des **bottes** (f pl) boots
la **bouche** mouth
une **boucherie** butcher's shop
la **boue** mud
bouger to move
la **bouillabaisse** fish stew (from Provence)
un(e) **boulanger (boulangère)** baker
une **boulangerie** baker's
une **boule de glace** a scoop of ice cream
une **boum** party
une **bouteille** bottle
un **bouton** button
le bouton Aide help button (on website)
une **branche** branch
brancher to plug (in)
le **bras** arm
bras dessus, bras dessous arm in arm
en bras de chemise in shirt sleeves
le **Brésil** Brazil
une **brique de** a carton of
le **brouillard** fog
brouiller to blur
un **bruit** noise
brun brown
Bruxelles Brussels
le **buffet** buffet
une **bulle** speech bubble
un **bureau** office
un bureau des renseignements information office
un bureau de tabac tobacconist's
un **bus** bus
un **but** goal
marquer un but to score a goal

C

ça that
ça dépend it depends
ça ne fait rien it doesn't matter
ça va? all right?
une **cabane** cabin
cacher to hide
un **cadeau** gift, present
un **café** café; coffee
un **café crème** white coffee
un **cahier** exercise book
la **caisse** cash desk
un(e) **caissier (caissière)** cashier
le **calcul** calculation
cambrioler to burgle
la **campagne** country
à la campagne in the country

un **camping** campsite
  faire du camping to go camping
le **Canada** Canada
  canadien (canadienne) Canadian
un **canard** duck
une **cantine** canteen, dining hall
la **capitale** capital city
  car because
un **car** coach
un **carnaval** carnival
une **carotte** carrot
  carré square-shaped
une **carte** card
  une **carte postale** postcard
un **carton jaune/rouge** yellow/red card
une **cascade** waterfall
une **case** box (in diagram)
  la case Rechercher search box
un **casque** helmet
une **casquette** baseball hat, cap
  casser to break
une **casserole** saucepan
au **cassis** blackcurrant flavoured
le **cassoulet** stew with meat and haricot beans
une **catégorie** category
une **cathédrale** cathedral
une **caverne** cave
un **CD** CD, compact disc
le **CDI (centre de documentation et d'information)** information and resource centre
un **CD-ROM** CD-ROM
  ce (cet, cette, ces) this, that
une **ceinture** belt
  célèbre famous
un **cent/centime** cent
le **centenaire** centenary
le **centre** centre
un **centre sportif** sports centre
le **centre-ville** town centre
des **céréales** (f pl) cereal
une **cerise** cherry
  cesser de to stop
une **chaise** chair
une **chambre** bedroom
un **champignon** mushroom
le **championnat** championship
le **chant** singing
un **chapeau (pl chapeaux)** hat
la **chapelle** chapel
  chaque each, every
une **charcuterie** pork butcher's, delicatessen
  chargé busy
un **chariot** trolley
la **chasse** hunting; hunt, search
un **chat** cat
  châtain (chestnut) brown
un **château** castle
  un **château gonflable** bouncy castle
  chaud warm, hot
  avoir chaud to be hot
  j'ai chaud I'm hot
  il fait chaud it's hot
  chatter to chat (on website)
des **chaussettes** (f pl) socks
des **chaussures** (f pl) shoes
une **chauve-souris** bat
une **chemise** shirt
  cher (chère) dear, expensive
  chercher to look for
un **cheval (pl chevaux)** horse
les **cheveux** (m pl) hair
  chez at, to (someone's house)
  chic (inv. does not change form) smart
un **chien** dog
un **chiffre** number, figure
la **chimie** chemistry
la **Chine** China
  chinois Chinese
des **chips** crisps
le **chocolat** chocolate
un **chocolat chaud** hot chocolate
  choisir to choose
un **choix** choice, selection
une **chorale** choir
une **chose** thing

un **chou (pl choux)** cabbage
  chouette! great!
un **chou-fleur** cauliflower
le **cidre** cider
un **cinéma** cinema
  cinq five
  cinquante fifty
un **circuit** tour
un **citron** lemon
  au citron lemon flavoured
  un **citron pressé** fresh lemon drink
  un **citron vert** lime
une **clarinette** clarinet
un **clavier** keyboard
une **clé** key
une **clé USB** memory stick
un(e) **client(e)** customer
une **clinique** clinic
  cliquer to click
un **club** club
un **coca** cola
un **cœur** heart
un **coffre** case, safe deposit box
un(e) **coiffeur (coiffeuse)** hairdresser
le **Colisée** Colisseum (Rome)
un **collège** school for students aged 11–14 or 15
un **collier** collar, necklace
  combien (de) how much, how many
  c'est combien? how much is it?
  comique comic, funny
  commander to order
  commencer to begin
  comment how, what, pardon
  communiquer to communicate
une **compagnie pétrolière** oil company
  composter to validate/date-stamp a ticket
  comprendre to understand
y **compris** including
se **concentrer** to concentrate
un **concert** concert
un **concombre** cucumber
un **concours** competition
la **confiance** confidence
la **confiture** jam
le **confort** comfort
  confortable comfortable
le **congé** time off
  un **jour de congé** a day off
la **connaissance** acquaintance
  faire la connaissance de to get to know
  connaître to know (a person or place)
  connecter to connect
la **consigne** left luggage
une **console** games console
  contacter to contact, get in touch with
  content happy, pleased
  continuer to continue
  contre against
  par contre however
un **contrôle** test
une **conversation** conversation
  convertir to convert
un(e) **copain (copine)** friend
une **corbeille** basket
le **coq au vin** chicken cooked in wine
le **corps (humain)** human body
une **correspondance** connection
un(e) **correspondant(e)** penfriend
  correspondre avec to write to
  corriger to correct
la **côte** coast
une **côte de porc** pork chop
à **côté de** beside
le **cou** neck
se **coucher** to go to bed
le **coude** elbow
une **couleur** colour
un **couloir** corridor
un **coup** hit, blow
  un **coup de téléphone** telephone call
une **coupe** cup
  la Coupe du monde World Cup
la **cour** school yard, playground
un(e) **coureur (coureuse)** racing cyclist (in Tour de France)
  courir to run

  couronner to crown
un **cours** lesson
une **course** race
des **courses: faire des courses** to go shopping
  court short
un **court de tennis** tennis court
un(e) **cousin(e)** cousin
  coûter to cost
  couvert de covered in/with
une **cravate** tie
un **crayon** pencil
  créer to create
la **crème** cream
  la crème anglaise custard
  la crème Chantilly whipped cream
une **crémerie** dairy
une **crêpe** pancake
les **crevettes** (f pl) prawns
  crier to shout
un **crocodile** crocodile
  croire to think
un **croissant** croissant
un **croque-monsieur** toasted ham and cheese sandwich
des **crudités** (m pl) raw vegetables chopped up
la **cuisine** kitchen; cooking
un(e) **cuisinier (cuisinière)** cook
  curieux (curieuse) curious
le **cyclisme** cycling

D

  d'abord first, at first
  d'accord okay, all right
une **dame** lady
le **Danemark** Denmark
  dangereux (dangereuse) dangerous
  dans in
la **danse** dance, dancing
  de of, from
un **dé** dice
un **débat** debate, discussion
  décontracté casual
se **décontracter** to relax
le **décor** décor
  décorer to decorate
  décrire to describe
le **défilé** procession
  dégagé cleared
le **déjeuner** lunch
  délicieux (délicieuse) delicious
  demain tomorrow
  à demain see you tomorrow
  demander to ask for
  demi half
  faire demi-tour to turn around, to do a U-turn
un **demi-frère** half-/stepbrother
un **demi-pensionnaire** pupil who has lunch at school
une **demi-sœur** half-/stepsister
  démolir to demolish
une **dent** tooth
le **dentifrice** toothpaste
le **départ** departure
se **dépêcher** to hurry
se **déplacer** to travel, to go
  depuis since
  depuis deux ans for two years
  dernier (dernière) latest, last
  derrière behind
un **désastre** disaster
  descendre to go down; to get off
  désirer to want
  vous désirez? what would you like?
  désolé very sorry
le **dessert** sweet, dessert
le **dessin** drawing; design; art (subject)
un **dessin** drawing
  un **dessin animé** cartoon
  dessous underneath
  au-dessous de below
  dessus on top
  au-dessus de above
une **destination** destination
un **détail** detail
un(e) **détective** detective
  détendre to relax
  détester to hate

deux two
deuxième second
devant in front of
devoir to have to
deviner to guess
les **devoirs** (m pl) homework
un **dictionnaire** dictionary
différent different
difficile difficult
dimanche Sunday
le **dimanche** on Sundays
la **dinde** turkey
le **dîner** dinner
dîner to have dinner
un **dinosaure** dinosaur
dire to say
directement directly
une **discothèque** disco(theque)
une **discussion** discussion
discuter to talk about, to discuss
disparaître to disappear
distinguer to distinguish, to make out
dix ten
un **doigt** finger
un **doigt de pied** toe
donc so, therefore
donner to give
donnez-moi … give me …
dont of which, whose
dormir to sleep
il dort he is sleeping, he sleeps
un **dossier** file
doucement gently
un **drapeau** flag
(à) **droite** (on the) right
dur hard
durer to last

E

l' **eau** (f) water
l'eau minérale mineral water
s' **échapper** to escape
une **écharpe** scarf
les **échecs** (m pl) chess
jouer aux échecs to play chess
un **éclair** eclair (type of cake)
une **école** school
l' **Écosse** (f) Scotland
écouter to listen to
écrire to write
un **écrivain** writer
l' **éducation physique** (f) physical education
effacer to erase, to delete
un **effet optique** visual effect
l' **effet de serre** (m) greenhouse effect
effrayant frightening
élégant elegant, smart
un **éléphant** elephant
un(e) **élève** pupil, student
un **e-mail** email
une **émission** emission, radio/TV programme
un **emploi du temps** timetable
en in
en ville in town
encore more, again
s' **endormir** to fall asleep, to go to sleep
l' **énergie** (f) energy
un(e) **enfant** child
enlever to take away, to remove
un(e) **ennemi(e)** enemy
s' **ennuyer** to get bored
ennuyeux (ennuyeuse) boring
enrouler to wind around
ensemble together
ensuite next
entendre to hear
entier (entière) entire, whole
l' **entraînement** (m) training
entre between
une **entrée** (f) entrance (ticket)
entrer to entre
environ about
envoyer to send
une **épaule** shoulder
une **épicerie** grocer's shop
un(e) **épicier (épicière)** grocer
l' **EPS (éducation physique et**

sportive) (f) PE
une **équipe** team
(bien) équipé (well) equipped
une **erreur** mistake
par erreur by mistake
un **escalier** staircase
un escalier roulant escalator
des **escargots** (m pl) snails
l' **espace** (m) space
l' **Espagne** (f) Spain
espagnol Spanish
un **essai** trial, a try
essayer to try
essentiel (essentielle) essential
l' **est** (m) east
il/elle **est** he/she is
est-ce que …? question form
est-ce qu'il y a …? is/are there …?
à l' **estragon** with tarragon
et and
un **étage** storey, floor
une **étape** stage
les **États-Unis** (m pl) United States
l' **été** (m) summer
en été in summer
étrange strange
à l' **étranger** abroad
être to be
un(e) **étudiant(e)** student
un **euro** euro
l' **Europe** (f) Europe
en Europe in Europe
européen (européenne) European
un **événement** event
évidemment obviously
un **examen** exam(ination)
excité excited
une **excursion** excursion
par **exemple** for example
un **exercice** exercise
exploser to explode
une **exposition** exhibition
un **extrait** extract
extraordinaire extraordinary

F

fabriquer to make, to manufacture
en **face (de)** opposite
fâché angry
facile easy
une **façon** way
avoir **faim** to be hungry
j'ai faim I'm hungry
faire to do
faire demi-tour to go back
faire le lit to make the bed
faire de l'équitation to go (horse) riding
faire du kayak to go canoeing
faire du patin/patinage to go skating
faire de la plongée to go diving
faire une promenade to go for a walk
faire du roller to go rollerskating
faire la vaisselle to wash up
faire de la voile to go sailing
faire du VTT to go mountain biking
faire un signe de la tête to nod
il fait beau the weather is good
il fait du brouillard it's foggy
il fait chaud it's hot
il fait froid it's cold
il fait mauvais the weather is bad
il fait nuit it's dark
il fait du vent it's windy
une **famille** family
un **fan** fan
fantaisie fancy, fun
fantastique fantastic
un **fantôme** ghost
farci stuffed
fatigant tiring
fatigué tired
il **faut** you must
faux (fausse) false, wrong
un **favori** favourite
une **fée** fairy
une **femme** woman, wife
une **fenêtre** window

une **ferme** farm
fermé closed
fermer to close
une **fête** saint's day, festival, party
une fête foraine fair
un **feu d'artifice** firework, firework display
une **feuille** leaf; page
la **fièvre** fever
avoir de la fièvre to have a (high) temperature
le **filet de poisson** fish fillet
une **fille** girl, daughter
un **film** film
un **fils** son
la **fin** end
finalement finally
finir to finish
une **fleur** flower
une **flûte à bec** recorder
une **fois** once, time
une fois par semaine once a week
trois fois three times
foncé dark
au **fond** at the back
le **football** football
un(e) **footballeur (footballeuse)** footballer
une **forêt** forest
la **forme** shape, fitness
formidable terrific
fort strong
un **four** oven
un four à micro-ondes microwave (oven)
frais (fraîche) fresh
une **fraise** strawberry
une **framboise** raspberry
français French
la **France** France
francophone French-speaking
un **frère** brother
un **frigo** fridge
les **frites** (f pl) chips
froid cold
avoir froid to be cold
j'ai froid I'm cold
il fait froid it's cold
le **fromage** cheese
un plateau de fromage cheese board
un **fruit** fruit
des **fruits de la passion** passion fruit
des **fruits de mer** (m pl) sea food
des **fruits de saison** seasonal fruit
fumer to smoke
fumeurs (area for) smokers
furieux (furieuse) furious

G

gagner to win
des **gants** (m pl) gloves
un **garage** garage
un **garçon** boy, waiter
un garçon de café waiter
garder to keep, to look after
un(e) **gardien(ne) de but** goalkeeper
une **gare** station
une gare routière bus station
garer (la voiture) to park (the car)
garni garnished (with vegetable or salad)
un **gâteau (pl gâteaux)** cake
un **gâteau maison** home-made cake
gauche left
à gauche (on the) left
gazeux (gazeuse) fizzy
un **gendarme** policeman
général general
Genève Geneva
génial brilliant
un **genou (pl genoux)** knee
les **gens** (m pl) people
gentil(le) kind
la **géographie** geography
une **girafe** giraffe
une **glace** ice cream
le **golf** golf
la **gorge** throat
le **goûter** snack (in late afternoon)
un **gramme** gram(me)
grand big, tall

pas grand-chose not much
une grand-mère grandmother
les grands-parents (m pl) grandparents
un grand-père grandfather
gratuit free
grec (grecque) Greek
la Grèce Greece
une grille grid, grill
grimper to climb
gris grey
gros(se) big, fat
grossir to get fat, to put on weight
un groupe group
un guichet ticket office
un guide guide book
une guitare guitar
un gymnase gym(nasium)
la gymnastique gymnastics

H

s' habiller to get dressed
habiter to live in or at
d' habitude usually
hâché minced
le hand(ball) handball
handicapé handicapped, disabled
hanté haunted
les haricots blancs (m pl) haricot beans
les haricots verts (m pl) green beans
un haut top
haut high, tall
à voix haute loudly
de haut en bas from top to bottom
haut les mains hands up
la hauteur height
un hectare hectare
un hélicoptère helicopter
un hérisson hedgehog
une heure time, hour
à l'heure on time
de bonne heure early
heureusement fortunately
hier yesterday
un hippopotame hippopotamus
l' histoire (f) history
une histoire story
l' hiver (m) winter
en hiver in winter
le hockey hockey
un hôpital hospital
un horaire timetable
une horloge clock
quelle horreur how awful
un hors-d'œuvre first course, hors-d'oeuvre
l' hospitalité (f) hospitality
un hot-dog hot dog
un hôtel hotel
des huîtres (f pl) oysters
humain human

I

ici here
idéal ideal
une idée idea
identifier to identify
identique identical
il y a there is, there are
une île island
une image picture
immédiatement immediately
avec impatience impatiently
un imper(méable) raincoat
important important
impossible impossible
une imprimante printer
imprimer to print
un inconvénient disadvantage
une indice clue
indisponible unavailable
un(e) infirmier (infirmière) nurse
l' informatique (f) computing, information technology
un inhalateur inhaler
les ingrédients (m pl) ingredients
s' inquiéter to be worried
s' inscrire (dans) to register, to enrol (in)
s' installer to settle
l' instruction civique (f) citizenship
l' instruction religieuse (f) religious education

un instrument (de musique) musical instrument
intéressant interesting
s' intéresser à to be interested in
à l'intérieur inside
un internat boarding school
l' Internet (m) internet
une interview interview
l' intrus (m) intruder
chasse à l'intrus find the odd one out
un inventeur inventor
une invention invention
une invitation invitation
un(e) invité(e) guest
irlandais Irish
l' Irlande (du Nord) (f) Ireland (Northern)
l' Italie (f) Italy
italien (italienne) Italian
une itinéraire itinerary

J

ne … jamais never
une jambe leg
le jambon ham
un jardin garden
le jardin botanique botanical garden
jaune yellow
un jean pair of jeans
jetable disposable
jeter to throw
un jeu (pl jeux) game
un jeu vidéo computer game
jeudi Thursday
le jeudi on Thursdays
jeune young
un jogging jogging trousers, tracksuit
joli pretty
jouer to play
un(e) joueur (joueuse) player
un jour day
jour de fête fun day, festival
jour férié public holiday
un journal (pl journaux) newspaper
une journée day
le judo judo
juillet July
juin June
des jumeaux (jumelles) twins
des jumelles (f pl) binoculars
un jungle jungle
une jupe skirt
un jus de fruit fruit juice
jusqu'à until, as far as

K

un kayak canoe
le ketchup tomato ketchup
un kilo kilo(gram)
un kiosque kiosk
un kiwi kiwi fruit
klaxonner to sound the horn

L

là-bas over there
un laboratoire laboratory
un lac lake
laisser to leave
laisser tomber to drop
le lait milk
une langue language, tongue
les langues vivantes modern languages
un lapin rabbit
le latin Latin
laver to wash
faire du lèche-vitrines to go window shopping
un lecteur (CD/DVD) (CD/DVD) player
la lecture reading
un légume vegetable
lentement slowly
une lettre letter
se lever to get up
une librairie bookshop
libre free
un lien link
un lieu place
avoir lieu to take place
la limonade lemonade
un lion lion
lire to read

M

un lit bed
un litre litre
un livre book
une livre pound (sterling), pound (weight)
la location hiring
loger to stay/live with
la logique logic
un logo logo
loin a long way, far
long (longue) long
longtemps (for) a long time
la loterie lottery
la loupe magnifying glass
lourd heavy
la lumière light
lundi Monday
le lundi on Mondays
les lunettes (f pl) glasses
les lunettes de soleil sunglasses
un lycée high school (for study up to university entrance)

les macaronis (m pl) macaroni
une machine machine
madame Mrs, madam
maigrir to lose weight
un magasin shop
un magazine magazine
un magazine informatique computer magazine
un magnétoscope video (recorder)
magnifique magnificent
un maillot jersey, shirt
maillot de bain swimming costume
maintenant now
mais but
une maison house
à la maison at home
(paté/gâteau) maison made on the premises
une maison des jeunes youth centre
un maître master
mal badly
j'ai mal à la gorge I have a sore throat
j'ai mal au ventre I have stomach ache
il a mal au dos he has backache
malade ill
le malheur misfortune
malheureusement unfortunately
malin (maligne) clever, crafty
Mamie Granny, Grandma
un mammifère mammal
la Manche the English Channel
un manège à pédales merry-go-round
manger to eat
manquer to miss, to be missing
un manteau coat
un(e) marchand(e) shopkeeper, seller
un(e) marchand(e) de légumes greengrocer
un(e) marchand(e) de glaces ice cream seller
une marche step
un marché market
marcher to walk, to work (of machine, etc.)
mardi Tuesday
le mardi on Tuesdays
le mari husband
marié married
le Maroc Morocco
une marque brand, make
marron (inv. does not change form) brown
la Martinique Martinique
un match match
un match nul a draw
les mathématiques (f pl) mathematics
les maths (f pl) maths
une matière school subject
un matin morning
le matin in the morning(s)
une matinée morning
mauvais bad
la mayonnaise mayonnaise
un médecin doctor
un médicament medicine

la **médina** medina, market
meilleur better
mélanger to mix
un **melon** melon
même same
la **mémoire** memory
la **menthe** mint
   une **menthe à l'eau** peppermint-flavoured drink
le **menu** menu
la **mer** sea
   au bord de la mer at the seaside
merci thank you
mercredi Wednesday
une **mère** mother
une **merveille** marvel, wonder
merveilleux (merveilleuse) marvellous, wonderful
mesurer to measure
la **météo** weather (forecast)
un **mètre** metre
le **métro** the underground
mettre to put
   mettre la table to lay the table
miam-miam! yum-yum!
midi (at) midday
mieux better
mignon(ne) sweet
un **mille-pattes** centipede, millipede
des **milliers de ...** thousands of ...
mi-long (mi-longue) mid-length
mince slim, thin
minuit (at) midnight
la **mi-temps** half-time (match)
à **mi-temps** (m) part-time (job)
mixte mixed
une **mobylette** scooter, moped
la **mode** fashion
   à la mode fashionable, in fashion
un **mode de transport** means of transport
moderne modern
moi-même myself
moins less
un **mois** month
le **monde** world
   dans le monde entier all over the world
   tout le monde everyone
la **monnaie** currency, small change
monsieur Mr, sir
un **monstre** monster
une **montagne** mountain
monter to climb up, to go up
une **montre** watch
un **monument** monument, sight
un **morceau** piece
une **mosquée** mosque
la **mort** death
un **mot** word
   un mot de passe password
un **moteur** engine
une **moto** motorbike
   à/en moto by motorbike
des **moules** (f pl) mussels
mourir to die
   il est mort he is dead
la **mousse au chocolat** chocolate mousse
un **moustique** mosquito
un **mouton** sheep
moyen (moyenne) medium
un **moyen (de transport)** means (of transport)
en **moyenne** on average
municipal managed by town
un **mur** wall
un **mur d'escalade** climbing wall
un **musée** museum
la **musique** music

N

naître to be born
la **natation** swimming
la **nature** nature
nature (on restaurant menu) plain, without garnish
naturellement naturally
une **navette** shuttle
naviguer to navigate, to find one's way around

né born
ne ... jamais never
ne ... pas not
ne ... plus no more, no longer
ne ... rien nothing, not anything
nécessaire necessary
néerlandais Dutch
négatif (négative) negative
il **neige** it's snowing
la **neige** snow
le **nez** nose
Noël Christmas
noir black
à la **noisette** with nuts
le **nom** name
non no
le **nord** north
normalement normally
norvégien(ne) Norwegian
la **nourriture** food
nouveau (nouvel, nouvelle, nouveaux, nouvelles) new
une **nouveauté** novelty
une **nuit** night
nul (nulle) rubbish, useless
le **numéro de portable** mobile phone number

O

obéir to obey
obligatoire compulsory
occupé occupied, taken
s' **occuper de** to be concerned/busy with
un **œil** (pl **yeux**) eye
un **œuf** egg
   un œuf à la coque boiled egg
   des œufs brouillés scrambled eggs
un **oignon** onion
un **oiseau** (pl **oiseaux**) bird
une **olive** olive
une **omelette** omelette
un **oncle** uncle
une **orange** orange
un **Orangina** Orangina
un **ordi(nateur)** computer
une **ordonnance** prescription
l' **ordre** (m) order
une **oreille** ear
organiser to organise
osciller to sway
ou or
où where
oublier to forget
l' **ouest** (m) west
oui yes
ouvert open
ouvrir to open

P

une **page** page
   la page Accueil home page (on website)
le **pain** bread
   un pain au chocolat pastry with chocolate inside
une **paire de ...** a pair of ...
pâlir to go pale
un **panier** basket
en **panne** out of order, not working
un **panneau** sign
un **panorama** view
un **pantalon** pair of trousers
le **papier** paper
   les papiers d'identité identity papers
Pâques Easter
un **paquet** packet
par by
le **paradis** paradise
un **parc (national)** national park
un **parc d'attractions** theme park
les **parents** (m pl) parents
un **parfum** flavour; perfume
une **parfumerie** perfume shop
un **pari** bet
un **parking** car park
le **Parlement européen** European parliament
parler to talk, to speak
une **part** part
   de ma part from me

partager to share
un(e) **partenaire** partner
une **partie** part
partir to leave
partout everywhere
ne ... **pas** not
le **passé** the past
passer to pass
   passer l'aspirateur to vacuum
le **pâté** pâté, meat paste
le **pâté maison** pâté (made on the premises)
les **pâtes** (f pl) pasta
le **patinage** skating
une **patinoire** ice rink
une **pâtisserie** cake shop
une **patte** paw
une **pause(-déjeuner)** (lunch) break
pauvre poor
un **pays** country
les **Pays-Bas** Holland, the Netherlands
le **pays de Galles** Wales
une **pêche** peach
   la pêche Melba peach served with vanilla ice cream, raspberry sauce and whipped cream
la **pêche** fishing
   aller à la pêche to go fishing
peindre to paint
une **peluche** soft toy
pendant during, for
des **pépites de chocolat** chocolate chip
perdre to lose
un **père** father
permettre to allow, to permit
la **permission** permission
un **perroquet** parrot
un **personnage** personality, figure
une **personne** person
peser to weigh
petit small
le **petit déjeuner** breakfast
les **petits pois** (m pl) peas
un **peu** a little
avoir **peur** to be frightened
peut-être perhaps
la **pharmacie** chemist's
un(e) **pharmacien(ne)** chemist
une **photo** photo
une **phrase** phrase
la **physique** physics
un **piano** piano
une **pièce** coin
   la pièce each
un **pied** foot
   à pied on foot
   un coup de pied kick
un **pilier** pillar
un **pilote** pilot
un **pique-nique** picnic
une **piscine** swimming pool
une **pistache** pistachio nut
une **piste** track
   une piste de ski artificielle artificial ski slope
une **pizza** pizza
un **placard** cupboard
la **place** space
   il y a de la place there's (enough) space
une **place** (town) square
une **plage** beach
un **plan** plan, map
la **planche à voile** windsurfing
la **planète** planet
le **plastique** plastic
un **plat** dish
   le plat du jour dish of the day
   le plat principal main course
plein full
   en plein air in the open air
pleurer to cry
pleuvoir to rain
   il pleut it's raining
plonger to dive
plus more
   en plus on top of that
ne ... **plus** no more, no longer
plusieurs several
une **poche** pocket

le **poids** weight
un **point** dot, full stop
une **poire** pear
un **poisson** fish
une **poissonnerie** fishmonger's
le **poivre** pepper
poli polite
un **polo** polo shirt
une **pomme** apple
une **pomme de terre** potato
un **pont** bridge
populaire popular
la **population population**
le **porc** pork
un **port** port
un **portable** mobile phone
une **porte** door, gate (at airport)
un **porte-clés** key ring
un **porte-monnaie** purse
porter to wear
une **portion** portion
le **Portugal** Portugal
poser une question to ask a question
un **pot** jar
le **potage** soup
le **poulet** chicken
pour for
pourpre purple
pousser to push
   pousser un cri to shout
pouvoir to be able to
pratique practical, convenient
pratiquer to practise
par **précaution** as a precaution
précis exact
   à 7h00 précises at exactly 7 am
préféré favourite
préférer to prefer
premier (première) first
   le **Premier ministre** Prime Minister
prendre to take
préparer to prepare
près de near
le **présent** the present
présenter to introduce
presque almost, nearly
prêter to lend
le **printemps** spring
   au printemps in spring
un **prix** price
   un prix net inclusive price
prochain next
un **prof** teacher
un **professeur** teacher
un **projet** plan
une **promenade** walk
se **promener** to go for a walk
propre own, clean
protéger to protect
des **provisions** (f pl) provisions, groceries
un **pseudo** screen name, nickname (on website)
la **publicité** advertising
publier to publish
puis then, next
un **pull** sweater, pullover
la **purée de pommes de terre** mashed potatoes
un **pyjama** pair of pyjamas

Q

un **quai** platform
quand when
quarante forty
quatre four
quatre-vingts eighty
quatre-vingt-un eighty-one
quatre-vingt-onze ninety-one
quel (quelle, quels, quelles) what, which
quelque chose something
quelquefois sometimes
qu'est-ce que c'est? what is it?
qu'est-ce qu'il y a? what is there? what's the matter?
une **queue** queue, tail
   faire la queue to queue
   en queue de cheval in a ponytail
une **quiche** quiche
quinze fifteen
quitter to leave

R

raconter to relate
une **radio** radio
un **radis** radish
réfléchir to think
rafraîchissant refreshing
raide stiff
   les **cheveux raides** straight hair
avoir **raison** to be right, correct
ramasser to pick up, to gather
une **randonnée** hike, long walk
ranger to tidy up
rapide fast, rapid
une **raquette** racket
rarement not often, rarely
la **ratatouille** vegetable dish with courgettes, peppers, onions, tomatoes in olive oil
une **rayure** stripe
une **recette** recipe
recevoir to receive
rechercher to search for, to research
les **recherches** (f pl) research
reconnaître to recognise
la **récré(ation)** break (at school)
reculer to move back
réduit reduced
un **réfrigérateur** refrigerator
regarder to watch, to look at
une **région** region
une **règle** ruler
je **regrette** I'm sorry
régulièrement regularly
une **reine** queen
relâcher to let go, to relax
relever to raise
relier to link, connect
relire to read again
remercier to thank
remplir to fill
rencontrer to meet
un **rendez-vous** meeting, appointment
rendre to give back
se **rendre à** to go to
les **renseignements** (m pl) information
rentrer to return, to go home
un **repas** meal
répondre to reply
une **réponse** reply, answer
un **reportage** report
se **reposer** to rest
le **RER** high speed train/underground system in Paris and suburbs
une **réservation** reservation, reserved seat
une **réserve** reserve
un **restaurant** restaurant
le **reste de ...** the rest of ...
rester to stay, to remain
   rester à la maison to stay at home
les **résultats** (m pl) results
un **résumé** summary
en **retard** late
le **retour** return (journey)
retourner to return
retrouver to meet up with
réussi successful
réussir to succeed
se **réveiller** to wake up
un **revolver** revolver
riche rich
risquer de to risk
une **rivière** river
une **robe** dress
un **robot** robot
le **roi** king
romain Roman
rond round
rose pink
rôti roast
une **roue** wheel
rouge red
rougir to blush
rouler to run (travel)
une **route** road
roux (rousse) red (of hair), red-haired
le **Royaume-Uni** United Kingdom
une **rue** street
le **rugby** rugby

S

le **sable** sand

un **sac** bag
un **sac à dos** rucksack
un **sachet** packet
la **Saint-Sylvestre** New Year's Eve
saisir to seize
une **saison** season
   fruits de saison fresh fruit in season
une **salade** salad
   la **salade niçoise** mixed salad with tomatoes, potatoes, hard-boiled eggs, olives and anchovies
une **salle** room
une **salle d'attente** waiting room
une **salle de bains** bathroom
une **salle de classe** classroom
une **salle à manger** dining room
une **salle de séjour** living room
une **salle de technologie** computing room
un **salon** lounge, sitting room
   un salon de discussion chat room (on website)
salut hello, hi
samedi Saturday
   le **samedi** on Saturdays
les **sandales** (f pl) sandals
un **sandwich** sandwich
sans without
   sans doute doubtless
la **santé** health
une **sardine** sardine
une **saucisse** sausage
un **saucisson** continental spicy sausage
   le **saucisson sec** salami
sauf except
le **saumon** salmon
   du saumon fumé smoked salmon
sauter to jump
un **sautoir** jumping pit
sauvegarder to save (computer file)
sauver to save
la **savane** savannah, grassland
un **saxophone** saxophone
la **science-fiction** science fiction
les **sciences** (f pl) science
scolaire (to do with) school
la **scolarité** schooling
la **sculpture** sculpture
sec (sèche) dry
un **seigneur** lord
un **séjour** stay
le **sel** salt
une **sélection** selection
selon according to
une **semaine** week
le **Sénégal** Senegal
séparer to separate
sept seven
une **série** series
sérieux (sérieuse) serious
un **serpent** snake
une **serveuse** waitress
une **serviette** towel
servir to serve
seul alone
sévère strict
le **shopping** shopping
un **short** pair of shorts
si if
un **siècle** century
le **sirop** fruit cordial, squash
un **site web** website
situé situated
un **skate** skateboard
le **ski** skiing
un(e) **skieur (skieuse)** skier
un **snack** snack (bar)
une **sœur** sister
avoir **soif** to be thirsty
   j'ai soif I'm thirsty
un **soir** evening
   le **soir** in the evening(s)
soixante-dix seventy
soixante et onze seventy-one
le **soleil** sun
avoir **sommeil** to be sleepy
le **sommet** top (of a mountain, etc.)
un **son** sound
un **sondage** survey, opinion poll

sonner to ring
la **sorcellerie** sorcery
un **sorcier** sorcerer
une **sortie** exit, outing
sortir to go out
soudain suddenly
souligner to underline
le **souper** supper
une **souris** mouse
sous under
sous-marin underwater, submarine
un **sous-sol** basement
souterrain underground
la **ville souterraine** underground city
un **souvenir** souvenir
souvent often
les **spaghettis** (m pl) spaghetti
une **spécialité** speciality
un **spectacle** show
le **sport** sport
sportif (sportive) fond of sports, sporty
une **squelette** skeleton
un **stade** stadium
un **stage** course
une **statue** statue
le **steak** steak
le **steak hâché** mince
le **steak tartare** raw steak served with herbs
stupide stupid
un **stylo** pen
une **sucette** lollipop
le **sucre** sugar
sucré sweet
le **sud** south
la **Suède** Sweden
suisse Swiss
la **Suisse** Switzerland
super great
superbe great, superb
un **supermarché** supermarket
un **supplément** extra charge
en supplément extra
un **surnom** nickname
une **surprise** surprise
sur on
sûr sure, certain
surfer (sur le Net) to surf (the net)
surtout above all, especially
surveiller to supervise
les **SVT (sciences de la vie et de la terre)** life sciences and geology
un **sweat(-shirt)** sweatshirt
sympa nice
sympathique nice

T

un **tabac** tobacconist's
une **table** table
un **tableau** board; printed table
le **tableau des horaires** timetable/ departure board
la **taille** size
de taille moyenne of medium height
tant pis too bad
une **tante** aunt
taper to type
un **tapis** carpet, mousemat
tard late
plus tard later
une **tarentule** tarantula (spider)
le **tarif** charge; price list
une **tarte** tart
une **tartine** piece of bread and butter and/or jam
un **taxi** taxi
la **technologie** technology
la **télé** TV
à la télé on TV
la télé-réalité reality TV
un **téléphone (portable)** (mobile) phone
un **télescope** telescope
tellement so
le **temps** time
avoir le temps to have time
de temps en temps now and again
le **tennis** tennis

le **tennis de table** table tennis
une **tenue** outfit
un **terminus** terminus
un **terrain** ground, pitch
la **terre** earth; ground
par terre on the ground
la **tête** head
de la tête aux pieds from head to foot
le **TGV (train à grande vitesse)** high-speed train
le **thé** tea
un **théâtre** theatre
une **théorie** theory
le **thon** tuna
un **tigre** tiger
un **timbre** stamp
le **titre** (m) title
le **toast** toast
un **toboggan** sled, sledge
les **toilettes** (f pl) toilets
une **tomate** tomato
tomber to fall
un **tome** volume (of a book)
avoir **tort** to be wrong
une **tortue** tortoise
tôt early
toujours always, still
une **tour** tower
à **tour de rôle** in turn
un(e) **touriste** tourist
touristique tourist
un **tournoi** tournament
tous les jours every day
tout everything
en tout in all
c'est tout that's all
à tout à l'heure see you later
toute l'année all year round
tout de suite at once, immediately
tout le monde everyone
toutes sortes de … all kinds of
traduire to translate
un **train** train
trains au départ departure board
un **trajet** a journey
en **tram/tramway** (m) by tram
une **trampoline** trampoline
une **tranche** slice
transférer to transfer
les **transports** (m pl) transport
les transports en commun public transport
le **travail** work
travailler to work
traverser to cross
trente thirty
très very
une **tribune** stage
une **trilogie** trilogy
triste sad, unhappy
trois three
troisième third
un **trombone** trombone; paper clip
une **trompette** trumpet
un **troupeau** herd
trouver to find
se **trouver** to be (located)
la **truite** trout
un **t-shirt** T-shirt
tutoyer to call someone 'tu'

U

un(e) a, one
un **uniforme** uniform
uniquement only
une **usine** factory
utile useful
utiliser to use

V

il/elle **va** he/she/it goes (from **aller**)
ça va? how are you?
les **vacances** (f pl) holidays
en vacances on holiday
je **vais** I go (from **aller**)
le **Val de Loire** Loire valley
une **valise** suitcase
un(e) **vampire** vampire
à la **vanille** vanilla flavoured
une **variété** variety
un(e) **végétarien(ne)** vegetarian

la **veille** evening/night before
un **vélo** bicycle
un **vélo tout terrain (VTT)** mountain bike
un(e) **vendeur (vendeuse)** sales assistant
vendre to sell
vendredi Friday
le vendredi on Fridays
venir to come
le **vent** wind
une **vente** sale
le **ventre** stomach
un **ver** worm
un **verger** orchard
vérifier to check
un **verre** glass
vers towards
vert green
une **veste** jacket
les **vêtements** (m pl) clothes
je **veux** (from **vouloir**) I want
la **viande** meat
la **vie** life
la vie scolaire school life
vieux (vieil, vieille, vieux, vieilles) old
vif (vive) bright
un **village** village
une **ville** town
en ville in(to) town
le **vin** wine
vingt twenty
un **violon** violin
un **violoncelle** cello
un **visage** face
visiter to visit
vite quickly
la **vitesse** speed
vivre to live
une **voie** track, platform
le **voilà** there it is
la **voile** sailing
faire de la voile to go sailing
voir to see
un(e) **voisin(e)** neighbour
une **voiture** car
une **voix** voice, vote
un **vol** flight
le vol libre hang-gliding
un(e) **voleur (voleuse)** thief, crook
le **volley** volleyball
ils/elles **vont** they go (from **aller**)
je **voudrais** I'd like (from **vouloir**)
vouloir to want
un **voyage** journey
voyager to travel
vrai true
vraiment really
la **vue** view

W

un **week-end** weekend
le week-end at the weekend(s)

Y

un **yaourt** yoghurt
les **yeux** (m pl) eyes

Z

un **zèbre** zebra
un **zoo** zoo
zut! blast!

Anglais–français

A

a un, une
to be able pouvoir
about environ, vers
above au-dessus de, sur
above all surtout
abroad à l'étranger
activity une activité
to adore adorer
to add ajouter
address une adresse
advantage un avantage
to advise conseiller
aeroplane un avion
Africa l'Afrique (f)
after après
afternoon l'après-midi (m)
again encore
against contre
age l'âge (m)
agreed d'accord
airport un aéroport
all tout (toute, tous, toutes)
that's all c'est tout
allergic allergique
all right d'accord
are you all right? ça va?
almost presque
alone seul
already déjà
also aussi
altogether en tout
always toujours
I am je suis (from être)
America l'Amérique (f)
North America l'Amérique du Nord
South America l'Amérique du Sud
amusing, enjoyable, fun amusant
an un, une
and et
animal un animal, des animaux
ankle une cheville
anorak un anorak
another ... encore un(e) ...
answer une réponse, une solution
to answer répondre
anxious inquiet (inquiète)
anything else? et avec ça?
apple une pomme
appointment un rendez-vous
approximately à peu près
apricot un abricot
April avril
there are il y a
they are ils/elles sont (from être)
area une région
armchair un fauteuil
to arrive arriver
art, drawing le dessin
article un article (m)
as comme
as tall as aussi grand(e) que
Asia l'Asie (f)
to ask demander
to ask a question poser une question
asthmatic asthmatique
@ ('at' sign) un arobase
athletics l'athlétisme (m)
August août
aunt une tante
Austria l'Autriche (f)
autumn l'automne (m)
in autumn en automne
average moyen(ne)
to avoid éviter
awful affreux (affreuse)

B

baby un bébé
back (of person, animal) le dos
to have backache avoir mal au dos
bad mauvais
the weather's bad il fait mauvais
badly mal
badminton le badminton
bag un sac
baker un boulanger, une boulangère
baker's shop une boulangerie
balcony un balcon

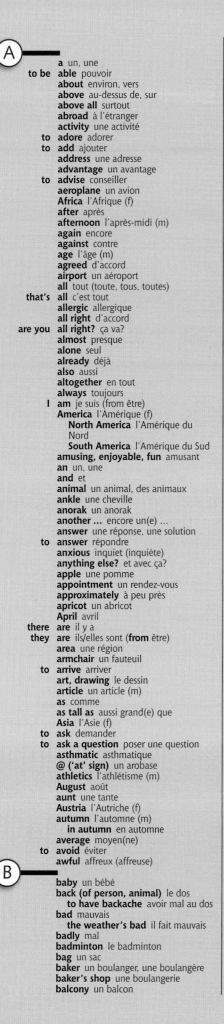

ball (football, large ball) un ballon
ball (tennis) une balle
banana une banane
bank une banque
banknote un billet de banque
bank holiday un jour férié
baseball cap une casquette
basketball le basket
bathroom la salle de bains
to be être
beach une plage
green beans des haricots verts (m pl)
beard une barbe
beautiful beau (bel, belle, beaux, belles)
because parce que
to become devenir
bed un lit
to go to bed se coucher, aller au lit
bedroom une chambre
beef du bœuf
beer la bière
before avant (de)
to begin commencer
beginning le début
behind derrière
Belgian belge
Belgium la Belgique
bench un banc
beside à côté de
besides d'ailleurs
best meilleur
best wishes (at end of letter) Amitiés
are you better? ça va mieux?
between entre
bicycle, bike un vélo
by bike à vélo
big grand; (for animals) gros(se)
to go biking faire du vélo
bill l'addition (f)
biology la biologie
bird un oiseau
birthday un anniversaire
happy birthday! bon anniversaire!
biscuit un biscuit
a bit un peu
black noir
blackcurrant le cassis
blanket une couverture
blog un blog (m)
blonde blond
blouse un chemisier, une chemise
blue bleu
boarder un(e) interne
boarding school un internat
boat un bateau
body le corps (human) (humain)
book un livre
to book a table réserver une table
bookshop une librairie
boots des bottes (f pl)
border une frontière
to be bored s'ennuyer
boring ennuyeux
to be born naître
I was born je suis né(e)
bottle une bouteille
bowl un bol
box une boîte
boy un garçon
bread le pain
bread and butter une tartine
break (time) la récréation (la récré), la pause
breakfast le petit déjeuner
bridge un pont
brilliant! génial!
British britannique
brochure une brochure
brother un frère
browser un navigateur
budgerigar une perruche
buffet le buffet
building un bâtiment
bus un bus
bus station la gare routière
to be busy with s'occuper de
but mais
butcher's shop une boucherie

C

butter le beurre
to buy acheter
cabbage le chou, les choux
café un café
cage une cage
cake un gateau
cake shop une pâtisserie
calculator une calculatrice
to be called s'appeler
I am called je m'appelle
camera un appareil (photo)
campsite un camping
I can je peux (from pouvoir)
can we go (to the cinema)? on peut aller (au cinéma)?
Canada le Canada
canteen la cantine
car une voiture
car park un parking
card une carte
to play cards jouer aux cartes
careful! attention!
carpet un tapis
carrot une carotte
to carry porter
carton une brique
cartoon un dessin animé
cartoon strip une bande dessinée (BD)
casual décontracté
cassette une cassette
castle un château
cat un chat, une chatte
cathedral une cathédrale
cauliflower le chou-fleur
CD un CD
CD player un lecteur CD
CD-ROM un cédérom, un CD-ROM
CDT TME (le travail manuel éducatif)
to celebrate fêter
cello un violoncelle
cent un cent/centime
centre le centre
cereal des céréales (f pl)
chair une chaise
championship le championnat
to change changer
to chat (online) discuter (chatter, tchatcher)
to check vérifier
cheese le fromage
chemist's une pharmacie
chemistry la chimie
cherry une cerise
to play chess jouer aux échecs
chicken le poulet
child un(e) enfant
I am an only child je suis fils/ fille unique
chips les frites
chocolate le chocolat
choice un choix
to choose choisir
Christmas Noël
church une église
cinema un cinéma
citizenship l'instruction civique (f)
class la classe
classroom la salle de classe
to clear the table débarrasser la table
to click cliquer
clock une horloge
to close fermer
clothes les vêtements (m pl)
club un club
coach un car
coast la côte
coat un manteau
Coca-Cola un coca
coffee le café
coin une pièce
cold froid
the weather's cold il fait froid
to be cold avoir froid
I feel cold j'ai froid
cold cooked meat la charcuterie
colour une couleur
to come venir
to come back, return revenir

comic strip une bande dessinée (BD)
compartment un compartiment
complicated compliqué
compulsory obligatoire
computer un ordi(nateur)
computer game(s) un jeu vidéo (des jeux vidéo)
concert un concert
congratulations! bravo! félicitations!
to **count** compter
to **cook** faire la cuisine
cooker une cuisinière
cool frais (fraîche)
to **cope** se débrouiller
corner le coin
corridor le couloir
to **cost** coûter
countryside la campagne
  in the countryside à la campagne
of **course** bien sûr
cousin un(e) cousin(e)
cream la crème
credit card une carte de crédit
cricket le cricket
crisps des chips (m pl)
to **cross** traverser
crossroads un carrefour
cucumber un concombre
cupboard un placard
cursor le curseur
curly hair les cheveux frisés
customer un(e) client(e)
cycling le cyclisme

D

to **dance** danser
dangerous dangereux (dangereuse)
dark (green) (vert) foncé
date la date
daughter une fille
day un jour
  all day toute la journée
dear cher (chère)
dead mort(e)
December décembre
delayed en retard
to **delete** effacer
delicatessen une charcuterie
delicious délicieux (délicieuse)
Denmark le Danemark
dentist un(e) dentiste
department store un grand magasin
desert un désert
design and technology le TME (travail manuel éducatif)
desk un pupitre, un bureau
dictionary un dictionnaire
to **die** mourir
difficult difficile
dining room la salle à manger
dinner (evening meal) le dîner
dirty sale
disadvantage un inconvénient
disco une discothèque
dish of the day le plat du jour
divorced divorcé
to **do** faire
doctor un médecin
he **does like** il aime
she **doesn't understand** elle ne comprend pas
dog un chien
doll une poupée
I **don't like** je n'aime pas
don't you understand? tu ne comprends pas?
door une porte
dot un point
to do **drama** faire du théâtre
a **draw** un match nul
to **draw** dessiner
drawing le dessin
dress une robe
to get **dressed** s'habiller
drink une boisson
to **drink** boire
drums la batterie
during pendant

E

early de bonne heure, tôt
east l'est (m)

Easter Pâques
easy facile
to **eat** manger
egg un œuf
  boiled egg un œuf à la coque
elbow le coude
email un e-mail, un message électronique
  to look at my email regarder mes messages électroniques
email address une adresse e-mail
end la fin
to **end** finir
England l'Angleterre (f)
English anglais
English Channel la Manche
to **enjoy oneself** s'amuser
enough assez
entertainment une distraction
entrance (ticket) une entrée
especially surtout
even même
evening le soir
evening meal le dîner
every day tous les jours
for **example** par exemple
except sauf
exciting passionnant
exercise un exercice
exercise book un cahier
exhibition une exposition
exit la sortie
expensive cher
to **explain** expliquer
eye un œil (les yeux)

F

face le visage
fair hair les cheveux blonds (m pl)
to **fall** tomber
false faux
family la famille
famous célèbre
far (away) loin
farm une ferme
fashion la mode
fast rapide, vite
fat gros(se)
father le père
  Father Christmas le père Noël
favourite préféré, favori(te)
February février
felt-tip pen un feutre
festival une fête
file (computer) un fichier; (ring binder) un classeur
to **fill** remplir
film un film; (for camera) une pellicule
it's **fine weather** il fait beau
to **finish** finir
fire un feu, un incendie
firework display un feu d'artifice
first premier (première)
  at first d'abord
on the (first) **floor** au (premier) étage
fish le poisson
  goldfish un poisson rouge
to go **fishing** aller à la pêche
fizzy gazeux (gazeuse)
flag un drapeau
flat un appartement
flight un vol
floor le plancher
flower une fleur
flute la flûte
it's **foggy** il y a du brouillard
food la nourriture
general **food shop** une alimentation générale
football le football, le foot
football match un match de football
for pour
it is **forbidden to …** il est interdit de …
to **forget** oublier
form une fiche
fortnight quinze jours
fortunately heureusement
France la France
free (not occupied) libre
free (of charge) gratuit
French français
fresh frais (fraîche)

Friday vendredi
fridge un frigo
friend un(e) ami(e), un copain/une copine
from de
in **front of** devant
fruit un fruit
fruit juice un jus de fruit
full stop un point
(it's) **fun** (c'est) amusant

G

game un jeu
garage un garage
garden un jardin
to do some **gardening** faire du jardinage
geography la géographie
German allemand
Germany l'Allemagne (f)
to **get off (a bus/train)** descendre de
to **get on with** s'entendre avec
to **get up** se lever
gift un cadeau
ginger (hair) (les cheveux) roux
girl une fille
to **give** donner
to **give back** rendre
glass un verre
glasses des lunettes (f pl)
glove un gant
to **go** aller
to **go out** sortir
to **go up** monter
goalkeeper un(e) gardien(ne) de but
golf le golf
good bon(ne)
he's **good at French** il est fort en français
goodbye au revoir
grandfather le grand-père
grandmother la grand-mère
grandparents les grands-parents
grape un raisin
great! super!
Greece la Grèce
green vert
grey gris
grocer un épicier, une épicière
grocer's une épicerie
on the **ground** par terre
on the **ground floor** au rez-de-chaussée
to **guess** deviner
guinea pig un cochon d'Inde
guitar une guitare
gymnasium un gymnase
gymnastics la gymnastique

H

hair les cheveux (m pl)
half demi
half-brother un demi-frère
half-sister une demi-sœur
half-time la mi-temps
ham le jambon
hamster un hamster
hand la main
happy content, heureux (heureuse)
hard dur
hat un chapeau
to **hate** détester
to **have** avoir
to **have to** devoir
head la tête
to have a **headache** avoir mal à la tête
to **hear** entendre
heart le cœur
health la santé
heavy lourd
hello bonjour
helmet un casque
to **help** aider
her son, sa, ses
here ici
here are voici
here is voici
hi! salut!
high haut
his son, sa, ses
history l'histoire (f)
hobby un passe-temps
hockey le hockey
holidays les vacances (f pl)
  on holiday en vacances

Holland les Pays-Bas
at **home** à la maison
to go **home** rentrer
homework les devoirs (m pl)
to **hoover** passer l'aspirateur
to **hope** espérer
horse un cheval, (pl des chevaux)
to go **horse-riding** faire de l'équitation
hospital un hôpital
hot chaud
  it's hot il fait chaud
  to be hot avoir chaud
hotel un hôtel
hour une heure
house une maison
  at my house chez moi
to do the **housework** faire le ménage
how comment
  how are you? (comment) ça va?
  how old are you? quel âge as-tu?
  how much? how many? combien (de)
to be **hungry** avoir faim
to **hurry** se dépêcher
it **hurts** ça fait mal
husband un mari

I je
ice cream une glace
ICT l'informatique (f)
idea une idée
if si
ill malade
in dans
information des renseignements (f pl)
information office le bureau des renseignements
inhaler un inhalateur
to be **interested in** s'intéresser à
interesting intéressant
iPod un iPod
Ireland l'Irlande (f)
  Northern Ireland l'Irlande du Nord
Irish irlandais
he/she/it **is** il/elle est (**from être**)
there **is** il y a
island une île
it is c'est
it isn't ce n'est pas
Italy l'Italie (f)
its son, sa, ses

jacket une veste
jam la confiture
January janvier
jeans un jean
jogging trousers un jogging
journey un voyage
judo le judo
July juillet
jumper un pull, un tricot
June juin

key (on keyboard) une touche;
  (for lock) une clef, une clé;
key ring un porte-clés
keyboard un clavier
kilo un kilo
kilometre un kilomètre (1km)
kind gentil(le)
kitchen la cuisine
kiwi fruit un kiwi
knee le genou, les genoux
knife un couteau
I **know** je sais
  I don't know je ne sais pas

lab un laboratoire
lake un lac
language une langue
large grand
last dernier (dernière)
last week la semaine dernière
at **last** enfin
to **last** durer
late tard
later plus tard
Latin le latin
leaflet un dépliant, une brochure
to **learn** apprendre

to **leave** partir
to **leave the house** quitter la maison
on the **left** à gauche
  left luggage office la consigne
leg une jambe
lemon un citron
lemonade la limonade
less moins
lesson un cours
letter une lettre
lettuce la salade
library une bibliothèque
lift un ascenseur
to **like** aimer
  I would like je voudrais
line une ligne
list une liste
to **listen to** écouter
little petit
a **little** un peu
to **live** habiter
  where do you live? où habites-tu?
  I live in London j'habite à Londres
living room la salle de séjour
to **log off** déconnecter
to **log on** connecter
logo un logo
London Londres
long long(ue)
to **look at** regarder
to **look for** chercher
to **lose** perdre
a **lot** beaucoup
lounge le salon
to **love** adorer
luggage des bagages (m pl)
lunch le déjeuner
to have **lunch** déjeuner

magazine un magazine, une revue
main course le plat principal
to **make** faire
man un homme
many beaucoup (de)
map une carte
map (town) un plan de la ville
March mars
market le marché
marmalade la confiture d'oranges
maths les maths (f pl)
it doesn't **matter** ça ne fait rien
May mai
maybe peut-être
me moi
meal un repas
meat la viande
medicine un médicament
medium moyen(ne)
of **medium height** de taille moyenne
to **meet** rencontrer
meeting un rendez-vous
melon le melon
memory stick une clé USB
menu (computer) le menu
menu (restaurant) la carte
midday midi
midnight minuit
milk le lait
minus moins
to **miss** manquer
mistake une erreur, une faute
mobile phone un portable
  mobile phone number le numéro de portable
modern moderne
modern languages les langues vivantes
at the **moment** pour l'instant
Monday lundi
money l'argent (m)
month le mois
more encore, plus
more expensive plus cher
morning le matin
Morocco le Maroc
mother la mère
motorbike une moto
motorway une autoroute
mountain une montagne

mountain bike un VTT (vélo tout terrain)
to go **mountain biking** faire du VTT
mouse une souris
mouse mat un tapis d'ordinateur
mouth la bouche
MP3/4 player un baladeur MP3/4
Mr ... Monsieur (M.) ...
Mrs ... Madame (Mme) ...
museum un musée
mushroom un champignon
music la musique
musical instrument un instrument de musique
mustard la moutarde
my mon, ma, mes

name un nom
  my name is je m'appelle
narrow étroit
naughty méchant
navy blue bleu marine
near (to) près (de)
nearby tout près
neck le cou
to **need** avoir besoin de
the **Netherlands** les Pays-Bas (m pl)
never (ne ...) jamais
new nouveau (nouvel, nouvelle, nouveaux, nouvelles)
New Year's Day le jour de l'An
newspaper le journal
next puis, ensuite
the **next (train)** le prochain (train)
next to (beside) à côté de
next week la semaine prochaine
nice sympa
  the weather's nice il fait beau
night la nuit
last **night** hier soir
no non
no longer ne ... plus
no more ne ... plus
noise un bruit
north le nord
nose le nez
not ne ... pas; pas
not at all pas du tout
nothing (ne ...) rien
not much pas grand-chose
November novembre
now maintenant
  now and again de temps en temps
number le numéro, le nombre

to **obey** obéir
October octobre
of de
office le bureau
often souvent
oil l'huile (f)
OK d'accord, ok
old vieux (vieil, vieille, vieux, vieilles)
  how old are you? quel âge as-tu?
omelette une omelette
on sur
onion un oignon
online en ligne
only seulement
only child enfant unique
open ouvert
to **open** ouvrir
in my **opinion** à mon avis
or ou
orange une orange
Orangina un Orangina
orchestra un orchestre
to **order** commander
in **order to (see)** pour (voir)
other autre
our notre, nos
outfit (clothing) une tenue
outing une sortie
over there là-bas

to **pack a suitcase** faire sa valise
packet (of) un paquet (de)
page la page
to do **painting** faire de la peinture
pancake une crêpe

Anglais–français

paper clip un trombone
parent un parent
park un parc
to **park** stationner, garer
parrot un perroquet
partner un(e) partenaire
party une fête, une boum
passport un passeport
pasta les pâtes (f pl)
pâté le pâté
patio une terrasse
pavement le trottoir
to **pay** payer
peach une pêche
pear une poire
peas des petits pois (m pl)
pen un stylo
pencil un crayon
pencil case une trousse
pencil sharpener un taille-crayon
penfriend un(e) correspondant(e)
people des gens (m pl)
pepper le poivre
pepper (vegetable) un poivron
percussion la batterie
perfect parfait
perhaps peut-être
person une personne
personal stereo un baladeur
pet un animal (domestique)
　have you any pets? as-tu des
　　animaux à la maison?
petrol l'essence (f)
phone call un coup de téléphone
photography la photographie
to take **photos** faire/prendre des photos
physical education l'éducation
　physique (l'EPS) (f)
physics la physique
piano le piano
to have a **picnic** faire un pique-nique
picture une image, un dessin
a **piece (of)** un morceau (de)
pineapple un ananas
pink rose
place un endroit, un lieu
platform le quai
to **play** jouer (à + games, de +
　instruments)
player un joueur (une joueuse)
playground la cour
please s'il vous plaît, s'il te plaît
to **plug (in)** brancher
pocket money l'argent (m) de poche
policeman un agent de police
poor pauvre
portion une portion
Portugal le Portugal
post office la poste
postcard une carte postale
poster une affiche, un poster
potato une pomme de terre
pound (sterling/weight) une livre
prawn une crevette
to **prefer** préférer
to **prepare** préparer
prescription une ordonnance
present un cadeau
to **press** appuyer
pretty joli
price le prix
to **print** imprimer
printer une imprimante
procession un défilé
public holiday un jour férié
pudding un dessert
pullover un pull, un tricot (**knitted
　jumper or top**)
pupil un(e) élève
purse un porte-monnaie
to **put (on)** mettre
pyjamas un pyjama

Q

quarter un quart
question une question
queue une queue
quickly vite
quiet tranquille
quite assez

R

rabbit un lapin
racket une raquette
radio une radio
radish un radis
railway le chemin de fer
raincoat un imperméable
it's **raining** il pleut (from pleuvoir)
raspberry une framboise
to **read** lire
reading la lecture
ready prêt
receipt un reçu
to **record** enregistrer
recorder une flûte (à bec)
red rouge
red-haired roux (rousse)
reduced réduit
religious education l'instruction
　religieuse (f)
to **remain** rester
to **reply** répondre
to **rest** se reposer
restaurant un restaurant
to **return (home)** rentrer
to **return (e.g. from holiday)** retourner
rice le riz
rich riche
on the **right** à droite
ring binder un classeur
road (street) la rue; (**main road**) la
　route
roast rôti
rocket une fusée
to **roller skate/blade** faire du roller
roller blades des patins en ligne (m
　pl)
roof le toit
room (in house) une pièce; (**in
　school**) une salle
roughly à peu près
roundabout un rond-point
rubber une gomme
rucksack un sac à dos
rugby le rugby
ruler une règle

S

sad triste
to go **sailing** faire de la voile
salad une salade
salami le saucisson (sec)
salmon le saumon
salt le sel
sandals des sandales (f pl)
sandwich un sandwich
Saturday samedi
sausage une saucisse
to **save (file)** sauver, sauvegarder
to **say** dire
school (primary) une école
　(primaire); (**secondary**) un collège,
　un lycée
school bag un cartable
science les sciences (f pl)
scissors des ciseaux (m pl)
Scotland l'Écosse (f)
Scottish écossais
screen un écran
sea la mer
seafood des fruits de mer
season une saison
seat une place
second deuxième
to **see** voir
to **sell** vendre
to **send** envoyer
sentence une phrase
September septembre
to **set the table** mettre la table
several plusieurs
shampoo le shampooing
to **share** partager
she elle
sheet of paper une feuille
shirt une chemise
shoe une chaussure
shop un magasin
shop assistant un vendeur (une
　vendeuse)
to go **shopping** faire des courses

shopping centre un centre
　commercial
short court
shorts un short
shoulder l'épaule (f)
(to have a) **shower** (prendre) une douche
Shrove Tuesday Mardi gras
to **shut** fermer
sick malade
sign un panneau
to **sing** chanter
singer un chanteur (une chanteuse)
single ticket un aller simple
sister une sœur
sit down assieds-toi/asseyez-vous
　(from s'asseoir)
situated situé
(what) **size?** (quelle) taille?
to **skate** faire du patin
skateboard une planche à roulettes
skating rink une patinoire
ski resort une station de ski
artificial **ski slope** une piste de ski artificielle
to go **skiing** faire du ski
skirt une jupe
sky le ciel
to **sleep** dormir
slice une tranche
slim mince
slowly lentement
small petit
smart chic (inv)
snack bar un buffet
snake un serpent
snow la neige
it's **snowing** il neige
so alors, donc
soap le savon
sock une chaussette
sofa un canapé
soft toy une peluche
something quelque chose
sometimes quelquefois
son un fils
song une chanson
soon bientôt
　see you soon! à bientôt!
(I'm) **sorry** (je suis) désolé(e)
soup le potage
south le sud
space l'espace (m)
Spain l'Espagne (f)
Spanish espagnol
to **speak** parler
to **spend (time)** passer
to **spend (money)** dépenser
spoon une cuillère
sport le sport
sports centre un centre/complexe
　sportif
sports ground un terrain de jeux/
　sport
sporty sportif (sportive)
spring le printemps
　in spring au printemps
(town) **square** une place
square carré
staffroom la salle des profs
staircase l'escalier (m)
stamp un timbre
to **start** commencer
starter (meal) un hors-d'œuvre
(train) **station** la gare
(bus) **station** la gare routière
stationer's une papeterie
to **stay (at home)** rester (à la maison)
step une marche
stepbrother un demi-frère
stepfather un beau-père
stepmother une belle-mère
stepsister une demi-sœur
still encore, toujours
stomach le ventre, l'estomac (m)
　I've a stomach ache j'ai mal
　au ventre
story une histoire
straight ahead tout droit
strawberry une fraise
street une rue
striped rayé

Anglais–français

strong fort
student un(e) étudiant(e)
school **subject** une matière
suburb une banlieue
to **succeed (in)** réussir (à)
suddenly soudain
sugar le sucre
suitcase une valise
summer l'été (m)
   in summer en été
   summer holidays les grandes
   vacances (f pl)
sun le soleil
sun cream la crème solaire
it's **sunny** il y a du soleil
Sunday dimanche
sunglasses des lunettes de soleil (f pl)
supermarket un supermarché
to **surf the net** surfer sur le Net
surname le nom de famille
survey un sondage
sweatshirt un sweat(-shirt)
sweet (adj) mignon(ne)
sweet (noun) un bonbon
sweet shop une confiserie
to **swim** nager
(to go) **swimming** (faire de) la natation
swimming costume un maillot de
   bain
swimming pool une piscine
to **switch on** allumer
Swiss suisse
Switzerland la Suisse

T

table une table
table tennis le tennis de table, le
   ping-pong
to **take** prendre
to **talk** parler
tall grand
tape recorder un magnétophone
to **taste** goûter
taxi un taxi
tea (drink) le thé; (meal) le goûter
teacher un professeur
team une équipe
technology la technologie
teenager un(e) adolescent(e), un(e)
   ado
to **telephone** téléphoner
television la télévision (la télé); (set)
   un téléviseur
to **tell** dire, raconter
to have a **temperature** avoir de la fièvre
tennis le tennis
school **term** un trimestre
terrible affreux
test un contrôle, une épreuve
to **thank** remercier
thank you merci
that ça
theatre un théâtre
then alors, puis
there là
there is, there are il y a; voilà
there it is le/la voilà
therefore donc
these ces
they ils/elles
thief un voleur, une voleuse
thin maigre
thing une chose
things (possessions) les affaires (f pl)
to **think** penser
third troisième
to be **thirsty** avoir soif
this ce (cet, cette, ces)
this is c'est
this way par ici
throat la gorge
Thursday jeudi
ticket un billet
return **ticket** un aller-retour
single **ticket** un aller simple
ticket office le guichet
ticket machine une billetterie
to **tidy up** ranger
tie une cravate

pair of **tights** un collant
till la caisse
what **time is it?** quelle heure est-il?
from **time to time** de temps en temps
timetable l'horaire (m)
   school **timetable** un emploi du
   temps
tin une boîte
tired fatigué
tiring fatigant
title le titre
toast le toast
tobacconist's un bureau de tabac
today aujourd'hui
together ensemble
toilets les toilettes (f pl)
tomato une tomate
too (much) trop
toothbrush une brosse à dents
toothpaste le dentifrice
top (clothing) un haut
torch une lampe de poche
tortoise une tortue
tourist un(e) touriste
tourist office un office de tourisme
towards vers
towel une serviette
tower une tour
town une ville
   in town en ville
town centre le centre-ville
town hall l'hôtel (m) de ville
toy un jouet
train un train
trainers des baskets (f pl)
by **tram** en tram/tramway (m)
to **travel** voyager
tree un arbre
trolley un chariot
trousers un pantalon
true vrai
trumpet une trompette
trunks (swimming) un maillot de
   bain
to **try to** essayer de
T-shirt un t-shirt
Tuesday mardi
tuna le thon
tunnel un tunnel
to **turn** tourner
to **turn on (TV, computer, etc.)** allumer
   (la télé)
twin un jumeau/une jumelle
to **type** taper

U

umbrella un parapluie
uncle un oncle
under sous
underground (railway) le métro
to **understand** comprendre
   I (don't) understand je (ne)
   comprends (pas)
uniform un uniforme
United Kingdom le Royaume-Uni
United States les États-Unis
until jusqu'à
us nous
useful utile
useless nul
usual normal
usually normalement, d'habitude

V

vacant libre
to **vacuum** passer l'aspirateur
to **validate (date-stamp) ticket**
   composter
van une camionnette
vanilla (flavoured) à la vanille
vegetable un légume
vegetarian végétarien(ne)
very très
very much beaucoup
village un village
violin un violon
to **visit** visiter
volleyball le volley

W

to **wait (for)** attendre
waiter un garçon
waiting room une salle d'attente

waitress une serveuse
to **wake up** se réveiller
Wales le pays de Galles
to go for a **walk** faire une promenade
to **want** vouloir
I **want** je veux (from vouloir)
you **want** tu veux, vous voulez (from
   vouloir)
wardrobe une armoire
it's **warm** il fait chaud
to **wash the car** laver la voiture
to **wash up** faire la vaisselle
washbasin un lavabo
to get **washed** se laver
watch une montre
to **watch** regarder
watch out! attention!
water l'eau (f)
water sports des sports nautiques (m
   pl)
we nous
weak faible
to **wear** porter
what's the **weather like?** quel temps fait-il?
the **weather is bad** il fait mauvais
weather forecast la météo
web page/site une page/site web
Wednesday mercredi
week une semaine
weekend le week-end
to **weigh** peser
to lose **weight** maigrir
to gain **weight** grossir
welcome! bienvenue!
well bien
Welsh gallois
west l'ouest (m)
what? (pardon?) comment?
what colour is it? de quelle couleur
   est-il?
what is it? qu'est-ce que c'est?
what's the date? quelle est la date
   aujourd'hui? quel jour sommes-
   nous?
what's the matter? qu'est-ce qu'il y a?
what time is it? quelle heure est-il?
when quand
where où
which quel (quelle, quels, quelles)
white blanc(he)
who qui
whole entier (entière)
why pourquoi
wide large
wife une femme
to **win** gagner
window une fenêtre
to go **windsurfing** faire de la planche à
   voile
it's **windy** il y a du vent
wine le vin
winter l'hiver (m)
   in winter en hiver
with avec
without sans
woman une femme
word un mot
to **work** travailler
world le monde
I **would like** je voudrais
to **write** écrire
it's **wrong** c'est faux

Y

year un an, une année
yellow jaune
yes oui
yesterday hier
   yesterday morning hier matin
yoghurt un yaourt
you tu, toi, vous
young jeune
your ton, ta, tes; votre, vos
youth club un club des jeunes
youth hostel une auberge de jeunesse

Z

zoo un zoo

Acknowledgements

The authors and publisher would like to thank the following people:
Sara McKenna for editing the material

The authors and publisher would also like to thank the following for permission to reproduce material:

Illustrations:
Gary Andrews, Beehive Illustration (Adrian Barclay, Roy and Corrine Burrows), David Birdsall, Chuck Whelon, David Woodroffe

Photographs courtesy of:
Martyn F. Chillmaid pp6 (all), 7 (all), 10 (all), 12 (all), 16 (all), 17, 18 (A, C, D), 21, 25 (left), 26 (D, F, H, I, L), 30 (1, 2, 3, 5), 34 (B and bottom right two), 38 (1, 2, 3, 4, 6, 7), 42, 43, 48, 50 (A, C), 52, 54, 55, 56 (top), 60, 65, 66 (B, C1, C2), 69 (top), 70 (1–14), 71, 72, 73, 79, 82, 86 (bottom left), 92, 94, 95, 112, 114 (A, B), 118 (A, B, D), p128 (C)

p8 iStockphoto.com; p13 iStockphoto.com; 18 (B back) Alamy, (B front) iStockphoto.com; p22 (1) Fotolia © Stephan Karg, (2–6) iStockphoto.com; p23 Michael Spencer; p25 (right) Getty; p26 (C, J) Michael Spencer; p30 (4, 6) iStockphoto.com; p32 (A) Québec Government Office; p33 (photo) Getty, (logo) www.aso.fr; p34 (A) Getty, (C) Heather Mascie-Taylor; p38 (6) iStockphoto.com; pp45 and 68 (top) Corbis; p50 (B) Alamy; p56 (bottom) Rex Features; p66 (A) Rex Features; p68 (middle) iStockphoto.com, (bottom) Getty; p69 (top right) Getty, (bottom right) Alamy; p75 Michael Spencer; p81 Alamy; p86 (background) Getty, (top) Alamy; p96 (top left) iStockphoto.com, (top right, bottom) Alamy; p97 Alamy; p98 (A) iDNiGHT by iDTGV, (B) ZE BUS, (C) Alamy; p101 (top) SNCF 2001, (bottom) Alamy; p114 (C) Corbis; p118 (C, E, F) Alamy, (bottom) Heather Mascie-Taylor; p119 (left) Fotolia, (right) Alamy, (bottom) Wikipedia; p124 (top right) Getty, (left and middle) Alamy, (lower right) Alamy, (far lower right) Rex Features; p128 (A, B) Alamy; p140–1 Alamy

All other photographs from Nelson Thornes Ltd

Cover photograph: Courtesy of Photolibrary

Photo research: Martyn F. Chillmaid

Special thanks to:
all schools who took part in the formal and informal market research on Tricolore Total and provided valuable feedback - Mrs S Hotham of Wakefield Girls' High School, Mrs R Smith of the Royal Grammar School High Wycombe, Mr J Burnet of Loretto School, Mme N André of Wallington County Grammar School, Mrs M Lovatt of Lawrence Sheriff School, Mr A Gregory of Sir Thomas Rich's School; the staff, children and families of Collèges Privé St Pierre and St Dominique Savio, Troyes and Collège Pierre Brossolette, La Chapelle St Luc for their help in creating some of the photographs; Alan Wesson.

Recordings produced by Matinée Sound and Vision Ltd